高等职业技术院校汽车类专业教材

汽车发动机拆装实训

（第二版）

主　编　张　弛
副主编　刘　锋

中国劳动社会保障出版社

简介

本书主要内容包括汽车发动机拆装工具和设备、分解发动机、零件清洗检测、组装发动机、发动机安装及调试、就车修理发动机等。

本书由张弛主编，刘锋副主编，冯凯骏、董志明、郭玮、王静、刘亮参编。

图书在版编目(CIP)数据

汽车发动机拆装实训 / 张弛主编 .-- 2 版 . -- 北京：中国劳动社会保障出版社，2018
高等职业技术院校汽车类专业教材
ISBN 978-7-5167-3732-3

Ⅰ.①汽… Ⅱ.①张… Ⅲ.①汽车－发动机－装配（机械）－高等职业教育－教材
Ⅳ.①U464.06

中国版本图书馆 CIP 数据核字（2018）第 257218 号

中国劳动社会保障出版社出版发行
（北京市惠新东街 1 号　邮政编码：100029）
*
三河市潮河印业有限公司印刷装订　　新华书店经销
787 毫米 × 1092 毫米　16 开本　16.75 印张　317 千字
2018 年 11 月第 2 版　　2020 年 12 月第 2 次印刷
定价：39.00 元

读者服务部电话：（010）64929211/84209101/64921644
营销中心电话：（010）64962347
出版社网址：http://www.class.com.cn
http://zyjy.class.com.cn

前言

为了更好地适应全国高等职业技术院校汽车类专业的教学要求，全面提升教学质量，人力资源社会保障部教材办公室组织有关学校的骨干教师和行业、企业专家，在充分调研企业生产和学校教学情况、广泛听取教师对现有教材反馈意见的基础上，吸收和借鉴各地高等职业技术院校教学改革的成功经验，对现有全国高等职业技术院校汽车类专业教材进行了修订（新编）。

本次教材修订（新编）工作的重点主要体现在以下几个方面：

第一，合理更新教材内容。

根据企业岗位和教学实践的需求变化，确定学生应具备的能力与知识结构，调整部分教材内容，使知识技能点的深度、难度、广度与实际需求相匹配；根据相关专业领域的最新发展，淘汰陈旧过时的内容，补充新知识、新技术、新设备、新材料等方面的内容；根据最新的国家技术标准编写教材内容，保证教材的科学性和规范性。

第二，加强实践技能的培养。

根据就业岗位对技能型人才所需能力的要求，进一步加强实践性教学内容，采用了理论知识与技能训练一体化的编写模式，以体现“做中学”“学中做”的教学理念。

第三，衔接职业技能鉴定要求。

教材编写以相关国家职业标准为依据，涵盖国家职业标准（高级）的知识和技能要求，并在配套习题册中增加了相关职业技能考试的练习题。

第四，精心设计教材形式。

在教材的呈现形式上，尽可能使用图片、实物照片和表格等将知识点生动地展示出来，力求让学生更直观地理解和掌握所学内容。

第五，提供全方位的教学服务。

本套教材配有习题册、教学参考书、电子课件和习题册答案，电子课件等教学资源可通过中国人力资源和社会保障出版集团网站（http://www.class.com.cn）或职业教育教学资源和数字学习中心（http://zyjy.class.com.cn）下载。

本次教材的修订（新编）工作得到了辽宁、吉林、江苏、山东、河南、广东等省人力资源社会保障厅及有关学校的大力支持，在此我们表示诚挚的谢意。

人力资源社会保障部教材办公室

2017 年 6 月

目 录
Contents

课题一 汽车发动机拆装工具和设备

实训目标

1. 掌握汽车发动机拆装工具和设备的作用。
2. 掌握汽车发动机拆装工具和设备的使用方法及注意事项。

拆装工具、设备	图片
1. 工具柜 (1) 作用 主要用于存放贵重零件、物品等，比较灵活，可以移动使用。 (2) 注意事项 工具柜上小型工具、资料、物料分类应摆放整齐，表面清洁，无灰尘、杂物；工具柜里专用工具应分类放置，标识清晰。	 工具柜
2. 世达组合工具（维修级） (1) 作用 用于汽车维修，携带方便，可以高效、快速地对汽车零部件进行拆装。主要工具包括棘轮扳手、梅花端内孔套筒、六角旋具头、接杆等。 (2) 使用方法 1) 棘轮扳手：当螺栓头或螺母的尺寸较大或扳手的工作空间较狭窄时，即可以使用棘轮扳手。在方形的套筒上装上接杆，这种扳手摆动的角度较小，能拧紧和松开螺钉或螺母。拧紧时应顺时针转动手柄（工作原理：当手柄向反	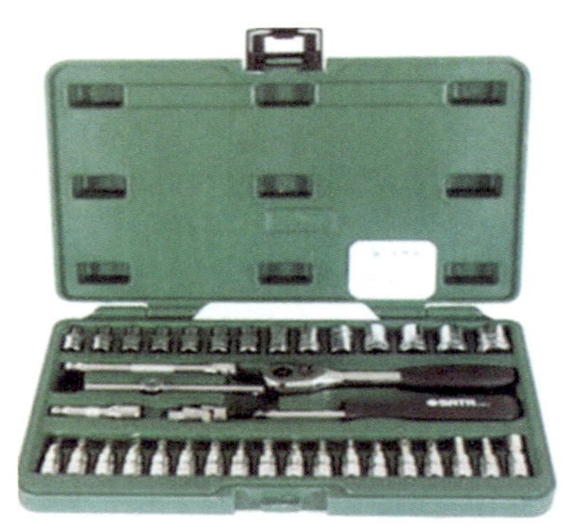 世达组合工具（维修级）

方向扳回时，接杆在棘轮齿的斜面中滑出，因此螺钉或螺母不会跟随反转）。如果需要松开螺栓头或螺母，只需翻转棘轮扳手朝逆时针方向转动即可。通过往复摆动扳转螺母，方便快捷，省时省力，适用性强，还可以方便地调整使用角度。

2）梅花端内孔套筒：适合在非常狭小的空间中操作使用，直接选取合适的套筒装配棘轮扳手。其优点是：特殊的倒角孔形设计，使旋拧件与六角头有良好的接触面，不损伤螺栓头和螺母。

3）六角旋具头：直接把六角旋具头嵌入合适的内孔套筒内，配合棘轮扳手使用。其优点是：不易断裂打滑，坚固耐用；有 9 种长度系列，方便选用。

4）接杆：用于连接棘轮扳手，起到加长套筒长度的作用。

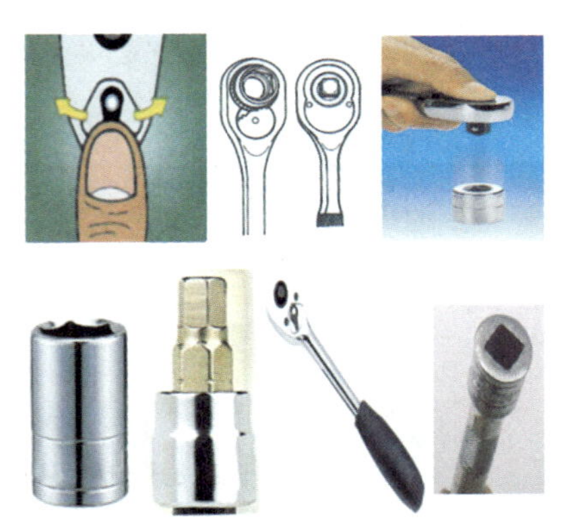

世达组合工具的使用

3. 扭力扳手

（1）作用

用于测量扭力值的大小。

（2）使用方法

1）根据零件旋紧扭力的要求选取适中的量程。

2）使用扭力扳手时，先将受力棘爪连接好辅助配件（如套筒等），确保连接牢靠。加固扭力之前，设定好需要加固的扭力值，并锁好紧锁装置，然后调整好方向转换按钮到加力的方向。操作时，手要掌握住把手的有效范围，在沿垂直于管身的方向慢慢地加力，直至听到到达已设定的量值后发出的声音。施力过程中，其垂直度偏差不应超过 10°。

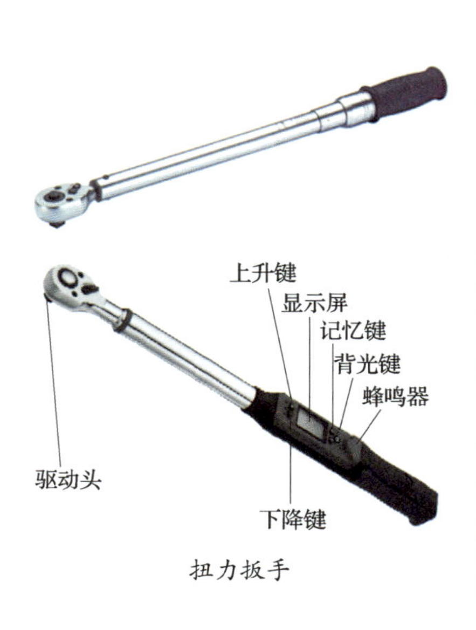

扭力扳手

(3) 注意事项 1) 规定扭力值不可小于扭力扳手使用中量程的20%，过大的量程不适用于小扭力零部件的紧固，小量程的扭力扳手不得超量程使用。 2) 扭力扳手应用范围较广，使用时，只需要设定要求值便可进行操作，相对来讲操作比较简单。	
4. 梅花扳手 (1) 作用 梅花扳手的用途与呆扳手相似。梅花扳手又分为单头梅花扳手和双头梅花扳手两种。单头梅花扳手仅适用于紧固或拆卸一种规格的六角螺栓、螺母；双头梅花扳手适用于紧固或拆卸两种规格的六角螺栓、螺母。 (2) 使用方法 梅花扳手可以在扳手转角小于60°的情况下，一次一次地扭动紧固件。使用时先要选配好规格，使紧固件与梅花扳手的规格尺寸相符，不能松动打滑。 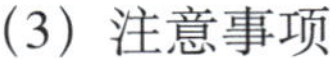 (3) 注意事项 1) 使用时不得敲击手柄或使用加力杆。 2) 棘轮结构适合螺栓预锁紧和拧松，锁紧和拧松时建议使用开口端。 3) 梅花扳手不得用作撬棒。	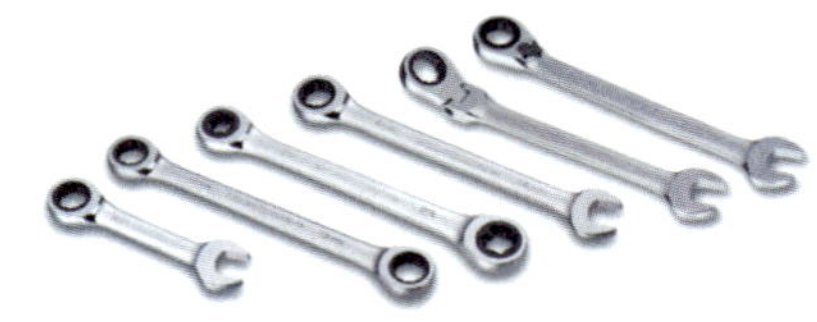 梅花扳手
5. 旋具 (1) 作用 用于拆装螺钉。可分为一字、十字、花型旋具等。 (2) 使用方法 将旋具端头对准螺钉的顶部凹坑后固定，然后开始旋转手柄，顺时针方向旋转为嵌紧，逆时针方向旋转则为松出。	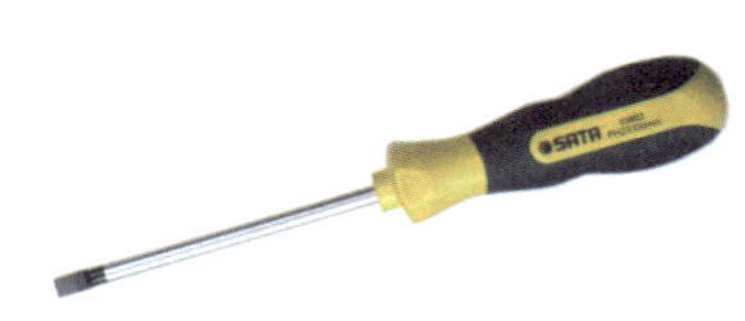 一字旋具

（3）注意事项 1）根据螺钉的尺寸，正确选用合适规格的旋具。 2）不能用于敲击。 3）不能将旋具用作撬棒。 4）不能将旋具用于搅拌，不得接触酸、碱类液体及油漆。 5）不得对旋具端部进行人为加工（如进行砂轮磨削等）。	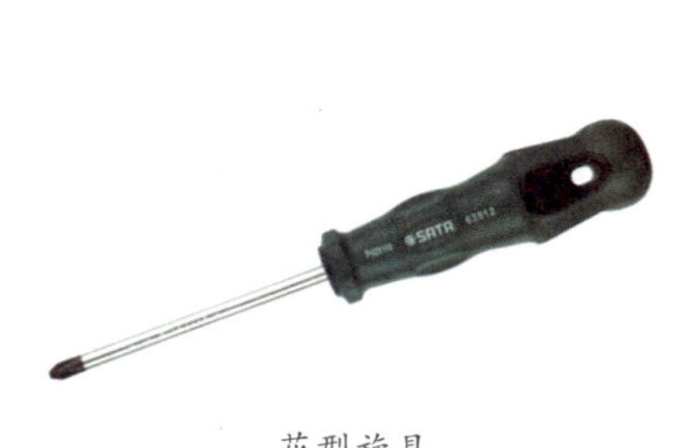 花型旋具
6. 卡簧钳 （1）作用 卡簧钳又称为挡圈钳，专门用于拆装弹簧挡圈。 （2）分类 卡簧钳按用途不同可分为轴用和孔用两种，适用于对各种位置上挡圈的拆装。卡簧钳按钳口结构不同可分为直嘴式和弯嘴式两种（弯嘴结构一般为90°，也有45°的）。常用尺寸有150 mm、175 mm两种规格。  （3）注意事项 使用卡簧钳时，应防止挡圈弹出伤人。	卡簧钳
7. 尖嘴钳 （1）作用 适用于在比较狭小的空间夹持小零件，主要用于仪器仪表、电信、电器行业安装维修工作。带刃口的尖嘴钳还可以切断细金属丝。 （2）使用方法 按照柄部结构不同可分为不带塑料套和带塑料套两种，后者的耐压强度为500 V，常用的有125 mm、140 mm、160 mm、180 mm、200 mm五种规格。	 尖嘴钳

（3）注意事项

1）电工应禁用铁柄尖嘴钳。

2）尖嘴钳的钳头部分尖细，且经过热处理，不能夹持过大物体，不能用力过猛，以防损伤钳头。

3）使用时不得用钳嘴撬工件，以免钳嘴变形。

8．气门弹簧拆装钳

（1）作用

用于拆装气门弹簧。

（2）使用方法

在拆装气门时，使用气门弹簧拆装钳托架抵住气门，将压环对正气门弹簧座，压下手柄即可使气门弹簧压缩，然后取出气门弹簧锁止零件，再慢慢放松手柄，便能顺利地取下气门弹簧和气门等。

（3）注意事项

1）气门弹簧拆装钳有手柄孔的一端应在外侧。

2）拆卸锁片时，压环要对正气门弹簧座，防止挡圈弹出伤人。

气门弹簧拆装钳

9．活塞环拆装钳

（1）作用

用于拆卸和安装活塞环。若不使用该工具拆装活塞环，容易使活塞环折断。

（2）使用方法

将第一道活塞环端口推出，用活塞环拆装钳夹好，慢慢取出。再按顺序取出其他活塞环。

（3）注意事项

1）使用活塞环拆装钳时，凸起部位应朝上。

2）在拆卸两道气环时，注意活塞环拆装钳的方向及活塞环的安装方向和顺序，应先拆第一道环，后拆第二道环。第一道环镀有光亮的硬质层，气环开口处有标记的一面应朝上。

活塞环拆装钳

<table>
<tr><td>

10．活塞环卡箍

（1）作用

用于收紧活塞环，便于将活塞装入气缸。

（2）使用方法

将活塞套入活塞环卡箍内并收紧，用木棒将活塞环卡箍边沿修整平齐；用木棒将活塞轻轻敲入气缸体，然后将活塞推至下止点位置。

（3）注意事项

木棒用力要轻，以免损坏活塞环卡箍。

</td><td>

活塞环卡箍

</td></tr>
<tr><td>

11．游标卡尺

（1）作用

用于测量零件的长度、内外径和深度。

（2）使用方法

清洁并校零，移动上下卡尺测量部件的内径或外径，轻轻触碰零件表面，固定紧定螺钉，读数。

（3）注意事项

1）游标卡尺是精密仪器，应轻拿轻放。

2）测量时，应先拧松紧定螺钉，移动游标时不能用力过猛；两量爪与待测物体的接触不宜过紧；不能使被夹紧的零件在量爪内移动。

3）读数时，视线应与尺面垂直。如需固定读数，可用紧定螺钉将游标固定在尺身上，防止游标滑动。

</td><td>

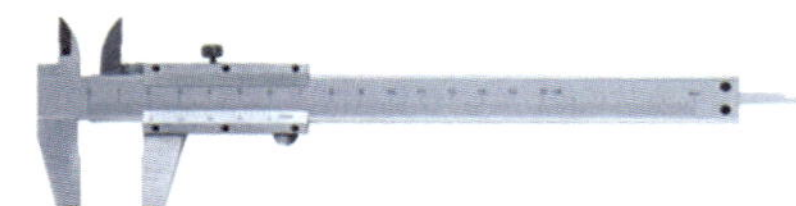

游标卡尺

</td></tr>
<tr><td>

12．外径千分尺

（1）作用

外径千分尺是比游标卡尺更精密的测量仪器，用于测量零件的外径，如曲轴轴颈等。

（2）使用方法

将被测物体擦干净，使用千分尺时应轻拿轻放。松开千分尺锁紧装置，校准零位，转动

</td><td>

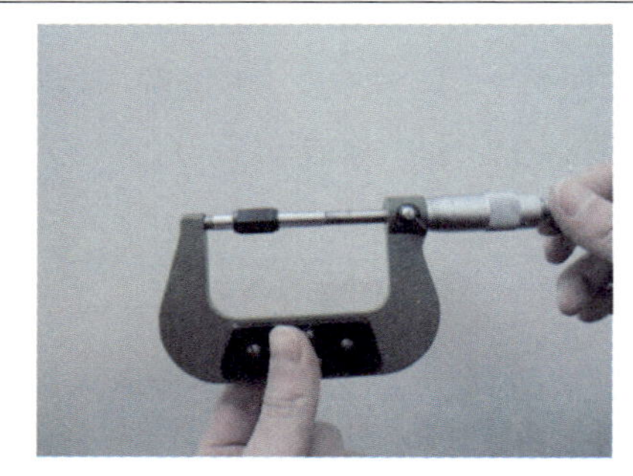

外径千分尺

</td></tr>
</table>

<table>
<tr><td>旋钮，使测砧与测微螺杆之间的距离略大于被测物体；一只手拿千分尺的尺架，将待测物体置于测砧与测微螺杆的端面之间，另一只手转动旋钮，当螺杆要接近物体时，旋转测力装置直至听到“喀喀”声后再轻轻转动 0.5 ~ 1 圈；旋紧锁紧装置（防止移动千分尺时螺杆转动）即可读数。
（3）注意事项
1）测量前应校零；锁止后再读数。
2）测量时用力要均匀，轻轻旋转测力装置，以响三声为旋转限度，与被测物体保持似掉不掉的状态。</td><td></td></tr>
<tr><td>13. 内径百分表
（1）作用
内径百分表是内量杠杆式测量架和百分表的组合，用以测量或检验零件的内孔、深孔直径及几何精度，如气缸内径等。
（2）使用方法
将百分表插入表架直管轴孔中，压缩百分表一圈，紧固；选取并安装可换测头，紧固；测量时，手握隔热装置，根据被测尺寸调整零位，即用已知尺寸的环规或平行平面（千分尺）调整零位，以孔轴向的最小尺寸或平面间任意方向内均最小的尺寸校正零位，然后反复测量同一位置两三次后检查指针是否仍与 0 线对齐，如没对齐则重调。为读数方便，可用整数来定零位位置；测量时，摆动内径百分表，找到轴向平面的最小尺寸读数。
（3）注意事项
1）校表要准确。
2）如果是测量孔径，则孔轴向最小尺寸为其直径；如果是测量平面间的尺寸，则任意方向内都最小的尺寸为平面间的测量尺寸。</td><td>
内径百分表</td></tr>
</table>

<table>
<tr><td>3）测杆、测头、百分表等应配套使用，不能与其他表混用。</td><td></td></tr>
<tr><td>14. 磁性表座
（1）作用
磁性表座是百分表或千分表的支座，可用来配合、固定百分表或千分尺对零件进行测量。
（2）使用方法
将百分表安装在磁性表座上，通过转动手柄进行不同方位的测量。
（3）注意事项
1）座体工作面不得有影响外观的缺陷，非工作面的喷漆应均匀、牢固，不得有漆层剥落和生锈等缺陷。
2）紧固螺母应转动灵活，锁紧应可靠，移动件应移动灵活。</td><td>
磁性表座</td></tr>
<tr><td>15. 塞尺
（1）作用
塞尺是一种测量工具，主要用于测量间隙。
（2）使用方法
用干净的抹布清洁塞尺表面，将塞尺插入被测间隙中，来回拉动塞尺。如果感到稍有阻力，说明该间隙值接近塞尺上所标出的数值；如果拉动时阻力过大或过小，说明该间隙值小于或大于塞尺上所标出的数值。
（3）注意事项
1）不允许在测量过程中剧烈弯折塞尺，或强行将塞尺插入被测间隙。
2）塞尺用毕要进行维护、保养，并存放在塞尺盒中。</td><td>
塞尺</td></tr>
</table>

<table>
<tr>
<td>

16. 翼子板布和前格栅布

（1）作用

汽车维修、维护操作前，铺盖翼子板布和前格栅布可以防止操作过程中划伤汽车漆面。

（2）使用方法

1）翼子板布和前格栅布一侧内部有磁铁，可以牢靠地吸附在车辆上。

2）安装翼子板布时要有效遮住车身部位（翼子板处）。

3）翼子板布应铺放稳妥，防止意外掉落。

4）放置前格栅布时不要挡住散热器水管，以免影响发动机舱的检查。

5）注意前格栅布的正反面，以免前翼子板布放不正。

</td>
<td>

翼子板布

前格栅布

</td>
</tr>
</table>

课题二 分解发动机

任务1 拆卸外围附件

实训目标

1. 了解发动机外围附件的结构、名称和作用。
2. 能正确选择相关工具对发动机外围附件进行拆卸。
3. 掌握发动机外围附件的拆卸注意事项。
4. 操作步骤应符合相关工艺要求。

实训准备

1. 设备：发动机总成、发动机翻转台架、零件桌、工具柜。
2. 材料：常用工具、油盆、抹布等。
3. 资料：维修手册、配套学习材料。
4. 场地：汽车发动机拆装（一体化）实训室。

工作任务

一辆轿车发动起来动力不足、燃油消耗量增加，技术人员用真空表检测发现发动机真空度偏低，经过对发动机综合状况的检测，发现由于气缸盖垫密封性差，使气缸盖漏气，从而导致发动机动力不足、功率下降、油耗上升。作为一名汽车维修工，应能熟练进行气缸盖垫的更换。本任务要求学生了解发动机外围附件的名称并能描述其所属的机构或系统，在此基础上能够对发动机外围附件进行拆卸。

知识储备

一、燃油导轨

1. 功用

燃油导轨又称燃油分配器或油轨，如图2—1—1所示。它是电控燃油喷射系统的组成部分，是一种机械装置，安装在进气歧管上喷油器处。其主要功能是保证提供足够的燃油流量并均匀地分配给各缸喷油器，同时实现各缸喷油器的安装和连接。其质量对燃油压力脉动、燃油高温汽化等有较大影响。

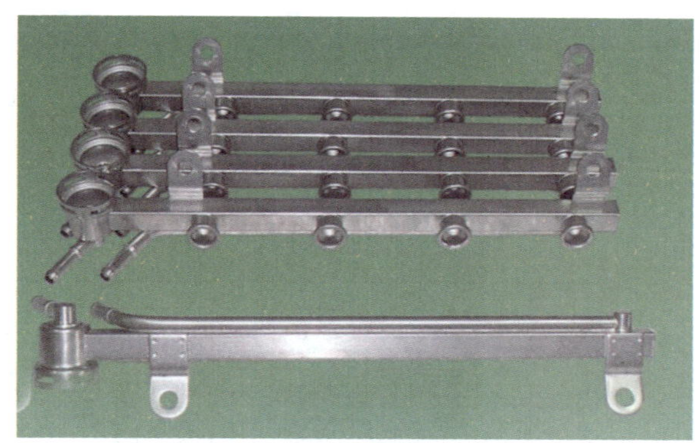

图 2—1—1　燃油导轨

2. 分类

按照加工材质可分为碳钢、不锈钢、压铸铝燃油导轨；按照工作压力可分为低压燃油导轨和高压燃油导轨。

目前，国内生产厂家主要生产不锈钢类燃油导轨，其他几类因为材料或者工艺特点，几乎全部进口。

二、水　泵

在汽车发动机气缸体内，有多条供冷却液循环的水道，与置于汽车前部的散热器（俗称水箱）通过水管相连接，构成一个大的水循环系统；在发动机的前端装有一个水泵（图 2—1—2），通过风扇传动带的驱动，将发动机气缸体水道内的热水泵出、冷水泵入。在水泵旁安装有一个节温器，当汽车刚启动时（冷车），节温器处于闭合状态，使冷却液不经过散热器，只在发动机内循环（俗称小循环）；待发动机的

图 2—1—2　水泵

温度达到 95℃以上时，节温器开启，发动机内的热水被泵入散热器，汽车前行时的冷风吹过散热器，带走热量。

三、进气歧管

进气歧管（图 2—1—3）位于节气门与发动机进气门之间，其作用是将可燃混合气（汽油机）或空气（柴油机）分别送到各个气缸中。进气歧管一般用铸铁制成，也有用铝合金制成的，通常安装在气缸盖或气缸体上。为防止漏气，其接合面处装有石棉衬垫。

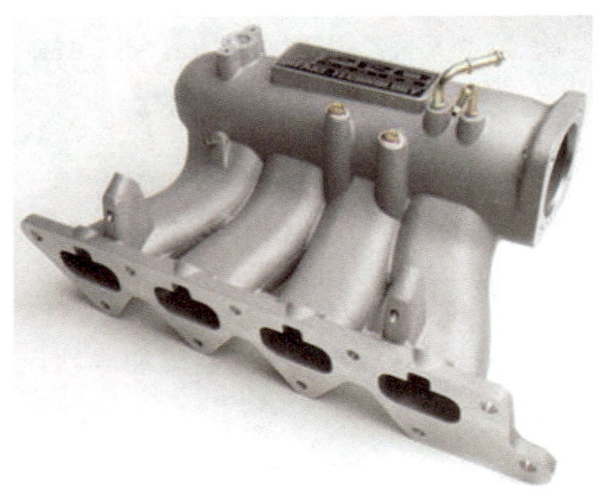

图 2—1—3　进气歧管

四、排气歧管

排气歧管（图 2—1—4）的作用是汇集各个气缸的废气，使其从排气消声器中排出，并消除排气噪声。排气歧管一般用铸铁制成，也有用不锈钢制成的，通常安装在气缸盖或气缸体上。为防止漏气，其接合面处装有金属衬垫。

图 2—1—4　排气歧管

五、爆震传感器

1. 功用

爆震传感器通过压电元件将气缸中的异常振动转换为电压信号输出，通过电子控制单元（ECU）使点火时间瞬间推迟，以防止发动机爆震的危害，提高点火系统的自适应能力。

2. 分类

爆震传感器（图 2—1—5）根据结构和工作原理以及安装位置的不同，一般分为两种：压力型爆震传感器和振动型爆震传感器。

图 2—1—5 爆震传感器

六、曲轴位置传感器

曲轴位置传感器又称发动机转速与曲轴转角传感器，如图 2—1—6 所示。

曲轴位置传感器用来探测曲轴转动角度信号、曲轴的位置和发动机转速，并输送到控制单元，以确定基本的点火和喷油时刻。如果电控单元接收不到曲轴位置传感器输入的信号或信号超出规定的范围，发动机就不能正常运行，也没有“备用模式”可以替代；但故障指示灯会常亮，电控单元会记录相应的故障码，以便进行故障分析和检修。

图 2—1—6 曲轴位置传感器

七、凸轮轴位置传感器

凸轮轴位置传感器（图 2—1—7）与曲轴位置传感器都是测定发动机工作位置的传感器，发动机的喷油或点火时刻根据发动机的工作行程来决定。曲轴位置传感器只能向 ECU 提供发动机曲轴转角的位置，而不能提供活塞压缩行程上止点的具体位置，只能由凸轮轴位置传感器来确定。

图 2—1—7　凸轮轴位置传感器

八、机油滤清器

机油滤清器用于去除发动机润滑油（也称机油）中的灰尘、金属颗粒、沉淀物和煤烟颗粒等杂质，以保护发动机，如图 2—1—8 所示。

图 2—1—8　机油滤清器

在发动机工作过程中，金属磨屑、尘土、高温下被氧化的积炭和胶状沉淀物等不断混入机油。机油滤清器的作用是滤掉这些机械杂质和胶质，保持机油的清洁，延长其使用寿命。机油滤清器应具有滤清能力强、流通阻力小、使用寿命长等特点。一般润滑系中装有几个不同滤清能力的滤清器——集滤器、粗滤器和细滤器，分别并联或串联在主油道中。其中，粗滤器串联在主油道中，为全流式，发动机工作时润滑油全部经滤清器滤清；细滤器并联在主油道中，为分流式。当代轿车发动机上普遍只设有集滤器和一个全流式滤清器。粗滤器滤除机油中粒径为 0.05 mm 以上的杂质，细滤器则用来滤除粒径为 0.001 mm 以上的细小杂质。

任务实施

一、操作前的准备工作

1．将工位清理干净，准备好相关的工具、物品等。

2．准备好发动机翻转台架，并安全固定。

提示：

◆ 培养良好的工作习惯，做好事前准备，有利于安全操作和提高工作效率。

二、拆卸燃油导轨

1．拆卸燃油导轨固定螺栓。

2．拆卸燃油导轨。

提示：

◆ 在燃油导轨的两端同时均匀用力，将燃油导轨连同喷油器一起拔出。

三、拆卸进气歧管

1．拆卸曲轴箱强制通风管卡箍。

提示：

◆ 使用鲤鱼钳拆卸。

	2．拔出曲轴箱强制通风管。 提示： ◆ 抓住软管的头部将其拔出。
	3．拆卸进气歧管固定螺栓。 提示： ◆ 按由外向内、对角的顺序，分 2 次拆卸固定螺栓。
	4．取下进气歧管和密封垫。
四、拆卸爆震传感器、机油标尺总成	
	1．拆卸爆震传感器线束固定卡销。

	2．拆卸爆震传感器。
	3．拆卸机油压力开关线束。
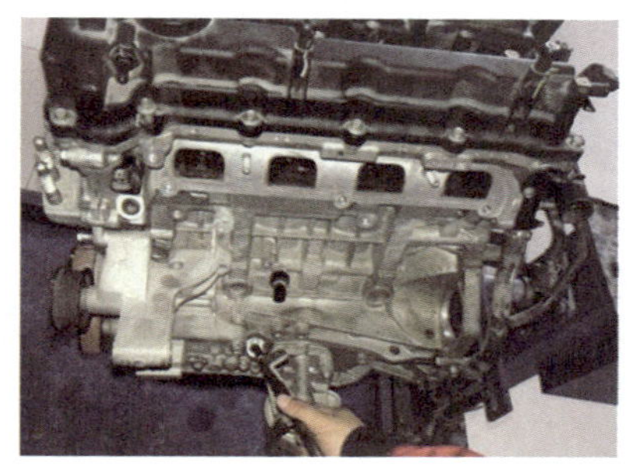	4．拆卸机油标尺总成。
五、拆卸机油滤清器	
	1．拆卸机油散热器水管卡箍。 提示： ◆ 使用鲤鱼钳拆卸。

	2．拔出机油散热器水管。 提示： ◆ 抓住软管的头部将其拔出。
	3．拆卸机油滤清器。 提示： ◆ 使用机油滤清器专用拆卸工具拆卸。
	4．取下机油滤清器。 提示： ◆ 下方放置油盆，以防机油污染地面。
	5．拆卸机油滤清器底座固定螺栓。 提示： ◆ 按对角顺序，分 2 次拆卸固定螺栓。
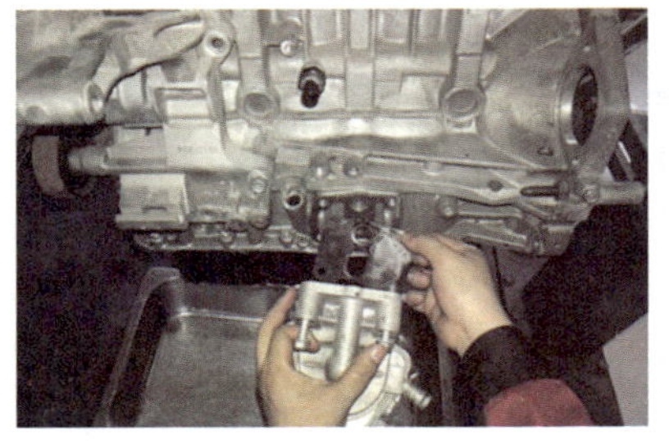	6．取下机油滤清器底座和密封垫。

六、拆卸排气歧管

	1．拆卸排气歧管支撑架固定螺栓。
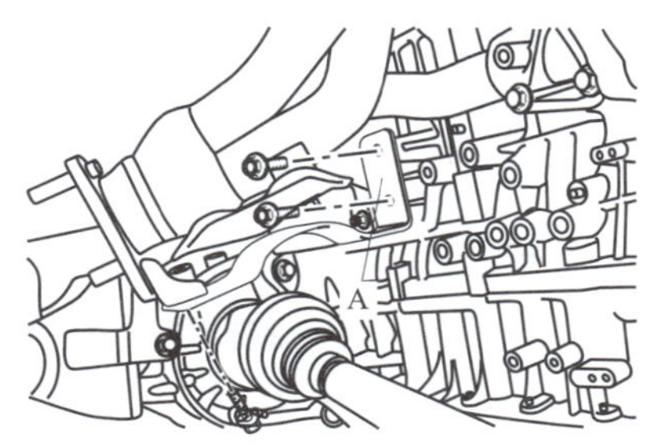	提示： ◆ A 为排气歧管支撑架。
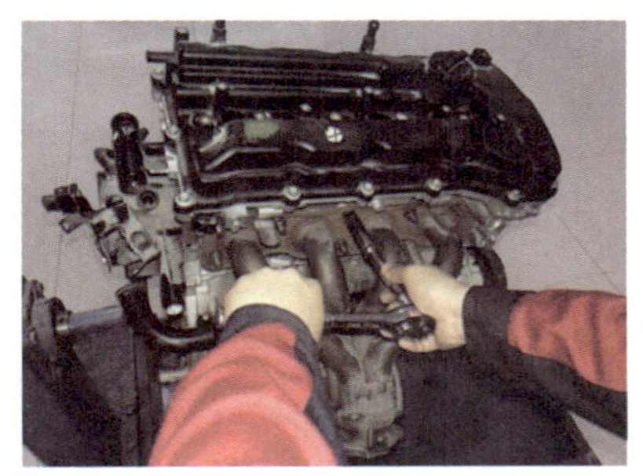	2．拆卸发动机排气歧管固定螺栓。 提示： ◆ 按由外向内、对角的顺序，分 2 次拆卸固定螺栓。
	3．取下发动机排气歧管。

<table>
<tr><td></td><td>4．取下发动机排气歧管垫。</td></tr>
<tr><td colspan="2">七、拆卸水温控制总成及水泵</td></tr>
<tr><td>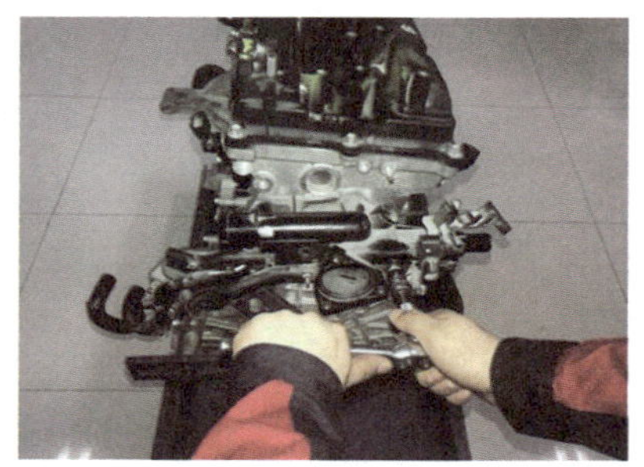</td><td>1．拆卸水温控制总成固定螺栓和连接水管。
提示：
◆ 按对角顺序，分 2 次拆卸固定螺栓。</td></tr>
<tr><td></td><td>2．取下水温控制总成。</td></tr>
<tr><td>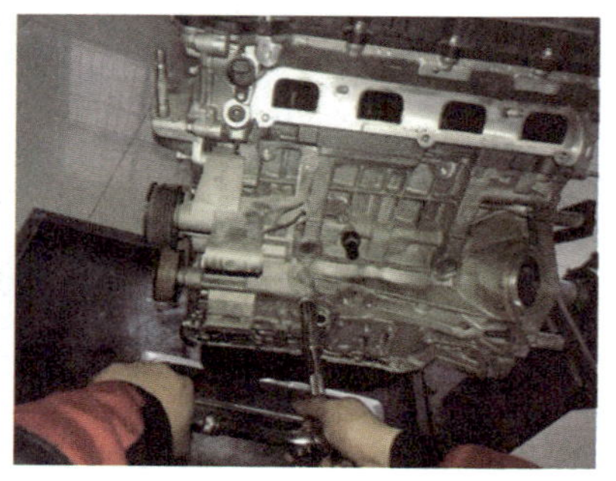</td><td>3．拆卸张紧轮支架固定螺栓。</td></tr>
</table>

	4．取下张紧轮支架。
	5．拆卸水泵和水泵密封垫。 提示： ◆ 按对角顺序，分 2 次拆卸水泵固定螺栓。
八、拆卸传感器	
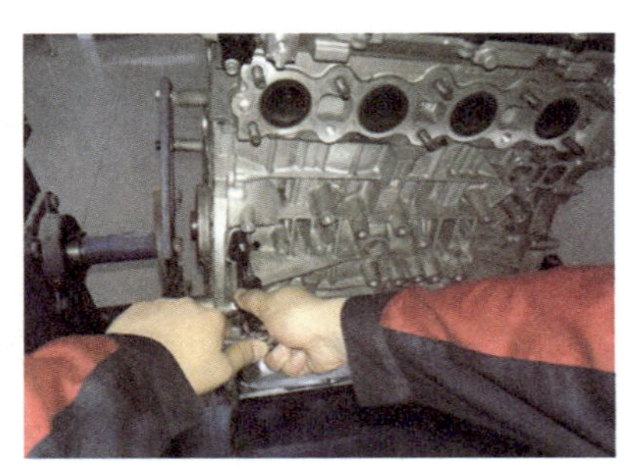	1．拆卸曲轴位置传感器。
	2．拆卸凸轮轴位置传感器。 提示： ◆ 左右各 1 个。

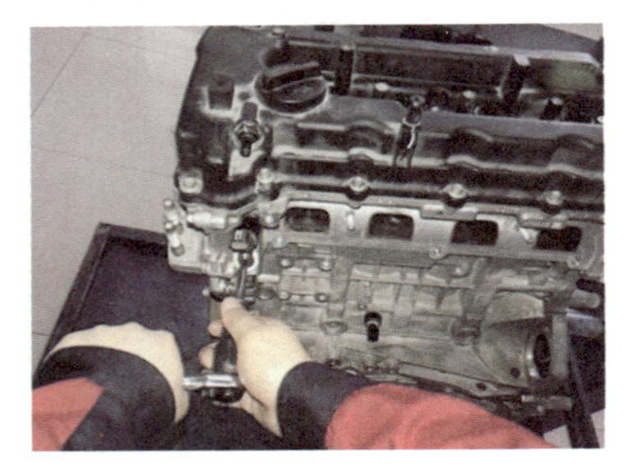	3．拆卸凸轮轴可变气门正时执行器。 提示： ◆ 左右各 1 个。

考评标准表——拆卸外围附件

时间：30 min

项目	分值	评分标准与指导	评价结果
工具准备	5	工具准备齐全、正确，得 5 分；若不齐全、不正确，酌情扣分	
拆卸燃油导轨	10	方法不正确，扣 5 分；操作过程中违规，酌情扣分	
拆卸进气歧管总成及附件	15	方法不正确，扣 5 分；操作过程中违规，酌情扣分	
拆卸相关传感器	10	方法不正确，扣 5 分；操作过程中违规，酌情扣分	
拆卸排气歧管总成及附件	15	方法不正确，扣 5 分；操作过程中违规，酌情扣分	
拆卸机油滤清器及附件	10	方法不正确，扣 5 分；操作过程中违规，酌情扣分	
拆卸水温控制总成	10	方法不正确，扣 5 分；操作过程中违规，酌情扣分	
拆卸水泵	10	方法不正确，扣 5 分；操作过程中违规，酌情扣分	
正确使用工、量具	5	使用不当酌情扣分，并指正	
安全文明操作	10	零件、工具落地，一次扣 2 分；不清理、整理工具，每件扣 1 分	
遵守相关安全操作规范		因违规操作发生人身和设备事故，终止考核，成绩按 0 分计 超时每分钟扣 2 分，超时 5 分钟终止考核	
分数合计	100		

任务 2　拆卸气缸盖、配气机构

实训目标

1. 了解发动机气缸盖及配气机构的结构、名称及作用。
2. 能正确选择相关工具对发动机气缸盖及配气机构进行拆卸。
3. 掌握发动机气缸盖及配气机构的拆卸注意事项。
4. 操作步骤应符合相关工艺要求。

实训准备

1. 设备：发动机总成、发动机翻转台架、零件桌、工具柜。
2. 材料：常用工具、专用工具、抹布等。
3. 资料：维修手册、配套学习材料。
4. 场地：汽车发动机拆装（一体化）实训室。

工作任务

一辆轿车在发动机怠速时，可在气门室罩盖处清楚地听到“喀哒喀哒”的响声，且有时带有“嗡嗡”声，严重时汽车的加速性能下降，并伴有发动机启动困难和个别气缸工作不良的现象。这种现象一般是由于气门弹簧弹力过弱、歪斜或断裂，从而导致气门弹簧异响。作为一名汽车维修工，应能熟练进行配气机构的维修。本任务要求学生了解配气机构的组成及工作原理，在此基础上能够拆卸气缸盖及配气机构。

知识储备

一、配 气 机 构

1. 功用

配气机构是控制发动机进气和排气的控制机构。其功用是根据发动机的工作顺序和各个气缸工作循环的要求，定时开启和关闭进气门、排气门，使可燃混合气（汽油机）或空气（柴油机）准时进入气缸，废气得以及时排出气缸。

2. 组成

配气机构由气门组和气门传动组两部分组成。

3. 分类

（1）按气门布置形式分类

配气机构形式多种多样，按气门布置形式不同可分为气门顶置式和气门侧置式。气门顶置式配气机构的进、排气门倒装在气缸盖上，使燃烧室结构合理，进气阻力小，充气效率高，混合气的形成和燃烧过程得到改善。气门顶置式配气机构是目前应用最广泛的配气机构。

（2）按气门数分类

配气机构按每缸气门数不同可分为二气门和多气门两种，如图 2—2—1 所示。二气门式即有一个进气门和一个排气门，通常大的是进气门，小的是排气门。由于气门头部直径尺寸受燃烧室尺寸的限制，使每缸一进一排的气门结构不能保证良好的换气质量。为了使发动机在工作时进气充分、排气彻底，提高发动机的转矩和功率，并满足当代汽车发动机对高速化的要求，多气门式发动机已经逐步代替了二气门式发动机。在中、高级轿车发动机上普遍采用多气门结构。

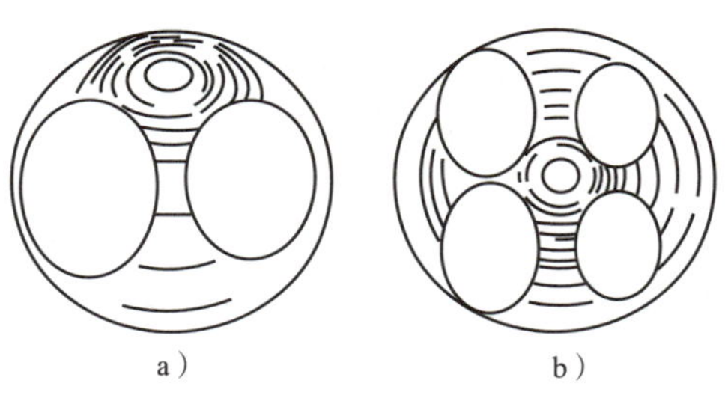

图 2—2—1　按气门数分类

a）二气门　b）多气门

（3）按凸轮轴布置位置分类

配气机构按凸轮轴在机体中安装位置的不同可分为凸轮轴上（顶）置式、凸轮轴中置式和凸轮轴下置式三种，如图 2—2—2 所示。凸轮轴上（顶）置式配气机构，其凸轮轴位于气门组上方，曲轴通过齿形带驱动凸轮轴；凸轮轴中置式配气机构，其凸轮轴位于气缸盖上部，凸轮轴与曲轴的距离增大，因此需要增加中间齿轮（惰轮）或采用链条传动方式；凸轮轴下置式配气机构，其凸轮轴平行布置在曲轴一侧，离曲轴很近，曲轴通过一对正时齿轮直接驱动凸轮轴。

（4）按气门驱动形式分类

可分为直接驱动式和摇臂驱动式两种。

直接驱动式是凸轮轴直接驱动挺柱，从而控制气门开启，凸轮轴上置式配气机构常采用直接驱动式。摇臂驱动式是凸轮轴通过推杆先顶起摇臂，使摇臂绕摇臂轴旋转后再顶开气门，凸轮轴中置式、凸轮轴下置式配气机构常采用摇臂驱动式。

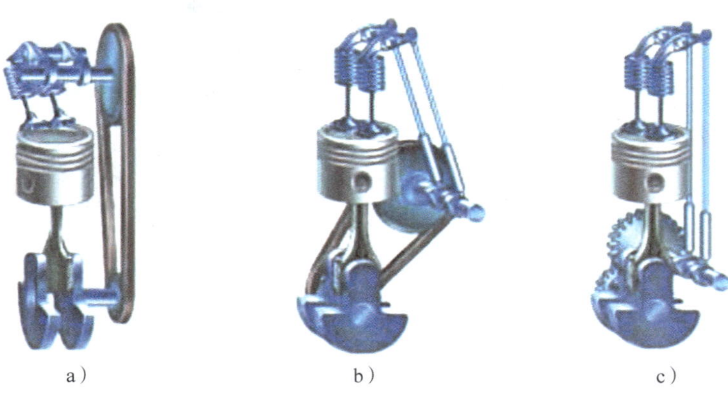

a）　　b）　　c）

图 2—2—2　按凸轮轴布置位置分类

a）凸轮轴上（顶）置式　b）凸轮轴中置式　c）凸轮轴下置式

(5) 按凸轮轴传动方式分类

可分为齿轮传动式、链传动式和齿形带传动式三种，如图 2—2—3 所示。

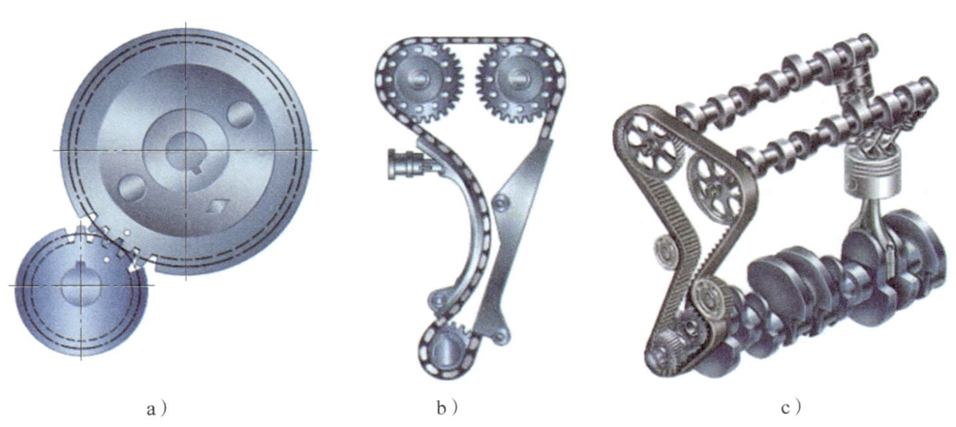

a）　　b）　　c）

图 2—2—3　按凸轮轴传动方式分类

a）齿轮传动式　b）链传动式　c）齿形带传动式

(6) 按凸轮轴的数量分类

可分为单凸轮轴和双凸轮轴两种，如图 2—2—4 所示。

单凸轮轴既驱动进气门，又驱动排气门。当代汽车大多采用多气门，所以多使用双凸轮轴，一凸轮轴驱动进气门，另一凸轮轴驱动排气门。

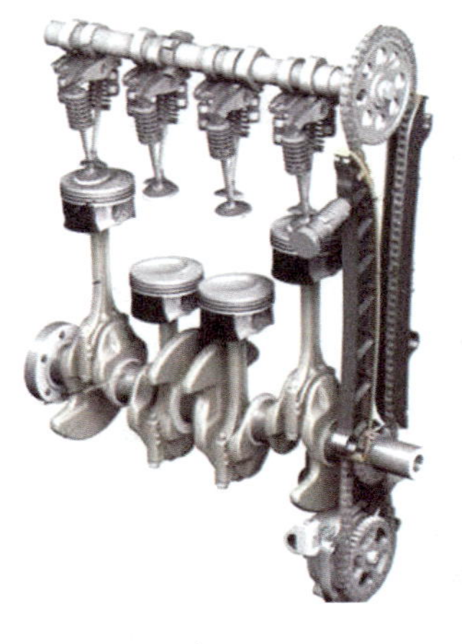

a）

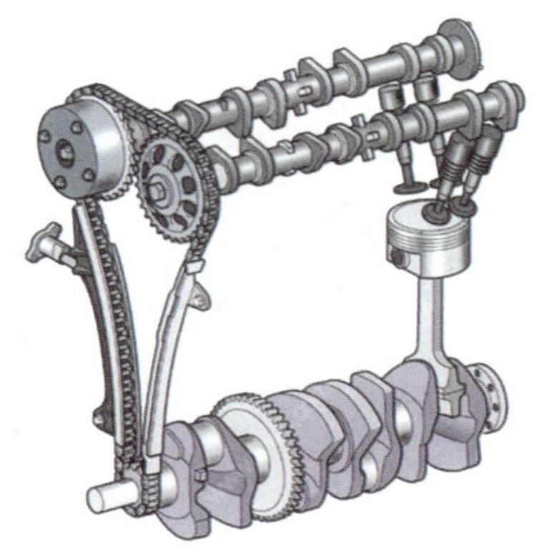

b）

图 2—2—4　按凸轮轴的数量分类

a）单凸轮轴　b）双凸轮轴

二、发动机的换气过程

1. 发动机换气系统的作用

发动机换气是将燃烧产物排出气缸并且把新鲜、充足的气体充入气缸的过程，其主要任务是将燃烧产物排除干净，尽可能多地充入足量的新鲜空气（柴油机）或可燃混合气（汽油机）。

2. 发动机换气系统的原理

发动机的换气过程是内燃机排出本循环产生的废气和为下一循环吸入新鲜气体（空气或可燃混合气）的进、排气过程，它是工作循环得以周而复始不断进行的保证。对四冲程内燃机而言，换气过程是指从排气门开启到进气门关闭的整个过程。在内燃机换气过程中，有时为了控制内燃机的氮氧化物（NO_x）等有害物排放，还需要进行排气再循环（可分为外部 ECR 和内部 EGR）。内燃机采用增压技术可以提高进气密度，从而提高发动机的功率，并改善经济性和排放效率。内燃机的性能很大程度上依赖其换气过程的质量，为提高动力性和经济性指标，需要研究减少进、排气流动阻力损失和提高充量系数的措施及方法，以及如何为燃烧提供一个合适的缸内气体流场，并保证多缸机的各缸均匀性等。

三、气门传动组的构造

气门传动组的作用是使进、排气门按配气相位规定的时刻开闭。

气门传动组主要由凸轮轴、挺柱、推杆、摇臂与摇臂组件等组成。

1. 凸轮轴

(1) 作用

控制各缸气门的开启和关闭，使其符合发动机的工作顺序、配气相位及气门开度的变化规律等要求。此外，多数汽油机还利用凸轮轴来驱动机油泵、汽油泵、分电器等装置。

(2) 构造

凸轮轴主要由凸轮和轴颈两部分组成，如图 2—2—5 所示。凸轮分为进气凸轮和排气凸轮两种，用来驱动与控制气门的开启与关闭；轴颈对凸轮轴起支承作用。

图 2—2—5　凸轮轴

2. 挺柱

挺柱的作用是将来自凸轮的运动和作用力传给推杆或气门，承受凸轮轴所施加的侧向力，并将其传给机体或气缸盖。挺柱可分为机械挺柱和液力挺柱两大类。

(1) 机械挺柱

常见的机械挺柱形状有杯形、听子形、菌形、吊杯形（均为平面挺柱）、滚子形等，如图 2—2—6 所示。

其中，吊杯形平面挺柱结构简单，质量轻，在中小型发动机中应用比较广泛；滚子形挺柱摩擦和磨损小，但其结构比平面挺柱复杂，体积也比较大，多用于气缸直径较大的发动机。

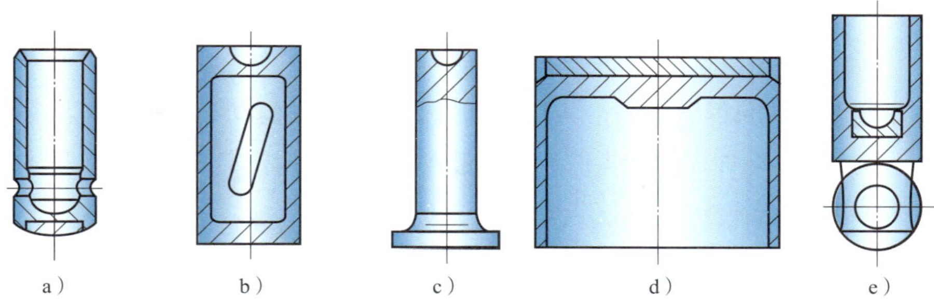

图 2—2—6　机械挺柱

a）杯形平面挺柱　b）听子形平面挺柱　c）菌形平面挺柱　d）吊杯形平面挺柱　e）滚子形挺柱

（2）液力挺柱

为了防止热膨胀后气门关闭不严，大多数发动机预留了气门间隙，使发动机工作时配气机构产生撞击和噪声。为了消除这一弊端，越来越多的发动机（尤其是轿车发动机）采用了液力挺柱，借以实现零气门间隙，如图 2—2—7 所示。

图 2—2—7　液力挺柱

液力挺柱由挺柱体、液压缸、柱塞、单向阀、单向阀弹簧和柱塞弹簧等组成，如图 2—2—8 所示。在挺柱体中装有柱塞，在柱塞上端有压力推杆支座。柱塞被柱塞弹簧向上推压，其极限位置由卡夹限定。柱塞下端的单向阀保持架内装有单向阀弹簧和单向阀。发动机润滑系统中的机油经进油孔进入内油腔。

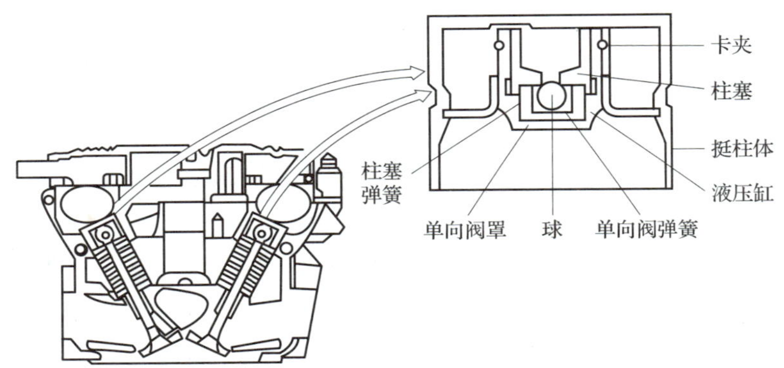

图 2—2—8　液力挺柱的组成

3. 推杆

推杆处于挺柱和摇臂之间，其功用是将挺柱传来的运动和作用力传给摇臂。它是配气机构中最易弯曲变形的零件，应尽量做得短些。推杆实物如图 2—2—9 所示。

图 2—2—9　推杆

4. 摇臂与摇臂组件

摇臂是一个以摇臂轴为支点的双臂杠杆，如图 2—2—10 所示。

图 2—2—10　摇臂

摇臂的作用是改变推杆或凸轮轴传来的力的方向，作用到气门杆上以推开气门。

摇臂组件主要有摇臂、摇臂轴、摇臂支座、气门间隙调整螺钉和定位弹簧等，如图 2—2—11 所示。

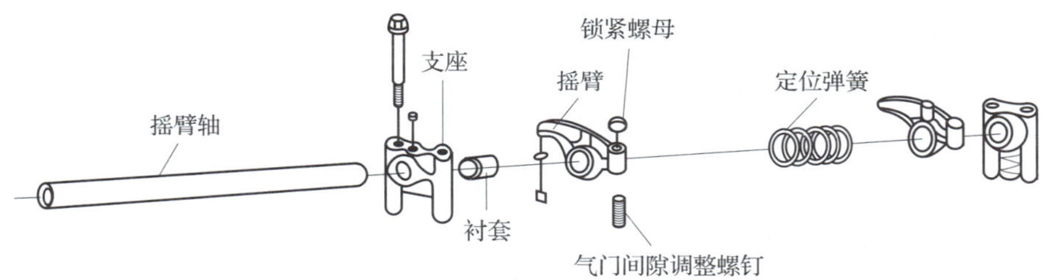

图 2—2—11　摇臂组件

任务实施

一、操作前的准备工作

1. 将工位清理干净，准备好相关的工具、物品等。

2. 准备好发动机翻转台架，并安全固定。

提示：

◆ 培养良好的工作习惯，做好事前准备，有利于安全操作和提高工作效率。

<table>
<tr><th colspan="2">二、拆卸气门室罩盖</th></tr>
<tr><td></td><td>1．拆卸气门室罩盖固定螺栓。
提示：
◆ 按由外向内、对角的顺序，分 2 次拆卸固定螺栓。</td></tr>
<tr><td></td><td>2．取下气门室罩盖。</td></tr>
<tr><td></td><td>3．将气门室罩盖密封垫复位。</td></tr>
<tr><th colspan="2">三、拆卸曲轴带轮</th></tr>
<tr><td></td><td>1．拆卸曲轴带轮固定螺栓。
提示：
◆ 固定飞轮后使用扭力扳手拆卸。</td></tr>
</table>

	2．取下曲轴带轮。
	3．取下曲轴前油封。
四、拆卸正时齿轮室盖	
	1．拆卸正时齿轮室盖固定螺栓。 提示： ◆ 按由外向内、对角的顺序，分 2 次拆卸固定螺栓。
	2．取下正时齿轮室盖。

五、拆卸正时链条	
	1．检查配气正时后，使用张紧器定位销将张紧器固定。
	2．拆卸正时链条张紧器。
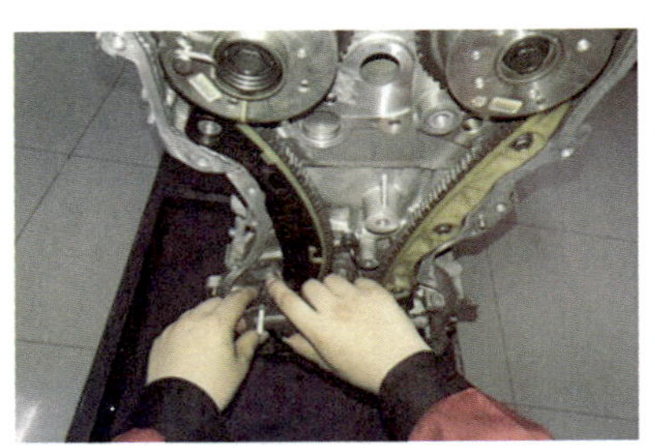	3．取出正时链条张紧器。
	4．拆卸正时链条张紧器臂固定螺栓。

	5．取下正时链条张紧器臂。
	6．取下正时链条。
	7．拆卸正时链条导轨固定螺栓。
	8．取下正时链条导轨。
六、拆卸凸轮轴	
	1．拆卸凸轮轴轴承盖螺栓。 提示： ◆ 按从两边向中间的顺序拆卸凸轮轴轴承盖螺栓。 ◆ 分两三次拆卸。

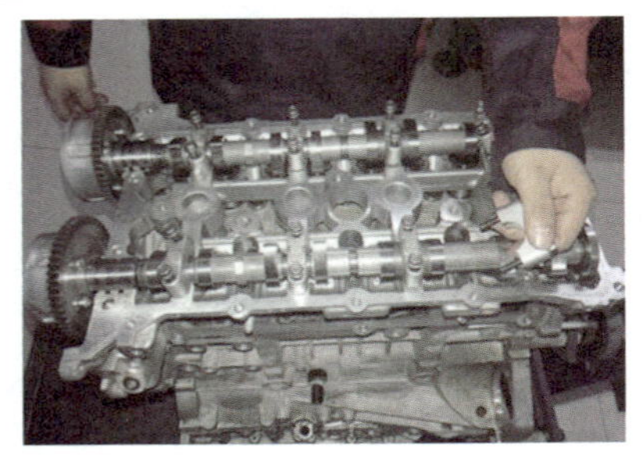	2．取下凸轮轴轴承盖。
	3．取下凸轮轴。
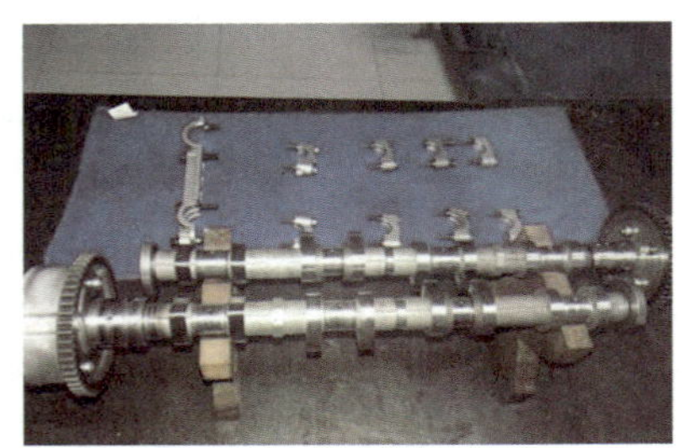	提示： ◆ 将凸轮轴放置在 V 形架上，凸轮轴轴承盖应摆放整齐。
七、取出液力挺柱和凸轮轴轴瓦	
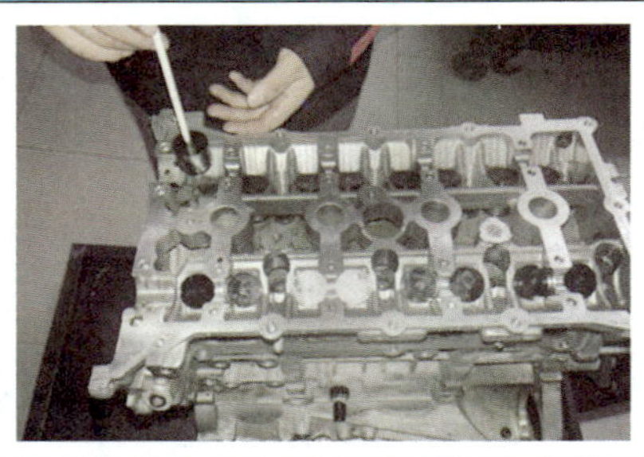	1．使用吸棒依次取出液力挺柱。
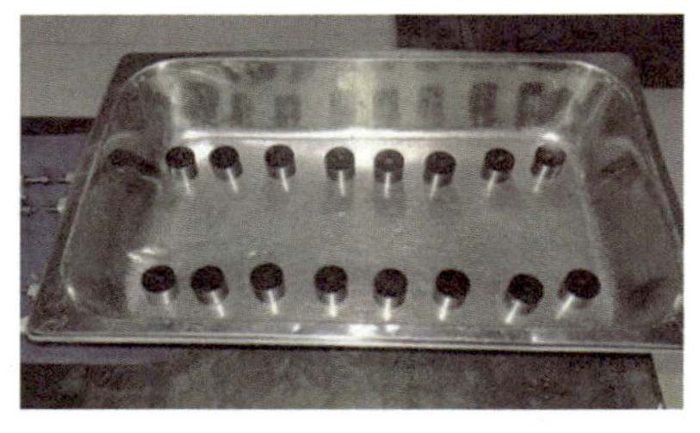	2．将液力挺柱按顺序摆放。 提示： ◆ 不可调换位置和顺序。

	3．取出凸轮轴轴瓦。
八、拆卸气缸盖，取出气缸盖衬垫	
	1．旋松气缸盖固定螺栓。 提示： ◆ 按从外向内、对角的顺序，分两三次旋松螺栓。
	2．拆卸气缸盖固定螺栓。 提示： ◆ 可使用棘轮扳手或快速扳手拆卸。
	3．取出气缸盖固定螺栓。

	4．使用专用工具撬动气缸盖固定位置，使气缸盖与气缸体分离。 提示： ◆ 专用工具工作端应用电工胶带包裹，以保护气缸盖与气缸体的结合面。
	5．取下气缸盖总成。
	6．将气缸盖总成放置在木块上。 提示： ◆ 保护好气缸盖结合面。
	7．取出气缸盖衬垫。
九、分解气缸盖总成	
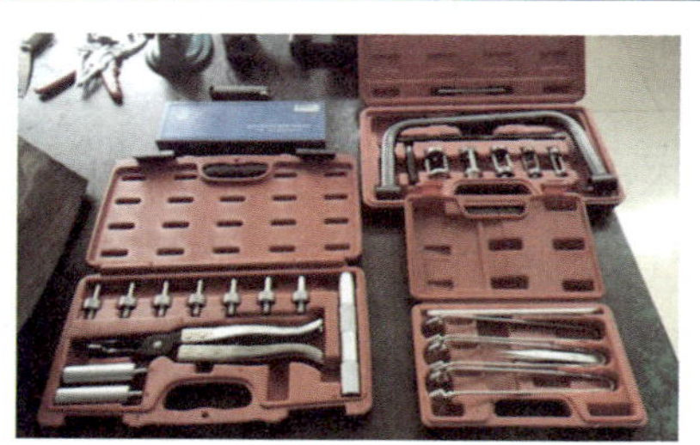	1．准备气门拆卸工具。

	2．将气缸盖总成放置在木块上。 提示： ◆ 气缸盖应放置平稳。
	3．使用气门拆卸工具，选择大小合适的专用工具顶住气门底部。
	4．旋转拆卸工具杠杆，压下气门弹簧座。
	5．使用吸棒吸出气门锁片。
	6．取出气门锁片后，慢慢旋转杠杆，使气门弹簧复位。

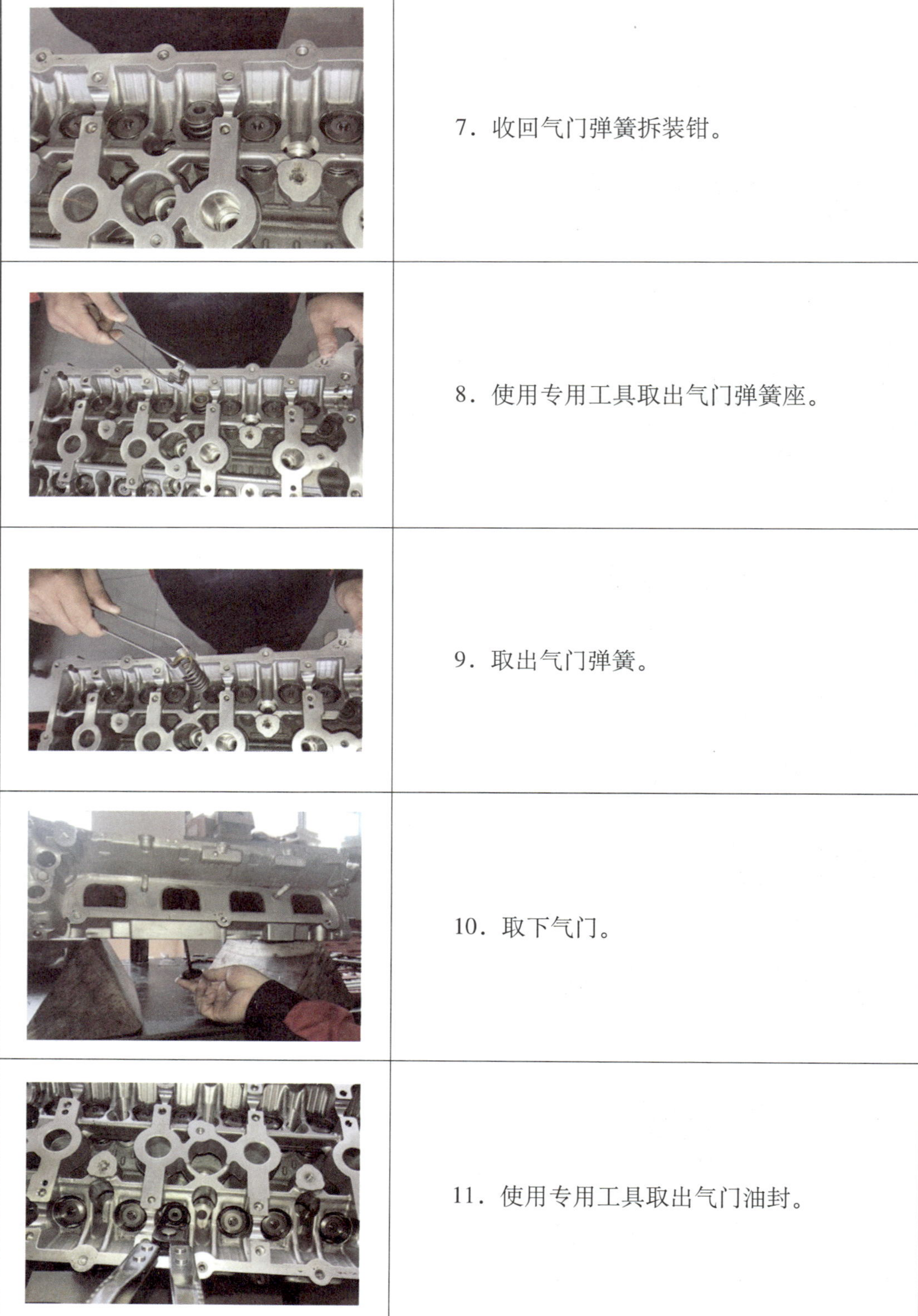

	7．收回气门弹簧拆装钳。
	8．使用专用工具取出气门弹簧座。
	9．取出气门弹簧。
	10．取下气门。
	11．使用专用工具取出气门油封。

	11．使用专用工具取出气门油封。
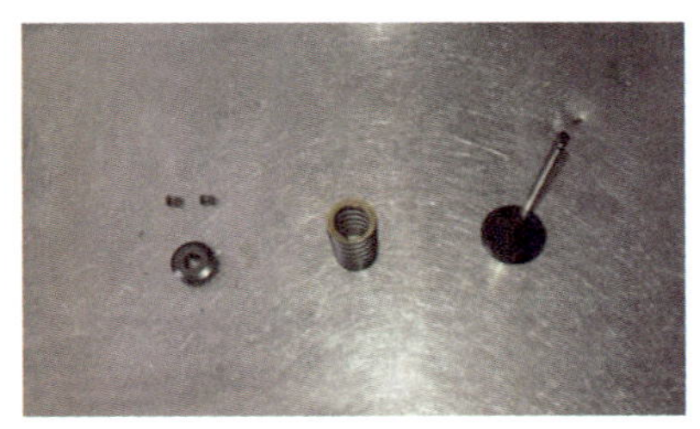	12．将拆下的零件放入油盆中准备清洗。 提示： ◆ 按顺序摆放零件。 ◆ 气门组各零件不可互换使用。

考评标准表——拆卸气缸盖、配气机构

时间：　40　min

项目	分值	评分标准与指导	评价结果
工具准备	10	工具准备齐全、正确，得 10 分；若不齐全、不正确，酌情扣分	
拆卸气门室罩盖	10	方法不正确，扣 5 分；操作过程中违规，酌情扣分	
拆卸正时齿轮室盖及正时链条	10	方法不正确，扣 5 分；操作过程中违规，酌情扣分	
拆卸凸轮轴	10	方法不正确，扣 5 分；操作过程中违规，酌情扣分	
拆卸液力挺柱	10	方法不正确，扣 5 分；操作过程中违规，酌情扣分	
拆卸气缸盖及气缸盖衬垫	10	方法不正确，扣 5 分；操作过程中违规，酌情扣分	
分解气缸盖总成	20	方法不正确，扣 5 分；操作过程中违规，酌情扣分	
正确使用工具	10	使用不当酌情扣分，并指正	
安全文明操作	10	零件、工具落地，一次扣 2 分；不清理、整理工具，每件扣 1 分	

续表

项目	分值	评分标准与指导	评价结果
遵守相关安全操作规范		因违规操作发生人身和设备事故，终止考核，成绩按0分计 超时每分钟扣2分，超时5分钟终止考核	
分数合计	100		

任务3　拆卸机油泵总成、油底壳

实训目标

1. 了解润滑系统的作用与组成。
2. 了解油底壳的作用、组成与分类。
3. 了解机油泵的作用与分类。
4. 能正确选择相关工具对机油泵和油底壳进行拆卸。
5. 掌握机油泵和油底壳的拆卸注意事项。
6. 操作步骤应符合相关工艺要求。

实训准备

1. 设备：发动机总成、发动机翻转台架、零件桌、工具柜。
2. 材料：常用工具、专用工具、抹布等。
3. 资料：维修手册、配套学习材料。
4. 场地：汽车发动机拆装（一体化）实训室。

工作任务

一辆轿车发动机机油压力不足，但机油液位正常。经过维修人员初步检测，判断可能是机油泵堵塞或损坏引起的。作为一名汽车维修工，应能熟练进行发动机机械部分的维修。本任务要求学生了解润滑系统的组成及作用，并在此基础上能够正确拆卸机油泵和油底壳。

知识储备

一、润滑系统的组成与作用

1. 润滑系统的组成

润滑系统由三大部分组成，如图 2—3—1 所示。

(1) 机油供给装置

包括机油泵、油道、油管、限压阀等，可使润滑油以一定的压力和流量在循环系统中流动。

(2) 滤清装置

包括集滤器、粗滤器、细滤器、机油泄压阀等，可清除润滑油中的各种杂质。

(3) 仪表及信号装置

包括堵塞指示器、压力感应塞、油压警报器、指示灯及压力表等，可使驾驶员随时了解润滑系统的工作情况。

另外，对热负荷较大的发动机，为使润滑油保持一定的黏度，装有机油冷却器，以便对润滑油进行强制冷却。

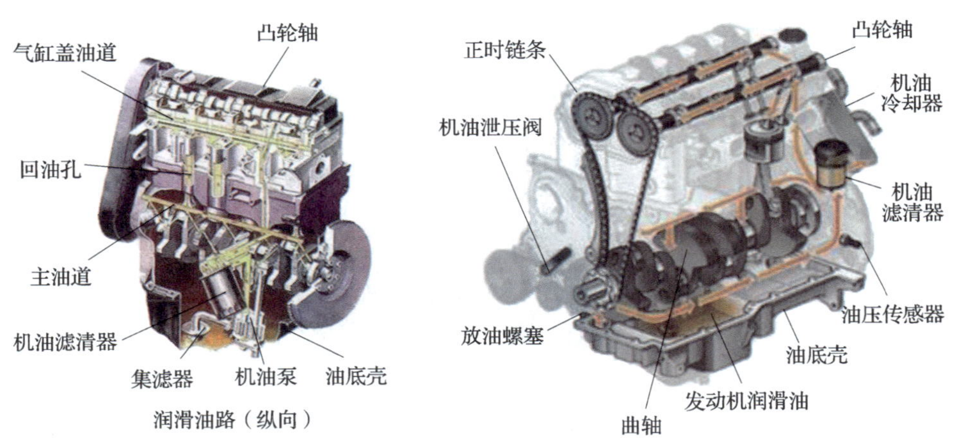

图 2—3—1　润滑系统的组成

2. 润滑系统的作用

(1) 润滑作用

润滑运动零件表面，减小摩擦阻力和磨损，减小发动机的功率消耗。

(2) 清洗作用

机油在润滑系统内不断地循环，清洗摩擦表面，带走磨屑和其他异物。

(3) 冷却作用

机油在润滑系统内循环还可以带走摩擦产生的热量，起到冷却作用。

（4）密封作用

在运动零件之间形成油膜，提高它们的密封性，有利于防止漏气或漏油。

（5）防锈蚀作用

在零件表面形成油膜，对零件表面起保护作用，防止腐蚀生锈。

（6）传递动力作用

润滑油还可用作液压油起到传递动力的作用（如液力挺柱）。

（7）减振缓冲作用

在运动零件表面形成油膜，吸收冲击并减小振动，起减振缓冲作用。

二、油 底 壳

1. 油底壳的作用

油底壳是曲轴箱的下半部，又称为下曲轴箱。其作用是封闭曲轴箱作为储油槽的外壳，防止杂质进入，并收集和储存由发动机各润滑表面流回的润滑油，散去部分热量，防止润滑油氧化。

2. 油底壳的组成

油底壳（图 2—3—2）位于发动机下部，多由薄钢板冲压而成，形状较为复杂的一般采用铸铁或铝合金浇铸成型。其内部装有稳油挡板，以避免发动机颠簸时造成油面振荡激溅，并有利于润滑油杂质的沉淀，侧面装有机油标尺，用来检查油量。此外，油底壳底部最低处还装有放油螺塞。

图 2—3—2 油底壳

3. 油底壳的分类

（1）湿式油底壳（图 2—3—3）

市场上常见的车辆都使用湿式油底壳，之所以命名为湿式油底壳是因为发动机的曲轴曲柄和连杆大头随着曲轴每旋转一周都会浸入油底壳润滑油内一次，起到润滑作

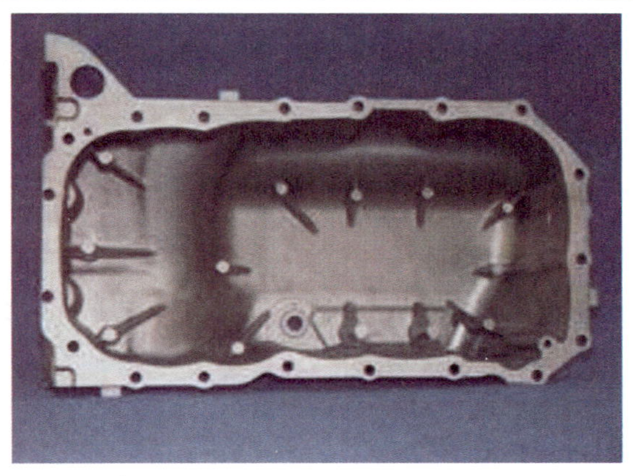

图 2—3—3　湿式油底壳

用。同时由于曲轴的高速运转，曲柄每次高速浸入油池内都会激起一定的油花和油雾，对曲轴和轴瓦进行润滑，称为飞溅润滑。这样，对油底壳润滑油液面高度就有了一定的要求，如果液面太低，曲轴曲柄和连杆大头不能浸入润滑油内，导致缺少润滑；如果润滑油液面太高又会导致轴承整个浸入，使曲轴的旋转阻力增大，发动机性能下降。同时，润滑油容易进入气缸燃烧室内，导致发动机烧机油，火花塞积炭等问题。

这种润滑方式结构简单，不需要另设机油箱；但车辆工作的倾斜度不可过大，否则会因断油、漏油而引发烧瓦拉缸事故。

（2）干式油底壳（图 2—3—4）

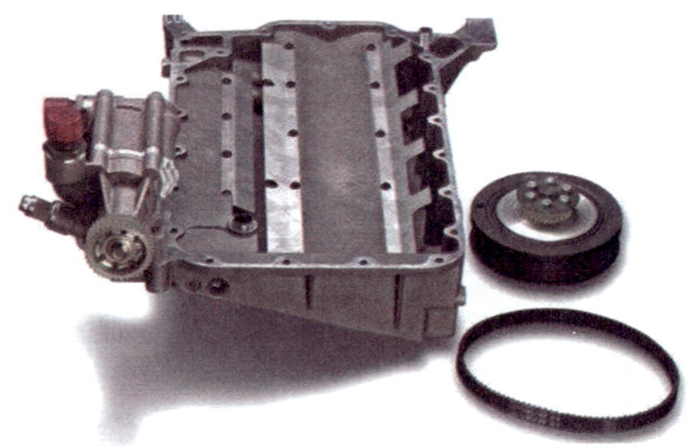

图 2—3—4　干式油底壳

干式油底壳多用于赛车的发动机上。它没有在油底壳中储存润滑油，准确地说是没有油底壳。曲轴箱运动的摩擦表面都是通过一个个量孔压出润滑油进行润滑的。由于干式油底壳发动机取消了油底壳储存润滑油的功能，所以原油底壳的高度大大降低，发动机的高度也随之降低，重心降低的优点是有利于车辆的操控性。最主要的优点是避免发生湿式油底壳由于激烈行驶而产生的种种不利现象。

但是，由于润滑油的压力全部来源于机油泵，机油泵的动力则是由曲轴的转动通过齿轮连接而来的。虽然在湿式油底壳发动机中也需要用机油泵来为凸轮轴提供压力润滑，但是这种压力是很小的，机油泵需要的动力也很小。而在干式油底壳发动机中，这种压力润滑的强度需要大很多，以致机油泵的尺寸也要比湿式油底壳发动机的机油泵大很多，所以机油泵需要的动力就更多一些。这如同机械增压的发动机一样，机油泵需要消耗掉发动机的一部分动力，尤其是在高转速的时候，发动机转速增加，摩擦部件的运动强度也增加了，需要的润滑油就越多，对于发动机动力的消耗也就加剧了。

显然这样的设计并不适合普通的民用车辆发动机，因此，干式油底壳大多配备在大排量或者大功率的发动机（如某些跑车发动机）上。例如，兰博基尼就是采用干式油底壳的设计，对于它来说，获得更低的重心是最重要的，而功率的损失可以通过提高排量等其他因素弥补，至于经济性则是这种车型完全不需要考虑的。

三、机 油 泵

1. 机油泵的作用

机油泵的作用是将油底壳内的润滑油经过增压后泵送到机油滤清器和各润滑油道，以润滑发动机的各主要运动机件，并使润滑油得到滤清。

在发动机工作时，机油泵不断工作，从而保证润滑油在润滑油路中不断循环。由于机油泵的转速与发动机转速成正比，低转速时机油泵供油能力最差。

2. 机油泵的分类

机油泵一般分为齿轮式机油泵和转子式机油泵两种，如图 2—3—5 所示。

a）

b）

图 2—3—5　机油泵

a）齿轮式机油泵　b）转子式机油泵

任务实施

一、操作前的准备工作

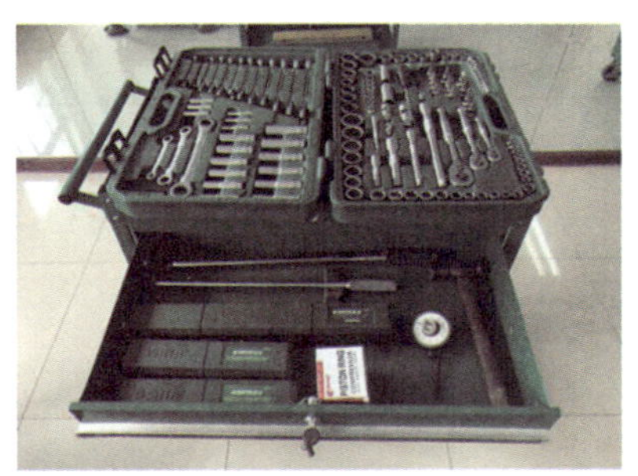

1．将工位清理干净，准备好相关的工具、物品等。

2．准备好发动机翻转台架，并安全固定。

提示：

◆ 培养良好的工作习惯，做好事前准备，有利于安全操作和提高工作效率。

二、拆卸油底壳

1．拆卸油底壳固定螺栓。

提示：

◆ 按对角顺序，分 2 次拆卸固定螺栓。

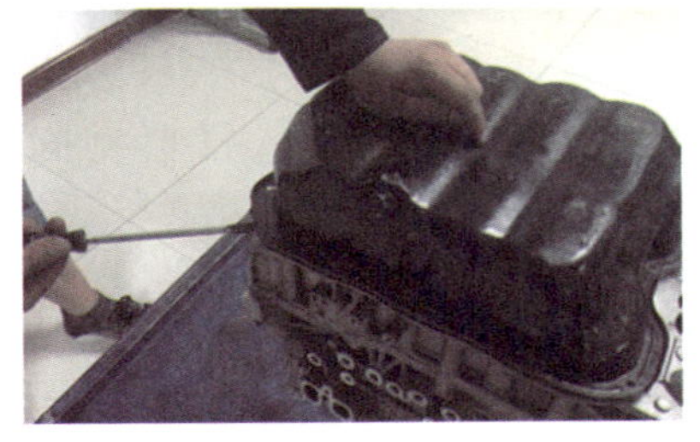

2．使用专用工具撬动油底壳，使油底壳与气缸体分离。

提示：

◆ 专用工具工作端应用电工胶带包裹保护。

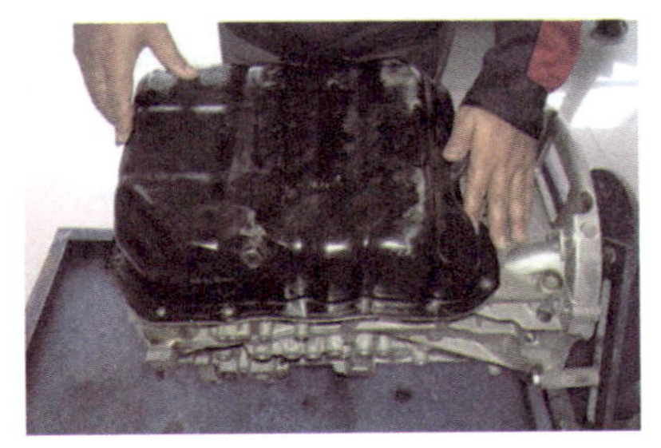

3．取下油底壳。

<table>
<tr><th colspan="2">三、取下机油泵总成链条张紧器</th></tr>
<tr><td>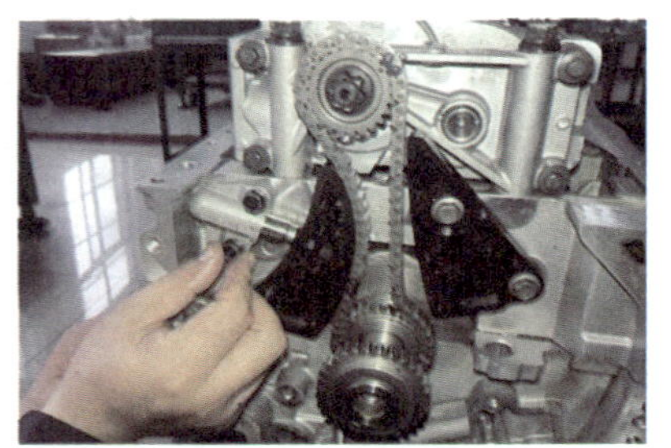</td><td>1．拆卸机油泵总成链条张紧器螺栓。
提示：
◆ 拆卸前应使用张紧器定位销固定张紧器。</td></tr>
<tr><td>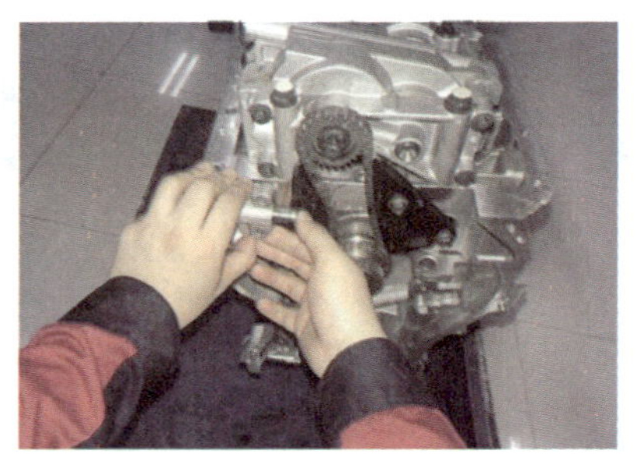</td><td>2．取下机油泵总成链条张紧器。</td></tr>
<tr><th colspan="2">四、拆卸机油泵总成链条张紧器臂</th></tr>
<tr><td></td><td>1．拆卸机油泵总成链条张紧器臂固定螺栓。</td></tr>
<tr><td></td><td>2．取下机油泵总成链条张紧器臂。</td></tr>
</table>

<table>
<tr><th colspan="2">五、拆卸曲轴正时链条齿轮</th></tr>
<tr><td></td><td>1. 查看传动链条与机油泵总成链条齿轮和曲轴正时链条齿轮的标记。
提示：
◆ 标记不对齐将导致机油泵总成振动和异响。</td></tr>
<tr><td></td><td>2．拆卸曲轴正时链条齿轮。
3．拆卸机油泵总成链条齿轮。</td></tr>
<tr><td></td><td>提示：
◆ 小齿轮是正时链条齿轮。
◆ 大齿轮是机油泵总成链条齿轮。</td></tr>
<tr><th colspan="2">六、拆卸机油泵总成链条导轨</th></tr>
<tr><td></td><td>1．拆卸机油泵总成链条导轨固定螺栓。</td></tr>
</table>

	2．取下机油泵总成链条导轨。
七、拆卸机油泵总成和链条	
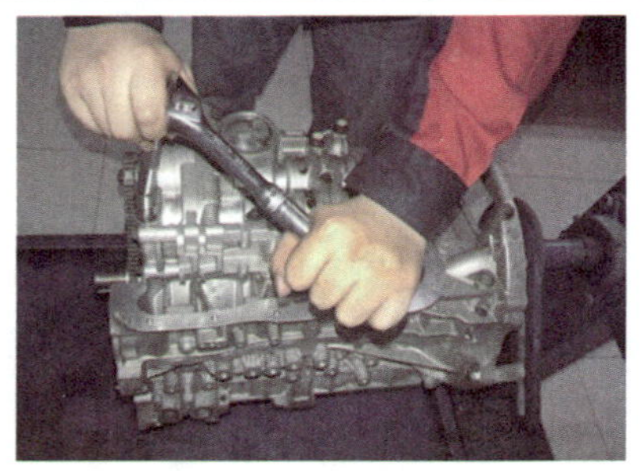	1．拆卸机油泵总成固定螺栓。 提示： ◆ 按对角顺序，分 2 次拆卸固定螺栓。
	2．取出机油泵总成固定螺栓。
	3．取下机油泵总成链条。 提示： ◆ 抬起机油泵总成的后端，取下链条。
	4．取下机油泵总成。

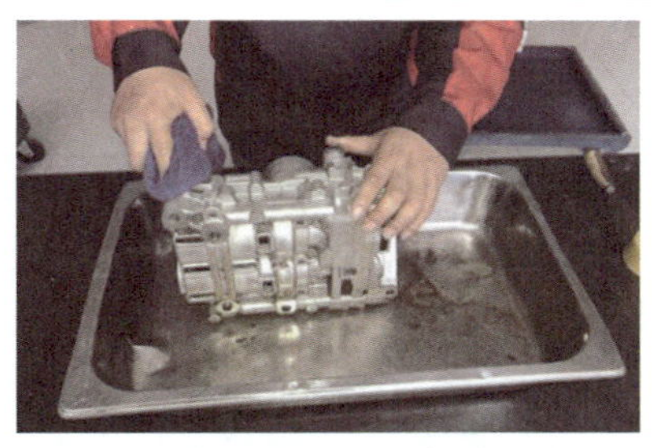	5．将取下的机油泵总成放在油盆中，清洁表面。
八、拆卸梯形架	
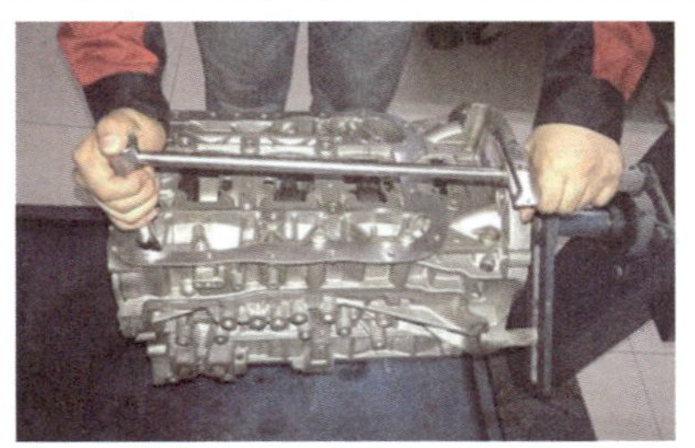	1．拆卸梯形架固定螺栓。 提示： ◆ 按对角顺序，分 2 次旋松螺栓。
	2．取出梯形架固定螺栓。
	3．使用专用工具撬动指定位置，使梯形架与气缸体分离。 提示： ◆ 专用工具工作端应用电工胶带包裹保护。
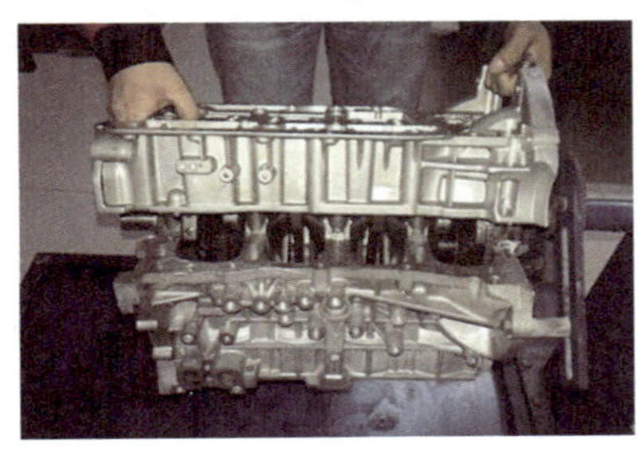	4．取下梯形架。

考评标准表——拆卸机油泵总成、油底壳

时间：<u>20</u> min

项目	分值	评分标准与指导	评价结果
工具准备	10	工具准备齐全、正确，得10分；若不齐全、不正确，酌情扣分	
拆卸油底壳	10	方法不正确，扣5分；操作过程中违规，酌情扣分	
拆卸机油泵总成链条张紧器	5	操作过程中违规，酌情扣分	
拆卸机油泵总成链条张紧器臂	5	操作过程中违规，酌情扣分	
拆卸曲轴正时链条齿轮	5	不检查标记，扣5分；操作过程中违规，酌情扣分	
拆卸机油泵总成链条导轨	5	方法不正确，扣5分；操作过程中违规，酌情扣分	
拆卸机油泵总成和链条	20	方法不正确，扣5分；操作过程中违规，酌情扣分	
拆卸梯形架	20	方法不正确，扣5分；操作过程中违规，酌情扣分	
正确使用工具	10	使用不当酌情扣分，并指正	
安全文明操作	10	零件、工具落地，一次扣2分；不清理、整理工具，每件扣1分	
遵守相关安全操作规范		因违规操作发生人身和设备事故，终止考核，成绩按0分计 超时每分钟扣2分，超时5分钟终止考核	
分数合计	100		

任务4　拆卸曲柄连杆机构

实训目标

1. 了解曲柄连杆机构的作用与组成。
2. 了解曲柄布置和发火次序。
3. 能正确选择相关工具对曲柄连杆机构进行拆卸。
4. 掌握曲柄连杆机构的拆卸注意事项。
5. 操作步骤应符合相关工艺要求。

实训准备

1. 设备：发动机总成、发动机翻转台架、零件桌、工具柜。
2. 材料：常用工具、抹布等。
3. 资料：维修手册、配套学习材料。
4. 场地：汽车发动机拆装（一体化）实训室。

工作任务

一辆轿车发动机工作时伴随着敲缸声。经过维修人员初步检测，判断可能是活塞连杆与气缸体磨损严重造成的，发动机需要进行拆卸大修。作为一名汽车维修工，应该能够对发动机进行大修。本任务要求学生了解曲柄连杆机构的组成与作用，并在此基础上能够正确拆卸曲柄连杆机构。

知识储备

一、曲柄连杆机构的作用与组成

1. 曲柄连杆机构的作用

曲柄连杆机构是往复式内燃机中的动力传递系统，是发动机实现工作循环、完成能量转换的主要机构。在做功行程中，它将燃料燃烧产生的热能经活塞往复运动、曲轴旋转运动转变为机械能，对外输出动力；在其他行程中，则依靠曲柄和飞轮的转动惯性，通过连杆带动活塞上下运动，为下一次做功创造条件。

2. 曲柄连杆机构的组成

曲柄连杆机构由机体组、活塞连杆组和曲轴飞轮组三部分组成。

（1）机体组

机体是构成发动机的骨架，是发动机各机构和系统的安装基础，其内、外部安装着发动机的主要零件和附件，承受各种载荷。因此，机体必须要有足够的强度和刚度。发动机机体组主要由气缸体、曲轴箱、气缸盖和气缸盖衬垫等零件组成，如图 2—4—1 所示。

（2）活塞连杆组

活塞连杆组是发动机中的主要运动组件。其作用是将活塞的往复直线运动转变为曲轴的旋转运动，以及将作用在活塞顶上的压力转变为曲轴的转矩。活塞连杆组由活塞、活塞环、活塞销、连杆、连杆轴瓦等组成，如图 2—4—2 所示。

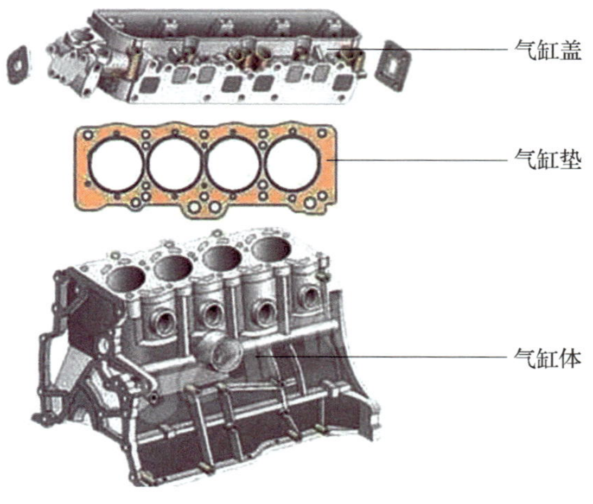

图 2—4—1　机体组

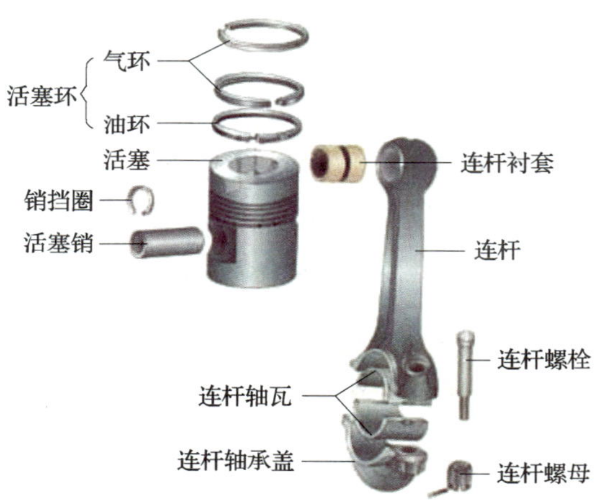

图 2—4—2　活塞连杆组

（3）曲轴飞轮组

曲轴的作用是将活塞连杆组传来的作用力转变为力矩。另外，还可用来驱动配气机构及其他各种辅助装置。飞轮的主要作用是将做功行程中发动机传输给曲轴的一部分能量储存起来，用于非做功（进气、压缩、排气）行程的动力，保证发动机连续平衡地工作。曲轴飞轮组主要由曲轴、飞轮及其他不同作用的零件和附件组成，如图 2—4—3 所示。

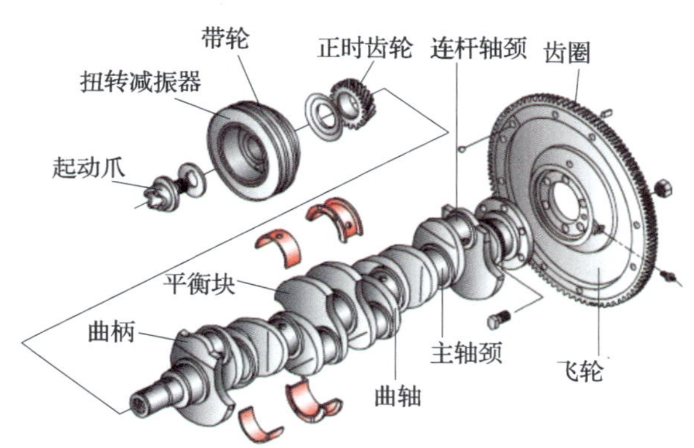

图 2—4—3　曲轴飞轮组

二、曲柄布置和发火次序

安排多缸发动机的发火次序时应注意使连续做功的两缸相距尽可能远，以减轻主轴承的载荷，同时避免可能发生的进气重叠现象。做功间隔应力求均匀，即发动机在完成一个工作循环的曲轴转角内，每个气缸都应发火做功一次。各缸发火的间隔时间用曲轴转角表示，称为发火间隔角。四冲程发动机完成一个工作循环，曲轴转 2 圈，其转角为 720°，在曲轴转角 720° 内发动机的每个气缸应该点火做功一次，且点火间隔角是均匀的，因此四冲程发动机的点火间隔角为 720° /*i*（*i* 为气缸数目），即曲轴每转 720° /*i*，就应有一缸做功，以保证发动机运转平稳。

1. 四冲程直列 4 缸发动机

缸数 *i*=4，发火间隔角为 720° /4=180°。4 个曲柄销布置在同一平面内，1、4 缸的曲柄销朝上时，2、3 缸曲柄销朝下，1、4 缸与 2、3 缸点火间隔角为 180°。

其发火次序为 1—3—4—2，习惯上以 1 缸为准，1 缸做功后接着是 3 缸做功，依此类推。该种发动机的各气缸是按照 1—3—4—2 的顺序循环，不断周而复始地工作（表 2—4—1）。

表 2—4—1　　发动机工作顺序（发火次序：1—3—4—2）

曲轴转角（°）	第一缸	第二缸	第三缸	第四缸
0 ~ 180	做功	排气	压缩	进气
180 ~ 360	排气	进气	做功	压缩
360 ~ 540	进气	压缩	排气	做功
540 ~ 720	压缩	做功	进气	排气

如将上述 2、3 缸的工作过程互换，则可得到另一种发火次序。这种互换之所以可能，是因为 2、3 缸的曲柄销（或活塞）位置是相同的。这样就得到另一种发火次序，即 1—2—4—3（表 2—4—2）。

表 2—4—2　　发动机工作顺序（发火次序：1—2—4—3）

曲轴转角（°）	第一缸	第二缸	第三缸	第四缸
0 ~ 180	做功	压缩	排气	进气
180 ~ 360	排气	做功	进气	压缩
360 ~ 540	进气	排气	压缩	做功
540 ~ 720	压缩	进气	做功	排气

所以，4 缸发动机可能采用两种发火次序，即 1—3—4—2 和 1—2—4—3。不过，对某一种发动机来说，由于发火次序还与气门机构的安排有关，因而是确定、不能变更的。使用一台发动机时，必须了解它的发火次序。

1—3—4—2 和 1—2—4—3 两种发火次序在工作平稳性和主轴承负荷方面基本上没有区别。柴油机一般采用前一种。

2. 四冲程直列 6 缸发动机

发火间隔角为 720°/6=120°。6 个曲柄销分别布置在 3 个平面内（每个平面内 2 个），各平面间互成 120°。曲柄销的具体布置有两种方式。当 1、6 缸的曲柄销朝上时，2、5 缸的曲柄销朝左，3、4 缸的曲柄销朝右，其发火次序是 1—5—3—6—2—4。国产 6 缸发动机均采用这种曲轴和发火次序。

另一种方式是将上述第一种方式的 2、5 缸分别与 3、4 缸互换，此种方式的发火次序是 1—4—2—6—3—5。

上述两种 6 缸发动机的曲轴还可以采用其他的发火次序，但由于在实际发动机上几乎没有应用，因此不做介绍。

按发火次序看，前后两个气缸的做功行程有 60° 是重叠的，这种现象是容易理解的。因为各个气缸间做功行程的间隔角为 120°，而每个气缸的做功行程本身都是 180°，就必然有 60° 相互重叠。在这个 60° 角中，两个气缸都在做功，前一个气缸做功未完，后一个气缸做功已经开始。这种做功行程重叠的现象对发动机的工作平稳性是有利的。

3. 四冲程 8 缸发动机

四冲程 8 缸发动机大多将气缸排列成双列 V 形（两列气缸中心线的夹角常取

90°）。气缸数 i=8，其发火间隔角为 720°/8=90°。此种发动机左右两列气缸中相对的一对连杆装在一个曲柄销上，所以 V 形 8 缸发动机只有 4 个曲柄销。通常将 4 个曲柄销布置在两个互成 90° 的平面内。

任务实施

一、操作前的准备工作

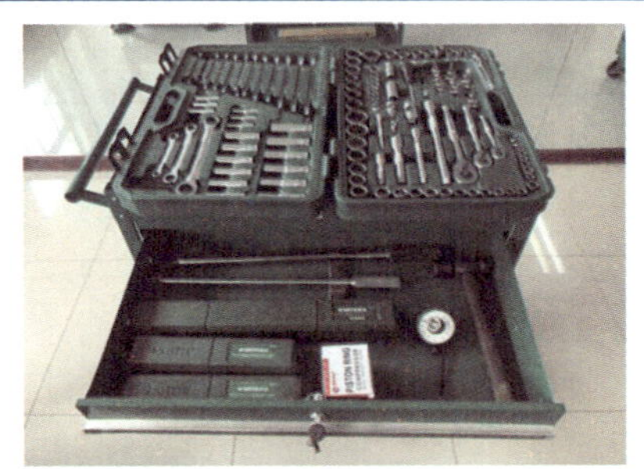

1．将工位清理干净，准备好相关的工具、物品等。

2．准备好发动机翻转台架，并安全固定。

提示：

◆ 培养良好的工作习惯，做好事前准备，有利于安全操作和提高工作效率。

二、拆卸活塞连杆组

1．将连杆轴承盖固定螺栓旋松。

提示：

◆ 转动曲轴，将待拆活塞置于下止点。

◆ 将 2 个固定螺栓轮流分两三次旋松。

2．拆卸连杆轴承盖固定螺栓。

提示：

◆ 可用棘轮扳手或快速扳手拆卸。

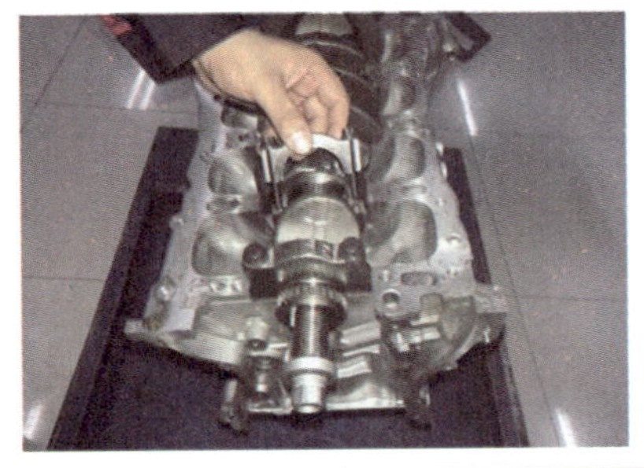

3．取下连杆轴承盖。

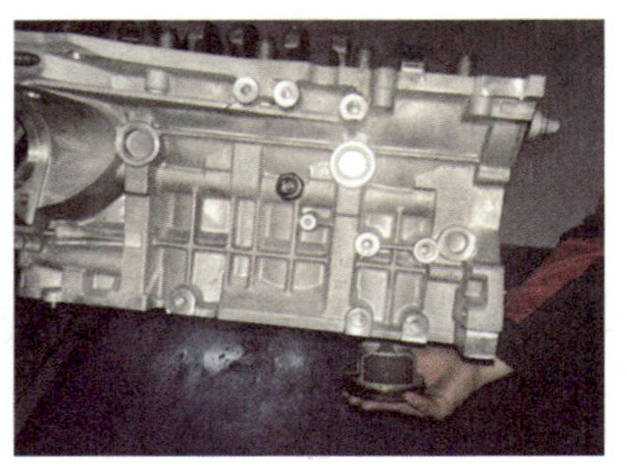	4．取出活塞。 提示： ◆ 使用铜棒将活塞从气缸上部顶出。 ◆ 活塞取出后要做好标记，不可互换使用。
	5．拆卸其余活塞。 提示： ◆ 步骤与要求同前。
三、拆卸曲轴	
	1．将曲轴主轴承盖固定螺栓旋松。 提示： ◆ 将曲柄转至与气缸底平面平行的位置，方便拆卸操作。 ◆ 按从两边到中间的顺序，分两三次旋松。
	2．拆卸主轴轴承盖固定螺栓。 提示： ◆ 可用棘轮扳手或快速扳手拆卸。

<table>
<tr><td></td><td>3．查看主轴轴承盖上的标记。
提示：
◆ 如果没有标记或标记不清晰，需要做好相应标记。
◆ 主轴轴承盖不可互换使用。</td></tr>
<tr><td></td><td>4．取下主轴轴承盖。
提示：
◆ 用手提起主轴轴承盖固定螺栓，使用橡胶锤敲击主轴轴承盖，在其松动后取下。
注意：
◆ 严禁敲击螺栓。</td></tr>
<tr><td>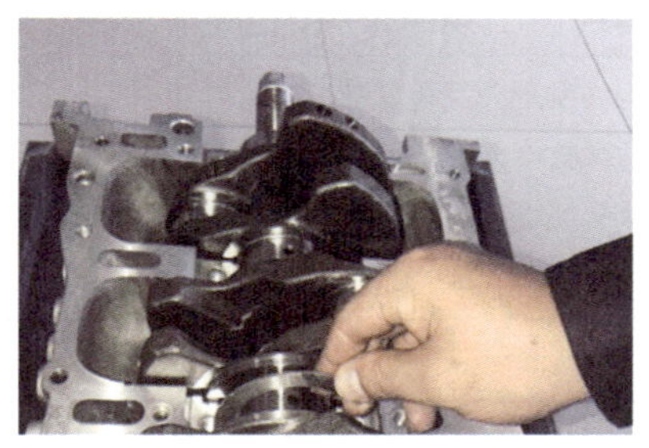</td><td>5．取出曲轴止推垫片。</td></tr>
<tr><td>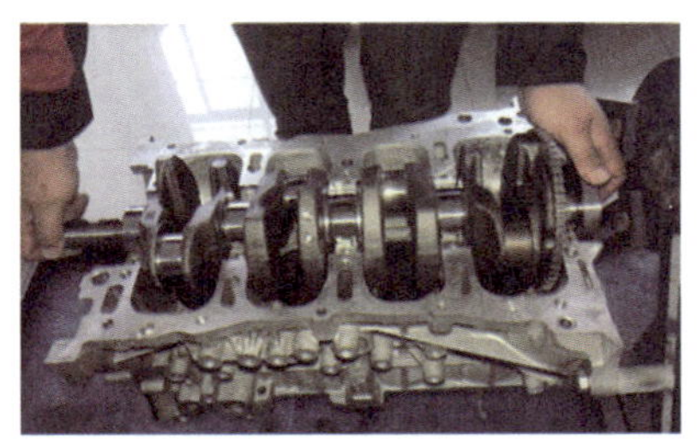</td><td>6．取出曲轴。
注意：
◆ 轻拿轻放，以免撞击。</td></tr>
<tr><td></td><td>7．将曲轴放置在 V 形架上。</td></tr>
</table>

考评标准表——拆卸曲柄连杆机构

时间：____40____min

项目	分值	评分标准与指导	评价结果
工具准备	10	工具准备齐全、正确，得5分；若不齐全、不正确，酌情扣分	
拆卸活塞连杆组	40	活塞不做标记，一个扣10分；未按规定旋松螺栓，一次扣5分；操作过程中违规，酌情扣分	
拆卸曲轴	30	未按规定顺序拆卸，扣20分；未按规定旋松螺栓，一次扣10分；搬动曲轴时发生撞击，一次扣10分；未按规定放置曲轴，扣10分；操作过程中违规，酌情扣分	
正确使用工具	10	使用不当酌情扣分，并指正	
安全文明操作	10	零件、工具落地，一次扣2分；不清理、整理工具，每件扣1分	
遵守相关安全操作规范		因违规操作发生人身和设备事故，终止考核，成绩按0分计 超时每分钟扣2分，超时5分钟终止考核	
分数合计	100		

课题三 零件清洗检测

任务1 清洗、检测气缸盖、气门

实训目标

1. 了解气缸盖、气门组件的常见故障及原因。
2. 能正确选择相关工量具对气缸盖及气门组件进行清洗与检测。
3. 了解气缸盖及相关部件的检测注意事项及技术参数。
4. 掌握气缸盖及气门组件的测量注意事项。
5. 能根据测量结果提出合理的修理意见。
6. 操作步骤应符合相关工艺要求。

实训准备

1. 设备：发动机总成、发动机翻转台架、气缸盖及其部件、零件桌、工具柜、空气压缩机。
2. 材料：常用工具、专用工具、量具、清洗托盘、吹尘枪、清洗剂、抹布等。
3. 资料：维修手册、配套学习材料。
4. 场地：汽车发动机拆装（一体化）实训室。

工作任务

一辆轿车在行驶了145 000 km后，其动力性有所下降，并且油耗也明显增加，甚至出现烧机油的情况，技术人员诊断后发现问题出在发动机机械部分。作为一名汽车维修工，应能熟练进行发动机气缸盖的分解、清洗与检测。本任务要求学生了解发动机气缸盖的结构与作用，并在此基础上能够对气缸盖及气门组件进行分解、清洗与检测。

知识储备

一、气缸盖常见故障检修

气缸盖结构复杂，壁厚不均匀，在高温高压下各部位热负荷极不均匀，所有这些都会引起热应力的产生；气缸盖还承受很大的机械应力作用。由于工作条件相当恶劣，经常发生气缸盖裂纹和底面翘曲变形等故障。

1. 气缸盖底面不平故障的原因

（1）气缸盖螺栓固定螺母没按规定顺序拧紧，拧紧力矩过大或力矩不均。

（2）气缸盖衬垫烧损，气缸盖受燃气吹拂或烧损严重。

（3）气缸盖衬垫漏水，气缸盖锈蚀严重。

（4）气缸套台肩凸出气缸体平面并超过规定值，各缸凸出量相差悬殊。

2. 气缸盖平面的检验

气缸盖平面翘曲、烧蚀和锈蚀情况，只有在经过彻底清理并经砂布打磨后才能进行检验，一般用刀口角尺和塞尺检验。除活塞顶对应部位外，在其余任何部位，0.10 mm 的塞尺不得在气缸盖与刀口角尺之间通过；对于小型柴油机的气缸盖，0.05 mm 的塞尺不得在气缸盖与刀口角尺之间通过。否则，气缸盖就应进行刮研、磨削或刨铣平面。实践证明，气缸盖平面度与旧气缸垫密封印痕情况正相关，气缸垫变黑或烧蚀部位对应的气缸盖平面处经常下陷，应着重检验。

3. 气缸盖平面的修复

对于气缸盖平面烧蚀、锈蚀情况，轻微的可用刮刀刮研，较重的可在平面磨床上磨削，严重的可在刨床上刨削或在铣床上铣削。刮研、磨削、刨削后，允许有不大于 1 cm^2 的未加工处，但距孔眼或其他轮廓边缘均应大于 20 mm。对局部烧蚀、锈蚀过于严重处应用挖补法修复。基于气门杆顶端、摇臂和推杆到凸轮之间的尺寸将缩小，摇臂的几何位置将改变等原因，可从气缸盖底面上切除的金属量是有限的。无论采用哪种修复方法，在确保达到技术要求的情况下，加工量应尽量少。一般累计加工量（与新品比）不得大于 0.5 ～ 1.0 mm。磨削和刨削时，必须将气缸盖调平。

气缸盖翘曲可用敲压法校正。敲压法修复发动机气缸盖的方法：先将厚度约为变形量 4 倍的钢片垫在气缸盖与平板之间。将压板压在气缸盖中部，拧紧螺栓，使气缸盖中部平面贴在平板面上，用小铁锤沿气缸盖筋上敲击，以减小受压变形时产生的内应力，停留 5 min 后，将压板移装到气缸盖全长 1/3 处敲击，再移到另一端 1/3 处进行敲击。气缸盖平面翘曲后，也可用磨削法来修整，但每次磨削后气缸盖厚度将变薄，燃烧室容积变小，压缩比增大，从而易引起发动机爆燃。因此，磨削不能超过一定厚度。气缸盖变形经过磨削后燃烧室的容积变化值一般不应大于同一发动机各燃烧室平均值的4%；汽油机燃烧室容积一般不应小于原厂规定的95%。否则，会出现怠速工作不稳和增加爆燃倾向。因此，气缸盖修整后，应对燃烧室容积进行测量。

二、气门组件常见故障检修

1. 气缸盖气门座圈质量问题引起气门失效

原因：因气门座圈材质及加工不符合标准或气缸盖上直接加工气门座圈的机型（如康明斯6BT系列）不同，使用中气门座圈失效，下陷密封带偏斜，造成气门密封带烧蚀、麻坑、掉块和掉头，应查找气缸盖质量原因。

2. 气门锥面局部烧蚀（俗称“烧口”）

原因：气门座合面密封不良导致漏气是引起烧蚀的直接原因。发动机过热引起气门变形、更换气门时与气门座研配不良、气门间隙过小、气门弹簧弹力不足、过多的积炭使气门发卡而在气门座合面上沉积，或气门座圈磨损、下陷等，都会造成气门座合面密封不良。

3. 气门颈部断裂、盘部掉头

特征：气门杆部单边异常磨损，磨合面偏磨、断口，呈明显的疲劳断口。

原因：气门落座不正，产生交变弯曲应力。

（1）气门导管与气门杆间隙过大。

（2）气门座口与气门导管不同心。

（3）气门座松脱。

（4）气门间隙过大。

（5）发动机超速、超载，气门温度过高，材料强度下降。

（6）其他原因使气门受到撞击。

4. 气门顶撞活塞而折断

特征：气门顶撞活塞，在活塞顶部留下与气门盘部直径大小相近的深坑，气门盘端面无积炭，活塞损坏甚至破碎。

原因：正时齿轮安装不正确引起过度磨损、键松动等造成配气相位紊乱或不正确。

5. 气门盘部掉块

特征：气门杆部和座合面偏磨、气门杆端与摇臂接触位置不正确。

原因：此种损坏是由于摇臂与气门杆端接触不正产生侧推力，导致气门落座时局部冲击力过大引起的。

6. 气门盘部裂开

原因：此种损伤是由于气门过高的热应力和机械负荷引起的。发动机过载、负荷波动大，以及不正常燃烧会引起气门变形，在气门落座时造成机械过载，如此反复冲击使气门盘部裂开。

7. 锁夹槽部断裂

特征：锁夹槽部断裂，与锁夹接触部位可见明显的啮伤痕迹或在气门杆端可见与摇臂的接触偏向一边。

原因：

（1）锁夹与气门锁夹槽槽形不符。

（2）两片锁夹不配对，与弹簧座接触明显不一致。

（3）摇臂与气门接触太偏，气门杆端受到侧向推力。

（4）气门弹簧两端不平行或者弹簧不直。

8. 气门杆部损伤或严重磨损

原因：

（1）气门导管孔与气门杆间隙过小。

（2）润滑不良。

9. 气门座合面磨损

原因：

（1）长期重负荷工作。

（2）气门间隙过大。

（3）气门密封接触带过宽。

（4）不适合的燃烧（如燃料含硫量过高）等。

任务实施

一、操作前的准备工作

将工位清理干净，准备好相关的工具、量具、物品等。

提示：

◆ 培养良好的工作习惯，做好事前准备，有利于安全操作和提高工作效率。

二、清洗气缸盖	
	1．使用铲刀清洁气缸盖下平面。
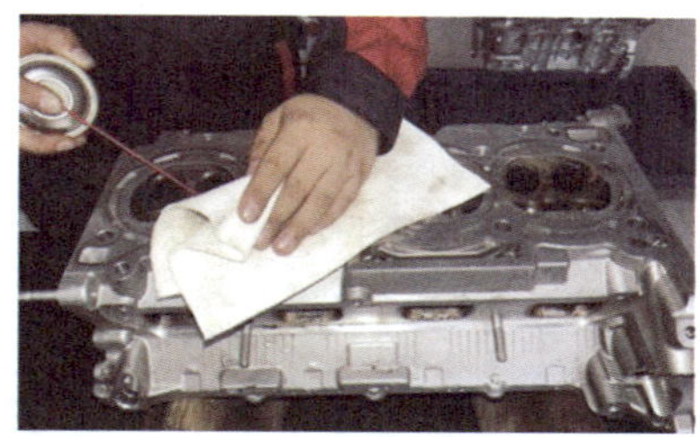	2．使用化油器清洗剂清洗气缸盖下平面。
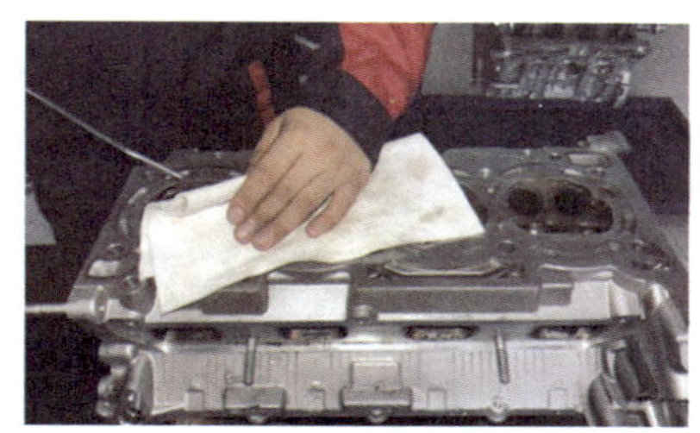	3．使用压缩空气吹干气缸盖下平面。
三、检测气缸盖下平面	
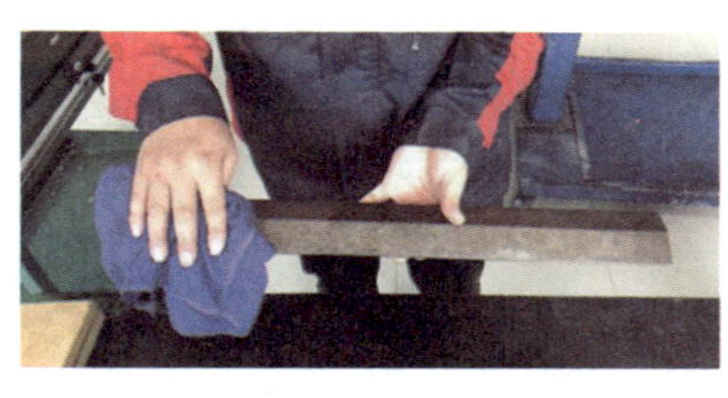	1．清洁刀口角尺表面。
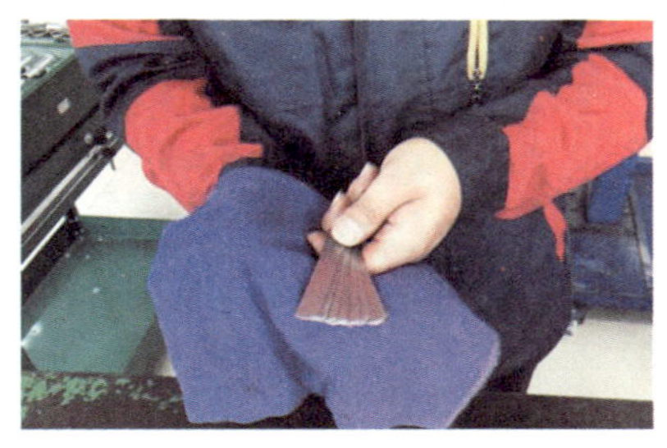	2．清洁塞尺表面。

<table>
<tr><td>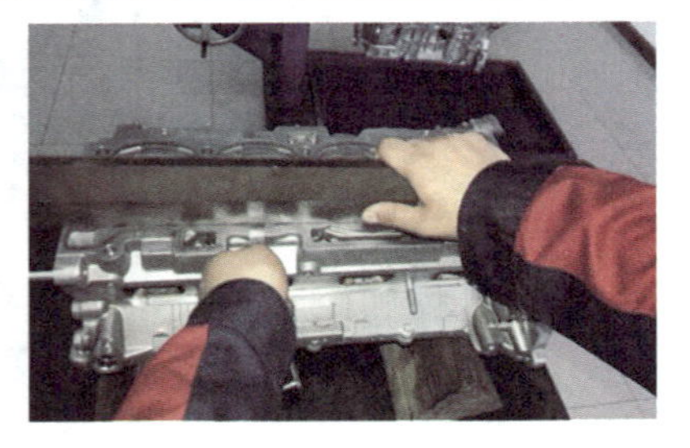</td><td>3. 测量气缸盖下平面。</td></tr>
<tr><td>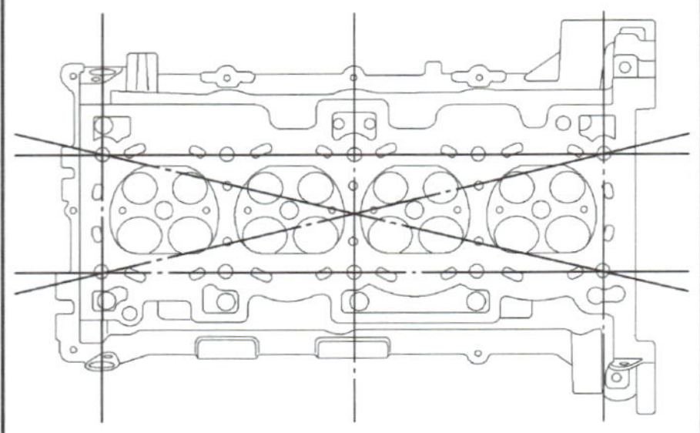</td><td>提示：
◆ 气缸盖下平面测量部位见左图。
◆ 每条边至少测 3 个点。
◆ 测量点应避开水道和油孔。</td></tr>
<tr><td colspan="2">四、清洗气门组件</td></tr>
<tr><td>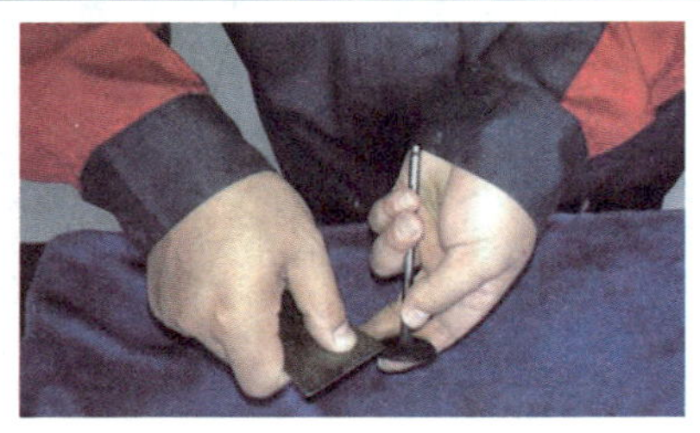</td><td>1. 使用铲刀去除气门积炭。</td></tr>
<tr><td>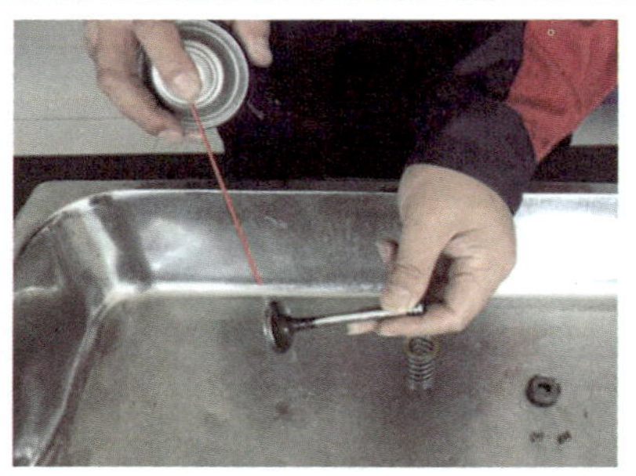</td><td>2. 清洗气门。
提示：
◆ 使用化油器清洗剂清洗。</td></tr>
<tr><td>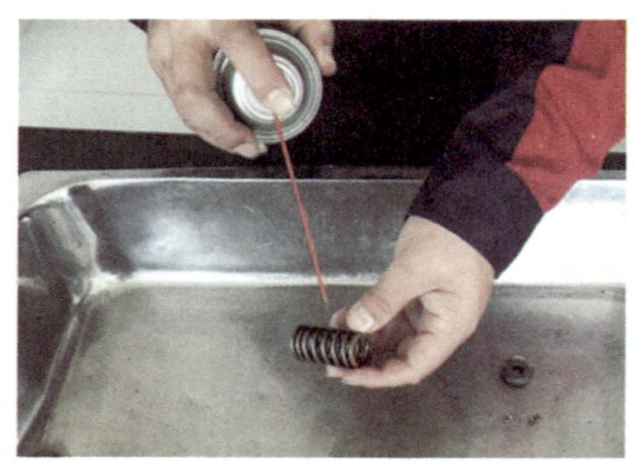</td><td>3. 清洗气门弹簧。
提示：
◆ 使用化油器清洗剂清洗。</td></tr>
</table>

	4．清洗气门弹簧座。 提示： ◆ 使用化油器清洗剂清洗。
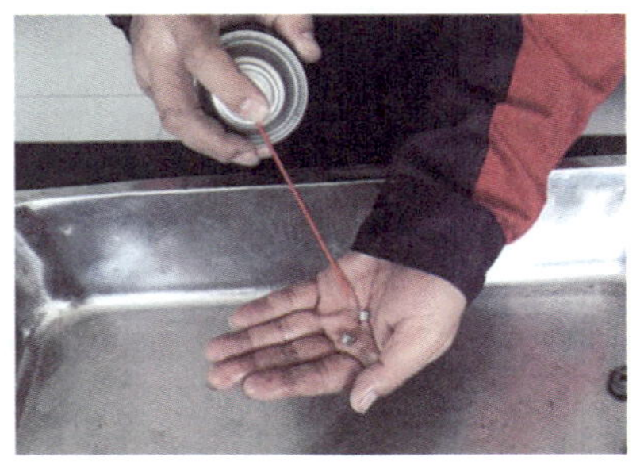	5．清洗气门锁片。 提示： ◆ 使用化油器清洗剂清洗。
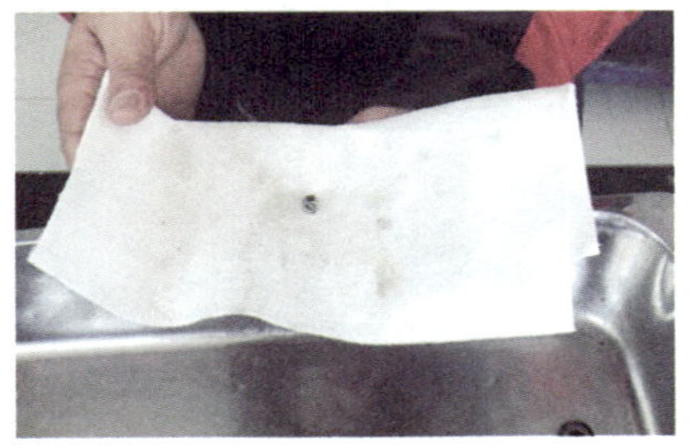	6．使用抹布清洁气门锁片。
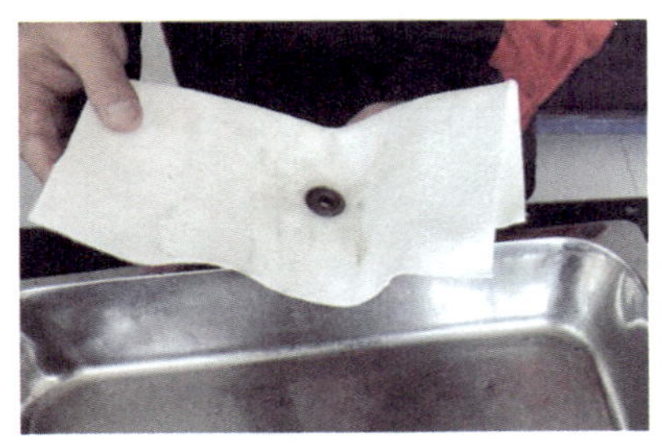	7．使用抹布清洁气门弹簧座。
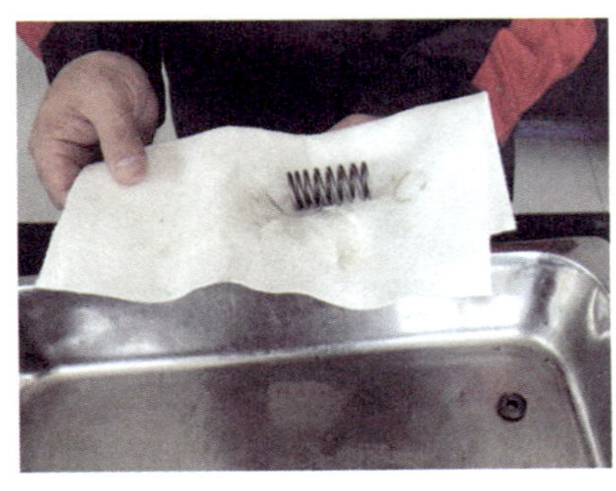	8．使用抹布清洁气门弹簧。

	9．使用抹布清洁气门。
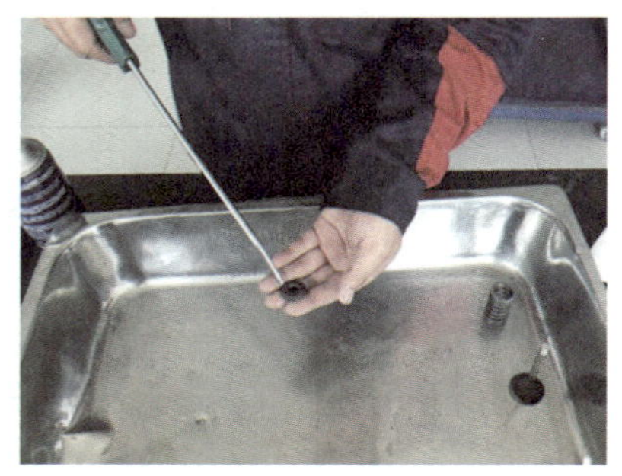	10．使用压缩空气清洁气门弹簧座。
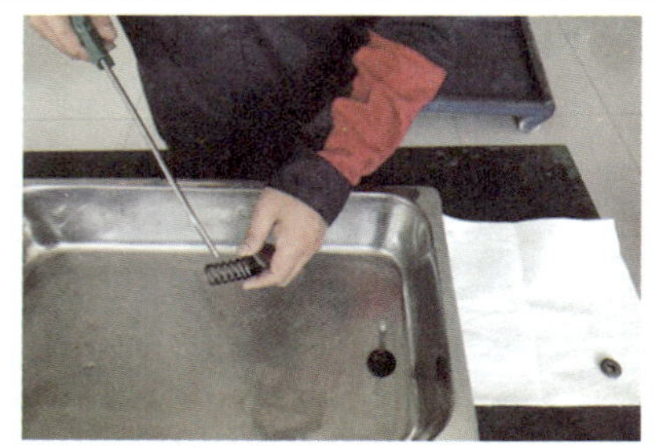	11．使用压缩空气清洁气门弹簧。
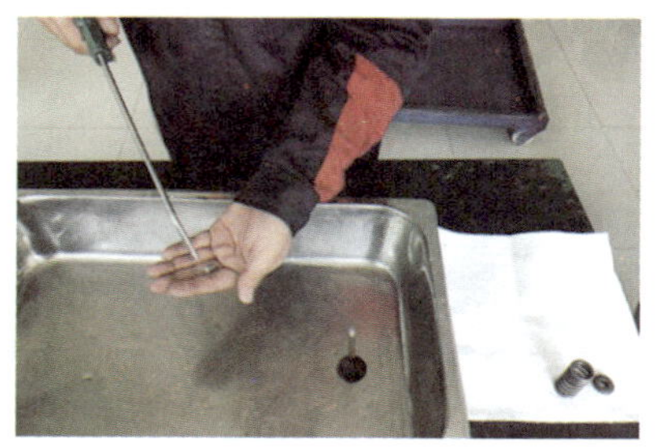	12．使用压缩空气清洁气门锁片。
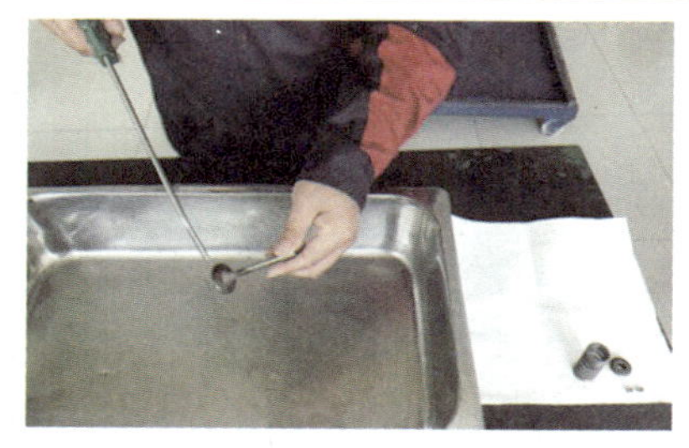	13．使用压缩空气清洁气门。

	14．将清洁的部件摆放在干净的抹布上准备检测。

五、检测气门组件

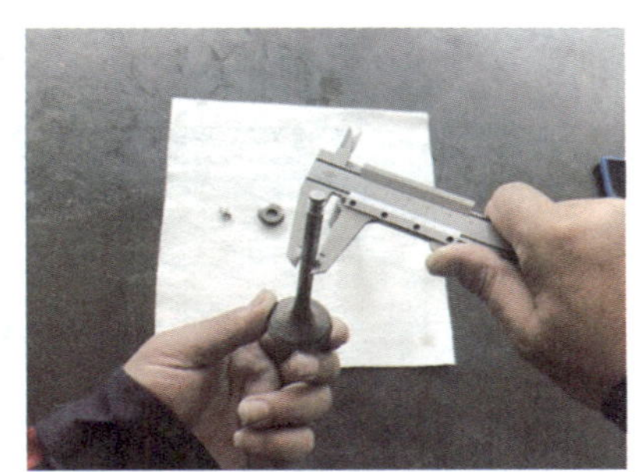	1．使用游标卡尺测量气门杆直径。 提示： ◆ 游标卡尺使用前必须清洁、校零。 ◆ 使用游标卡尺外量爪头部测量。 ◆ 测量气门杆上、中、下三个位置处的直径。
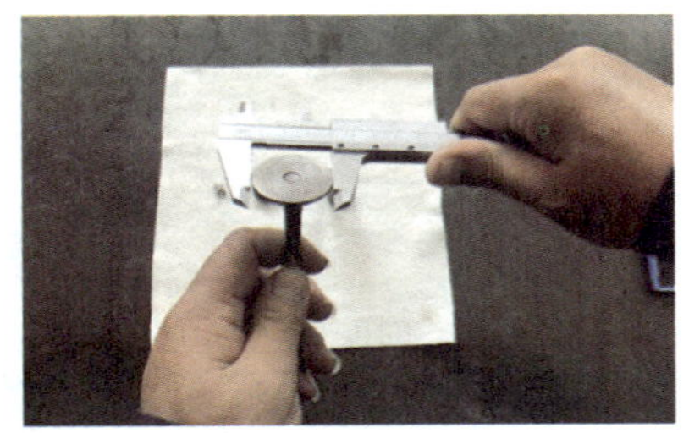	2．测量气门座直径。 提示： ◆ 使用游标卡尺外量爪中部测量。
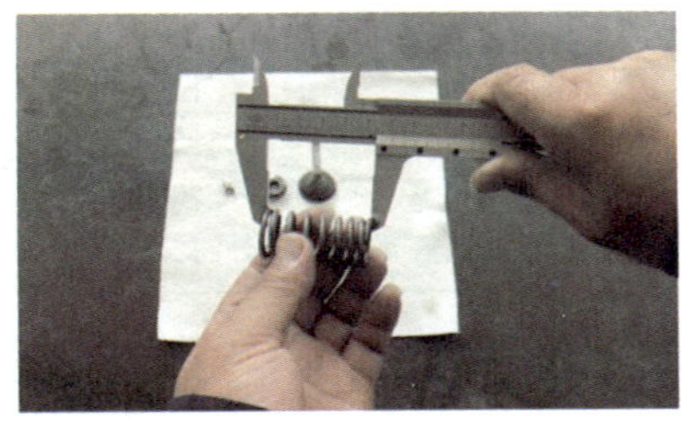	3．使用游标卡尺测量气门弹簧长度。 提示： ◆ 使用游标卡尺外量爪头部测量。

气门组件检测记录表见表 3—1—1。

表 3—1—1　　气门组件检测记录表　　mm

测量缸号				
测量项目	前进气门 1	后进气门 2	前排气门 1	后排气门 2
气门杆直径				
气门头部直径				
结论				
气门弹簧长度				
结论				

气缸盖平面度检测记录表见表 3—1—2。

表 3—1—2　　气缸盖平面度检测记录表　　mm

测量位置	检测结果 1	检测结果 2	检测结果 3	结论
横向 1 号				
横向 2 号				
纵向 1 号				
纵向 2 号				
对角向 1 号				
对角向 2 号				

注：测量点个数自己选择，测量值如果因< 0.02 mm 而测不出来，表内值可以填写< 0.02 mm；如果测量数据> 0.05 mm，填写> 0.05 mm。但数据介于二者之间则必须填写实测数据值。

考评标准表——清洗、检测气缸盖、气门

时间：40 min

项目	分值	评分标准与指导	评价结果
工、量具准备	10	工、量具准备不齐全、不正确，酌情扣分	
清洗气缸盖	10	方法不正确，扣 5 分；清洗不到位，酌情扣分；操作过程中违规，酌情扣分	
清洗气门组件	10	方法不正确，扣 5 分；清洗不到位，酌情扣分；操作过程中违规，酌情扣分	
检测气门组件	30	数据误差为 0.02 mm，一个扣 5 分；结论错扣 20 分；操作过程中违规，酌情扣分	

续表

项目	分值	评分标准与指导	评价结果
检测气缸盖下平面平面度	20	数据误差为0.02 mm，一个扣5分；结论错扣20分；操作过程中违规，酌情扣分	
正确使用工、量具	10	使用不当酌情扣分，并指正	
安全文明操作	10	零件、工具落地，一次扣2分；不清理、整理工具，每件扣1分	
遵守相关安全操作规范		因违规操作发生人身和设备事故，终止考核，成绩按0分计 超时每分钟扣2分，超时10分钟终止考核	
分数合计	100		

任务2　清洗、检测气缸体

实训目标

1. 了解气缸体的作用、组成与分类。
2. 了解气缸体磨损的原因。
3. 能正确选择相关工量具对气缸体进行清洗与检测。
4. 了解气缸体的检测技术参数。
5. 能根据测量结果提出合理的修理意见。
6. 操作步骤应符合相关工艺要求。

实训准备

1. 设备：发动机总成、发动机翻转台架、气缸体、零件桌、工具柜、空气压缩机。
2. 材料：常用工具、专用工具、量具、清洗托盘、清洗剂、吹尘枪、抹布等。
3. 资料：维修手册、配套学习材料。
4. 场地：汽车发动机拆装（一体化）实训室。

工作任务

一辆轿车发动机气缸压缩压力低，动力下降。经技术人员初步检测，判断可能是气缸体异常磨损所致，需要对发动机进行解体检测。作为一名汽车维修工，应该熟悉气缸体的结构并能对气缸体进行检测与清洗。本任务要求学生了解清洗气缸体、测量气缸体平面度与气缸直径的方法，并能根据测量出的数据提出正确的修理意见。

知识储备

一、发动机气缸体

1. 作用

发动机气缸体既是发动机的基础部件和骨架，同时又是发动机总装配时的基础部件。

发动机气缸体的作用是支承和保证活塞、连杆、曲轴等运动部件工作时的准确位置；保证发动机的换气、冷却和润滑；提供各种辅助系统及部件。

2. 组成

发动机气缸体和上曲轴箱常铸成一体，称为气缸体—曲轴箱。气缸体上部的圆柱形空腔称为气缸，下半部为支承曲轴的曲轴箱，其内腔为曲轴运动的空间。在气缸体内部铸有许多加强筋、冷却水套和润滑油道等。

3. 分类

根据气缸体排列方式不同可将发动机分为直列式、V 形和对置式三种。

（1）直列式发动机（图 3—2—1）

发动机的各个气缸排成一列，一般为垂直布置。但为了降低发动机的高度，有时也把气缸布置成倾斜的甚至是水平的。直列式发动机结构简单，加工容易，但发动机长度和高度较大。一般 6 缸以下发动机多采用直列式，如捷达轿车、富康轿车、红旗轿车所使用的发动机均采用直列式发动机。

（2）V 形发动机（图 3—2—2）

气缸排成两列，左右两列气缸中心线的夹角 $\gamma < 180°$，称为 V 形发动机。V 形发动机与直列式发动机相比，缩短了机体长度和高度，增加了气缸体的刚度，减轻了发动机的质量；但加大了发动机的宽度，而且形状较复杂，加工困难，一般多用于 8 缸以上的发动机，6 缸发动机也有采用这种形式的。

图 3—2—1　直列式发动机

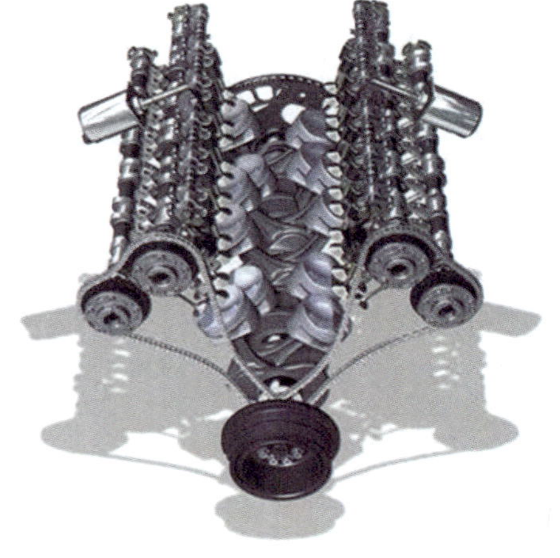
图 3—2—2　V 形发动机

（3）对置式发动机（图 3—2—3）

气缸排成两列，左右两列气缸中心线的夹角 γ =180°。

图 3—2—3　对置式发动机

二、气缸体磨损的原因分析

气缸体的工作环境十分恶劣，造成磨损的原因也很多。通常由于构造原因允许有正常的磨损，但使用和维修不当就会造成非正常磨损。

1. 构造原因引起的磨损

（1）润滑条件不好，使气缸体上部磨损严重

气缸体上部邻近燃烧室，温度高，润滑条件差。由于新鲜空气和未蒸发的燃料冲刷和稀释，使气缸体上部工况恶化，处于干摩擦或半干摩擦状态，这是造成气缸体上部磨损严重的原因。

（2）气缸体上部承受压力大，使气缸磨损呈上重下轻

活塞环在自身弹力和背压的作用下紧压在气缸壁上，正压力越大，润滑油膜形成和保持越困难，机械磨损加剧。在做功行程中，随着活塞下行，正压力逐渐降低，因此气缸磨损呈上重下轻。

（3）矿物酸和有机酸使气缸表面腐蚀剥落

气缸内可燃混合气燃烧后，产生水蒸气和酸性氧化物，它们溶于水中生成矿物酸，加之燃烧中生成的有机酸，会对气缸表面产生腐蚀作用，腐蚀物在摩擦中逐步被活塞环刮掉，造成气缸体变形。

（4）进入机械杂质，使气缸中部磨损加剧

空气中的灰尘、润滑油中的杂质等进入活塞与气缸壁之间造成磨料磨损。灰尘或杂质随活塞在气缸中往复运动时，由于在气缸中部位置的运动速度最大，故加剧了气缸中部的磨损。

2. 使用不当引起的磨损

（1）机油滤清器滤清效果差

若机油滤清器工作不正常，润滑油得不到有效过滤，含有大量硬质颗粒的润滑油必然使气缸壁磨损加剧。

（2）空气滤清器滤清效率低

空气滤清器的作用是清除进入气缸的空气中所含的尘土和沙粒，以减轻气缸、活塞和活塞环等零件的磨损。试验表明，发动机若不安装空气滤清器，气缸的磨损将增加 6 ~ 8 倍。空气滤清器长期得不到清洁保养，滤清效果变差，将加速气缸的磨损。

（3）发动机长时间低温运转

发动机长时间低温运转，一是造成燃烧不良，积炭从气缸上部开始蔓延，使气缸上部产生严重的磨料磨损；二是引起电化学腐蚀。

（4）经常使用劣质润滑油

有的车主图省事省钱，常在路边小店或向不法油贩购买劣质润滑油使用，造成气缸上部强烈腐蚀，其磨损量比正常值大一两倍。

3. 维修不当引起的磨损

（1）连杆衬套孔偏斜

在修理中，铰削连杆小头衬套时，铰刀倾斜而造成连杆衬套孔偏斜，活塞销中心线与连杆小头中心线不平行，迫使活塞向气缸的某一边倾斜，也会造成气缸非正常磨损。

（2）连杆弯曲变形

由于动力机械超速（飞车）事故或其他原因，受撞击的连杆会产生弯曲变形，若不及时校正而继续使用，也会加速气缸的磨损。

（3）曲轴连杆轴颈和主轴颈不平行

发动机因烧瓦等原因，会使曲轴因受到剧烈的冲击而变形，若不及时校正而继续使用，同样会加速气缸体的磨损。

三、气缸磨损的检测

1. 测量部位

选用适当量程的内径百分表按图 3—2—4 所示的部位和要求进行测量，即在气缸体上部距气缸上平面 10 mm 处、气缸中部和气缸下部距气缸套下部 10 mm 处三点，按①②两个方向分别测量气缸直径。

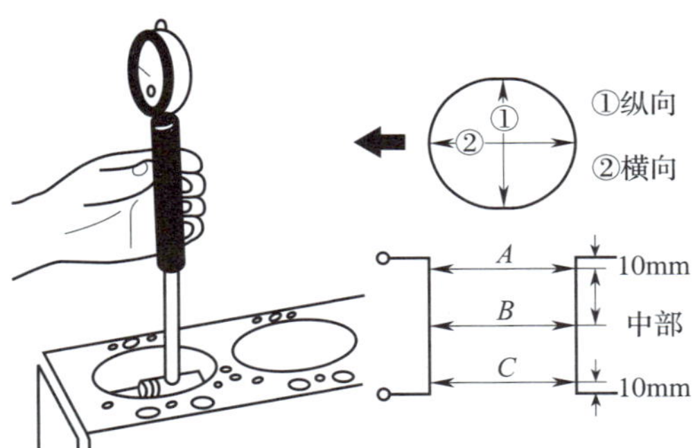

图 3—2—4　气缸的测量位置

2. 磨损程度衡量指标

一般车型的磨损程度用圆度、圆柱度误差两个指标衡量。轿车采用标准尺寸与气缸最大尺寸的差值来衡量。

3. 测量气缸磨损的方法

（1）气缸圆度的测量

选择合适的测杆，并使其压缩一两毫米以留出测量余量。将测杆伸入气缸中，微微摆动表杆，使测杆与气缸轴线垂直，百分表指示的最小读数即为正确的气缸直径。同一部位的两个测量点处气缸直径之差的 1/2 即为该部位的圆度误差。

圆度误差 =（同一截面上的最大直径 − 最小直径）/2

（2）气缸圆柱度的测量

同一气缸三个部位的六个测量点处的气缸直径中，最大直径与最小直径之差的1/2，即为该气缸的圆柱度误差。

圆柱度误差 =（不同截面上的最大直径 − 最小直径）/2

（3）气缸磨损尺寸的测量

一般发动机最大磨损尺寸在前后两个气缸的上部，应重点测量这两个气缸的上部气缸直径。测出的最大直径与标准气缸直径之差，即为该发动机气缸的最大磨损尺寸。

（4）气缸修理级别（尺寸）的确定

气缸磨损超过允许限度后或气缸壁上有严重刮伤、沟槽和麻点时，应将气缸按修理级别镗削修理，并选配与气缸修理尺寸相符合的活塞及活塞环。如果气缸的最大磨损量、圆度误差、圆柱度误差任意一项指标超过允许限度，均应修理或更换气缸体（套）。气缸修理尺寸可按下式进行计算：

气缸修理尺寸 = 气缸最大磨损直径 + 镗磨余量

镗磨余量一般取 0.10 ～ 0.20 mm。

一级维修尺寸为 0.25 mm。

计算出的修理尺寸应与修理级数相对照。若与某一修理级数相等，可按某级数修理；若与修理级数不相符，应按磨损大的修理级数进行修理。

四、气缸磨损的修理

当气缸的磨损超过最大一级修理尺寸，或气缸壁表面上有较深的划痕和小裂纹时，应更换新的气缸套。

1. 干式气缸套的镶换

首先，用专用工具压出或拉出旧气缸套，其次检查气缸体承孔表面，应无明显损伤，否则应按修理尺寸进行镗削（气缸套外径有 2 ～ 4 级修理尺寸，级差为 0.50 mm）。然后，按气缸体承孔尺寸选择新气缸套，并保证合适的过盈量。最后，压入新气缸套，压入时应在气缸体承孔和气缸套外壁上涂一些润滑油，在气缸体承孔上放正气缸套，用压床将其缓缓地压入气缸体承孔，直至气缸套上端抵住气缸体承孔上的止口台肩。为防止气缸体变形，应按隔缸压入法镶换新气缸套。压装气缸套的压力应不大于100 kPa，压装过程中阻力突然增加时应停止压装，查明原因并予以排除。

2．湿式气缸套的镶换

首先，轻轻敲击气缸套底部，用手或专用工具拉出旧气缸套。彻底清除气缸体承孔表面的锈迹及污物，并检查承孔表面有无明显损伤，必要时按修理尺寸进行修理。其次，按气缸体承孔尺寸选择新气缸套，选好后在不装密封圈的情况下将新气缸套放入气缸体承孔中，压紧后检查气缸套高出气缸体顶平面的距离，其值应为 0.03 ~ 0.10 mm，不符合要求时可在气缸套台肩下加减垫片进行调整。最后，安装新气缸套，在气缸套外壁上装好密封圈并涂上润滑油或肥皂水，然后将其缓缓地压入气缸体承孔，直至抵住气缸体上的止口台肩。压装过程中阻力突然增加时应停止压装，查明原因并予以排除。新气缸套装好后，应装上气缸盖进行水压试验，以检查密封圈的密封性，出现漏水现象时应查明原因并予以排除。

任务实施

一、操作前的准备工作

将工位清理干净，准备好相关的工具、量具、物品等。

提示：

◆ 培养良好的工作习惯，做好事前准备，有利于安全操作和提高工作效率。

二、清洁气缸体

1．使用铲刀清洁气缸体上平面。

提示：

◆ 使用铲刀从气缸体上平面清除所有积炭、污垢。

◆ 注意避免杂物掉落到油道、水道中。

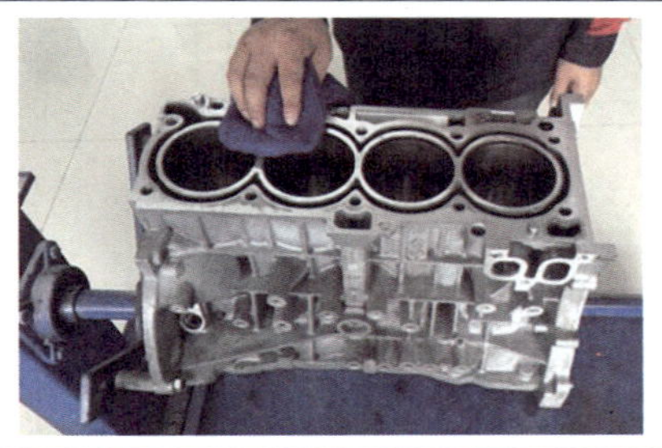

2．使用抹布清洁气缸体上平面。

提示：

◆ 注意避免杂物掉落到油道、水道中。

<table>
<tr><td></td><td>3．清洗气缸。
提示：
◆ 使用化油器清洗剂时应用抹布遮挡。</td></tr>
<tr><td></td><td>4．使用抹布清洁气缸。</td></tr>
<tr><td>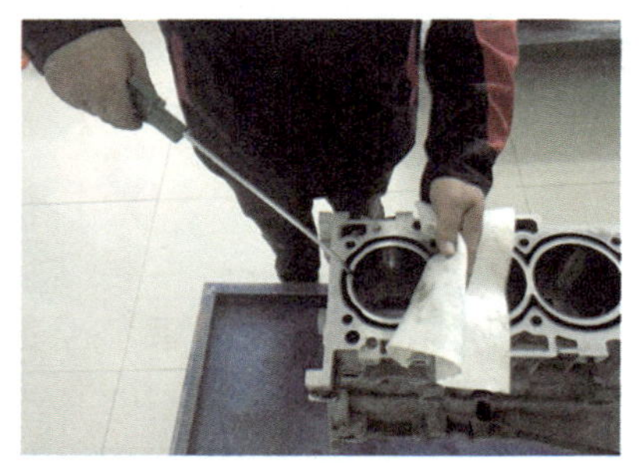</td><td>5．使用压缩空气吹干气缸。
提示：
◆ 清洁完成后观察气缸体是否有裂纹，气缸是否有拉伤。</td></tr>
<tr><td colspan="2">三、测量气缸体上平面</td></tr>
<tr><td>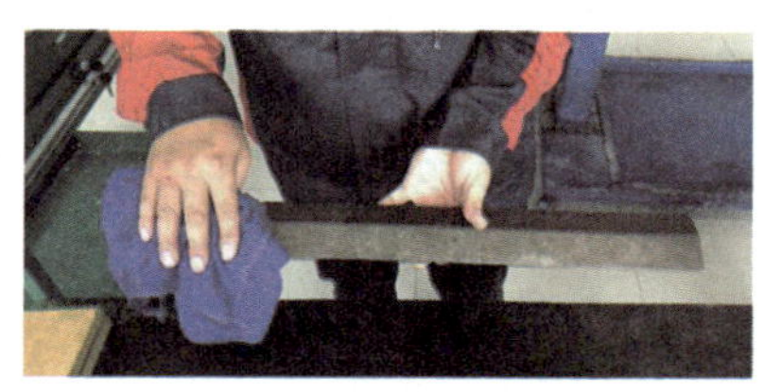</td><td>1．清洁刀口角尺表面。</td></tr>
<tr><td></td><td>2．清洁塞尺表面。</td></tr>
</table>

<table>
<tr><td>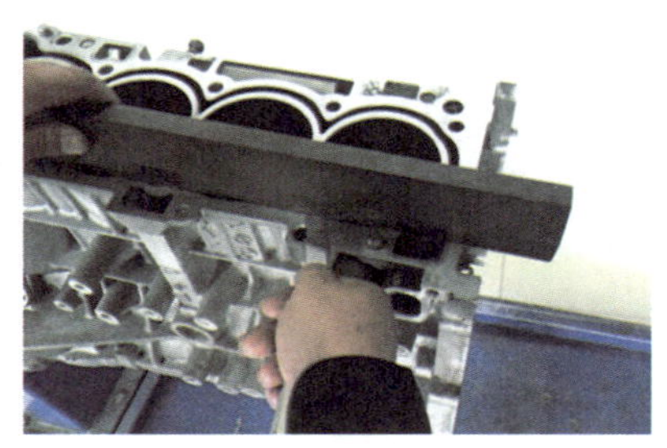</td><td>3．纵向测量气缸体上平面的平面度。
提示：
◆ 测量点应避开水道和油孔。
◆ 测量两侧各 3 个点。</td></tr>
<tr><td></td><td>4．横向测量气缸体上平面平面度。
提示：
◆ 测量点应避开水道和油孔。
◆ 测量两侧各 3 个点。</td></tr>
<tr><td></td><td>5．对角线方向测量气缸体上平面平面度。
提示：
◆ 测量点应避开水道和油孔。
◆ 测量两条对角线上各 3 个点。</td></tr>
<tr><th colspan="2">四、测量气缸直径</th></tr>
<tr><td>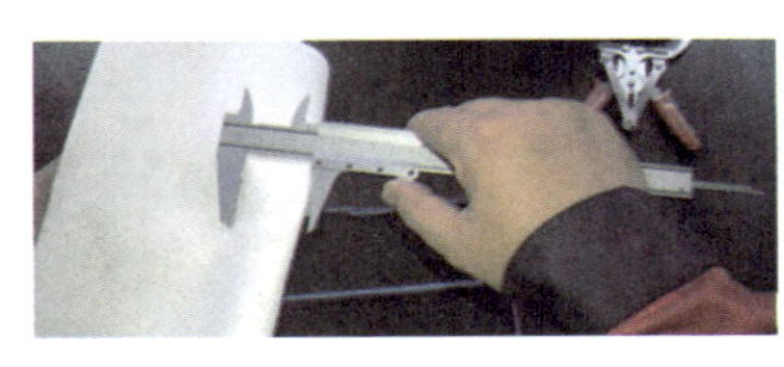</td><td>1．清洁游标卡尺表面。</td></tr>
<tr><td>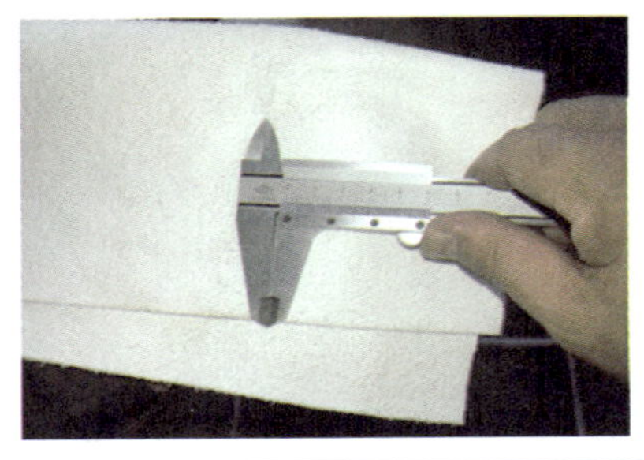</td><td>2．将游标卡尺校零。</td></tr>
</table>

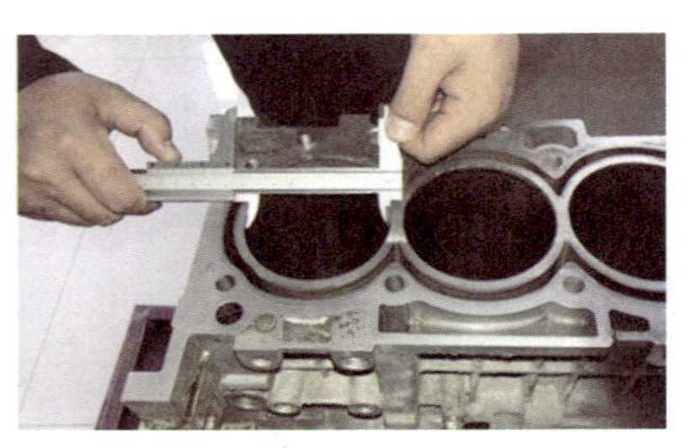	3．使用游标卡尺预测气缸直径。 提示： ◆ 根据预测结果选择内径百分表接杆和千分尺的量程。
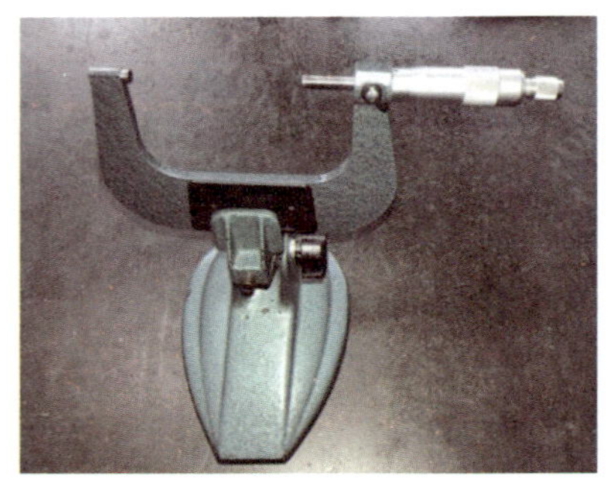	4．固定千分尺。 提示： ◆ 根据气缸直径选择千分尺。
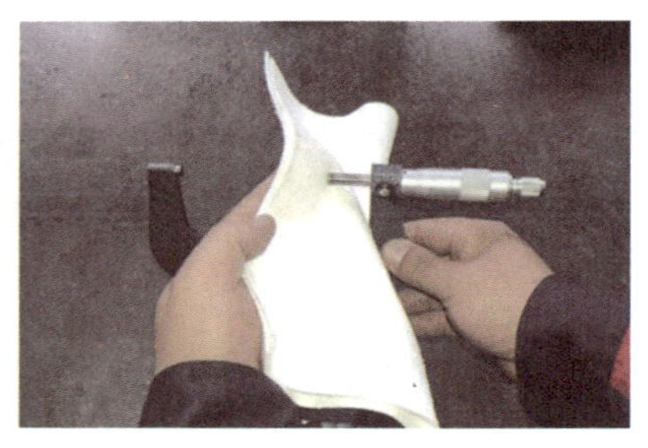	5．清洁千分尺表面。
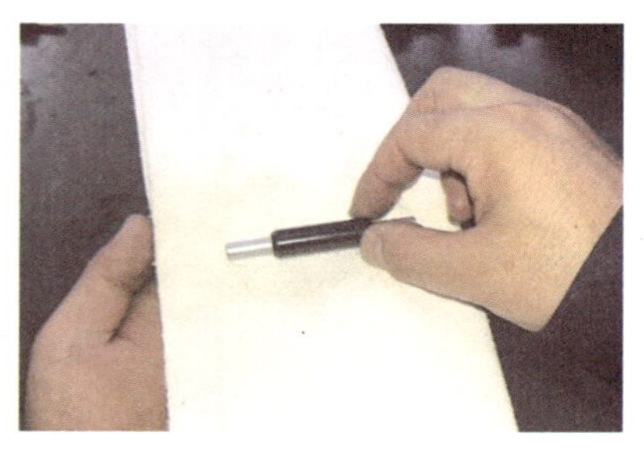	6．清洁校棒。
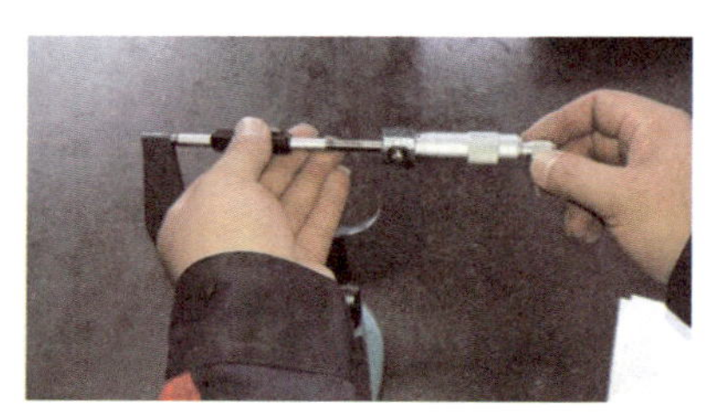	7．将千分尺校零。

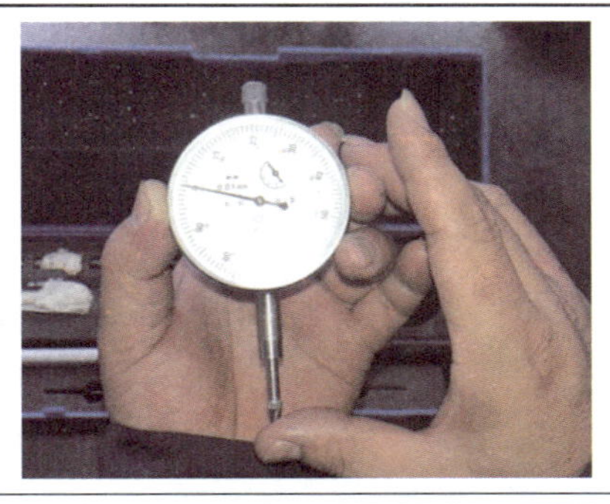	8．检测内径百分表表头。 提示： ◆ 推动表杆，指针应转动无卡滞且回位正常。
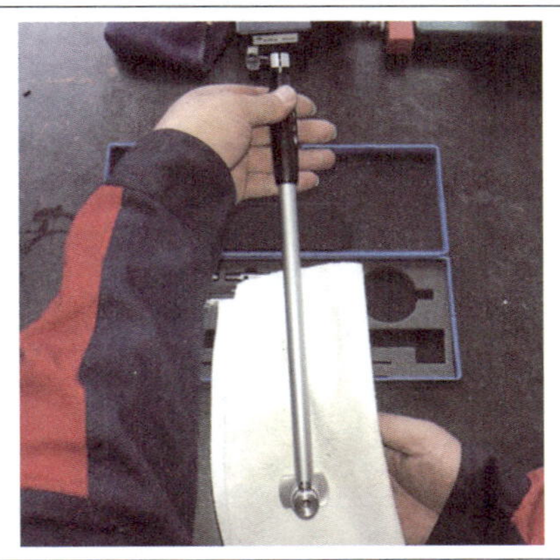	9．清洁内径百分表表杆。
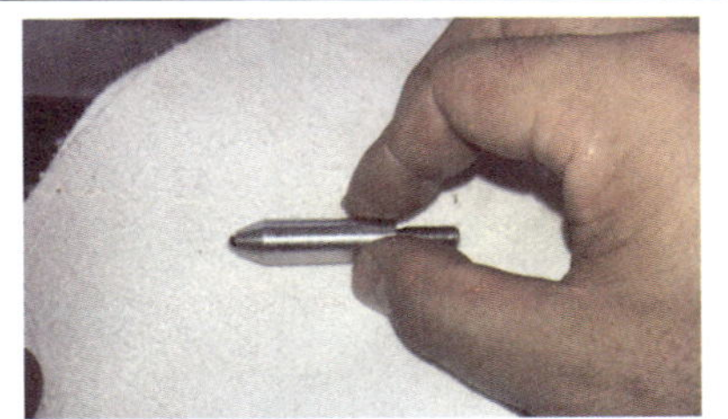	10．清洁内径百分表接杆。 提示： ◆ 根据气缸直径选择合适的接杆。
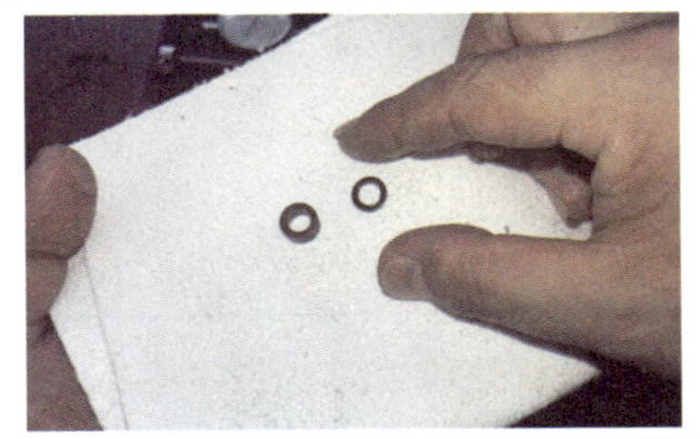	11．清洁内径百分表接杆垫片。 提示： ◆ 根据气缸直径选择合适的垫片。
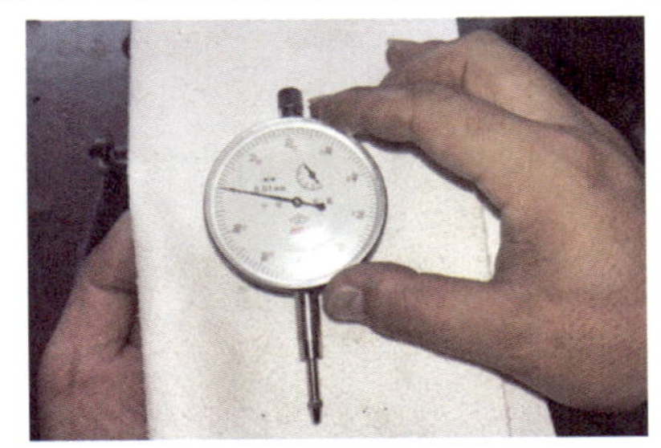	12．清洁内径百分表表头。

	13. 安装内径百分表表头。 提示： ◆ 小指针预压一格，大指针置于12点方位。
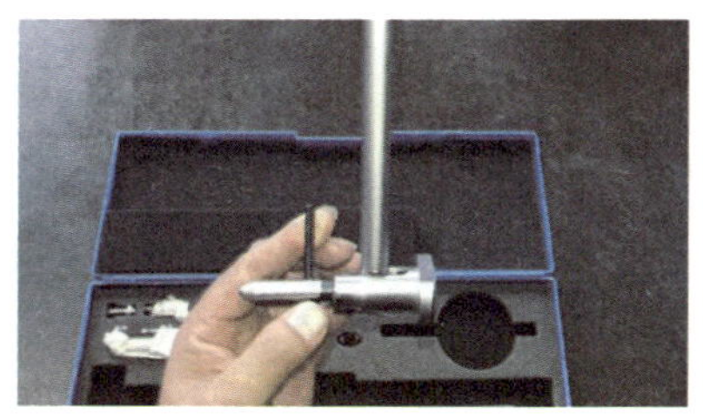	14. 安装内径百分表接杆。 提示： ◆ 使用专用工具锁紧。
	15. 将内径百分表校零。
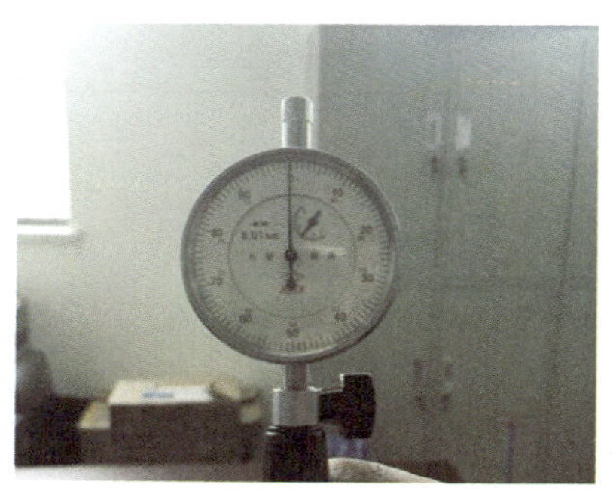	提示： ◆ 内径百分表校零的准确性将直接影响测量数据。

	16．横向测量气缸直径并记录数据。
	17．纵向测量气缸直径并记录数据。

气缸体平面度检测记录表见表 3—2—1。

表 3—2—1　　　气缸体平面度检测记录表　　　mm

测量位置	检测结果 1	检测结果 2	检测结果 3	结论
横向 1 号				
横向 2 号				
纵向 1 号				
纵向 2 号				
对角向 1 号				
对角向 2 号				

注：测量点个数自己选择，测量值如果因 < 0.02 mm 而测不出来，表内值可以填写 < 0.02 mm；如果测量数据 > 0.05 mm，填写 > 0.05 mm。但数据介于二者之间则必须填写实测数据值。

气缸直径测量记录表见表 3—2—2。

表 3—2—2　气缸直径测量记录表　mm

测量前准备					
千分尺校准读数			百分表测量杆长度		
第____缸	位置	直径 *A*（纵向）	直径 *B*（横向）	圆度	圆柱度
1	上				
	中				
	下				
2	上				
	中				
	下				
3	上				
	中				
	下				
4	上				
	中				
	下				
修理建议	是否修理				
	维修级别				

考评标准表——清洗、检测气缸体

时间：____30____min

项目	分值	评分标准与指导	评价结果
工、量具准备	10	工、量具准备不齐全、不正确，酌情扣分	
清洗气缸体	10	方法不正确，扣 10 分；清洗不到位，酌情扣分；操作过程中违规，酌情扣分	
测量气缸体平面度	20	数据误差为 0.02 mm，一个扣 5 分；结论错扣 20 分；操作过程中违规，酌情扣分	

续表

项目	分值	评分标准与指导	评价结果
测量气缸直径	40	数据误差为0.02 mm，一个扣5分；结论错扣20分；操作过程中违规，酌情扣分	
正确使用工、量具	10	使用不当酌情扣分，并指正	
安全文明操作	10	零件、工具落地，一次扣2分；不清理、整理工具，每件扣1分	
遵守相关安全操作规范		因违规操作发生人身和设备事故，终止考核，成绩按0分计 超时每分钟扣2分，超时10分钟终止考核	
分数合计	100		

任务3　清洗、检测活塞、活塞环

实训目标

1. 了解活塞、活塞环的结构、作用及分类。
2. 能正确选择相关量具对活塞、活塞环进行检测。
3. 了解活塞、活塞环检测的技术参数。
4. 能根据测量结果提出合理的修理意见。
5. 操作步骤应符合相关工艺要求。

实训准备

1. 设备：发动机总成、发动机翻转台架、活塞连杆组部件、零件桌、工具柜、空气压缩机。

2. 材料：常用工具、吹尘枪、专用工具、量具、清洗剂、清洗托盘、铲刀、抹布等。

3. 资料：维修手册、配套学习材料。

4. 场地：汽车发动机拆装（一体化）实训室。

工作任务

一辆轿车因使用年限过长，需要对其进行大修。作为一名汽车维修工，应能熟练进行发动机部件的分解、清洗与检测。本任务要求了解发动机活塞连杆组的结构、作用，并在此基础上能够对活塞连杆组进行分解、清洗与检测。

知识储备

一、活塞连杆组

1. 组成

活塞连杆组主要由活塞、活塞环、活塞销、连杆、连杆轴瓦、连杆螺栓、连杆衬套等组成，如图 3—3—1 所示。

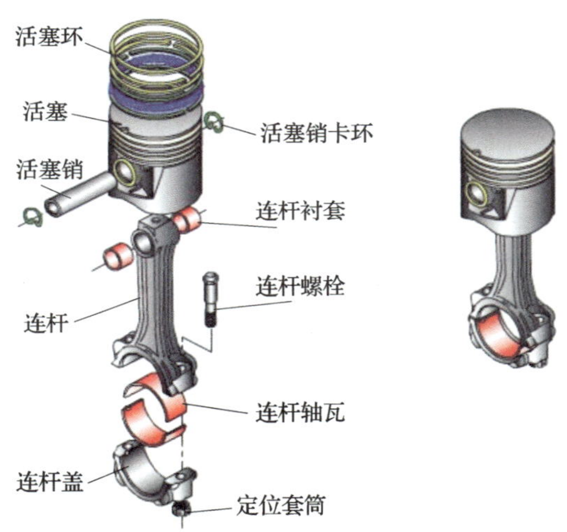

图 3—3—1　活塞连杆组的组成

2. 作用

（1）将燃料燃烧的热能转化为机械能。

（2）将活塞的往复运动转变为曲轴的旋转运动。

（3）将作用于活塞上的力转变为曲轴输出的功率。

二、活　　塞

1. 活塞的作用

（1）与气缸、气缸盖组成燃烧室。

（2）承受气体压力，并通过活塞销和连杆驱使曲轴旋转。

2. 工作条件

活塞在高温、高压、高速、润滑不良的条件下工作。活塞直接与高温气体接触，瞬时温度可达 2 500 K 以上，受热严重而散热条件又很差。因此，活塞工作时温度很高，其顶部温度高达 600 ~ 700 K，且温度分布很不均匀。活塞顶部承受气体压力很大，特别是在做功行程中压力最大，汽油机高达 3 ~ 5 MPa，柴油机高达 6 ~ 9 MPa，使活塞产生冲击并承受侧压力。活塞在气缸内以很高的速度（8 ~ 12 m/s）往复运动，且速度在不断地变化，这就产生了很大的惯性力，使活塞受到很大的附加载荷。

3. 对活塞的要求

（1）刚度和强度应足够大。

（2）导热性能好，耐高压、高温，耐磨损。

（3）质量较小，尽可能地减少惯性力。

4. 活塞的结构

活塞分为三部分，即活塞顶部、活塞头部和活塞裙部，如图 3—3—2 所示。

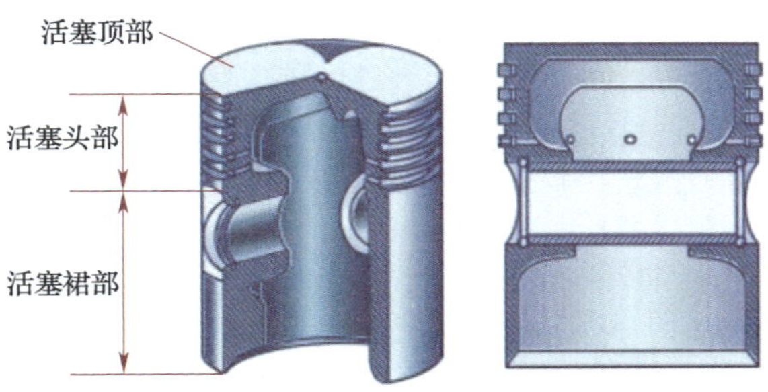

图 3—3—2　活塞的结构

（1）活塞顶部

活塞顶部承受气体压力，它是燃烧室的组成部分，其形状、位置、大小都与燃烧室的具体形式有关。为了满足可燃混合气形成和燃烧的要求，活塞顶部形状可分为四大类，即平顶活塞、凸顶活塞、凹顶活塞和成型顶活塞，如图 3—3—3 所示。

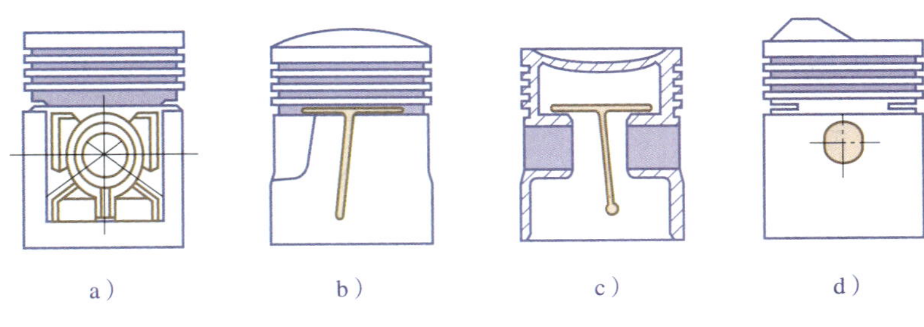

图 3—3—3　活塞顶部形状

a）平顶活塞　b）凸顶活塞　c）凹顶活塞　d）成型顶活塞

1）平顶活塞顶部是一个平面，结构简单、制造容易、受热面积小，顶部应力分布较为均匀，一般用在汽油机上，柴油机很少采用。

2）凸顶活塞顶部凸起呈球形，其顶部强度高，起导向作用，有利于改善换气过程，二冲程汽油机常采用凸顶活塞。

3）凹顶活塞顶部呈凹陷形，凹坑的形状和位置有利于可燃混合气的燃烧，有双涡流凹坑、球形凹坑、U 形凹坑等。

4）成型顶活塞是指活塞顶部一半是凸起一半是凹坑。此种活塞一般适用于对燃烧室有特殊要求的柴油机，特殊的顶部形状可满足燃烧过程中的不同要求。

（2）活塞头部

活塞头部（图 3—3—4）是指第一道活塞环槽到活塞销孔以上的部分。它有数道环槽，用于安装活塞环，起密封作用。柴油机压缩比高，一般有 4 道环槽，上部 3 道用于安装气环，下部 1 道用于安装油环。汽油机一般有 3 道环槽，其中有 2 道气环槽和 1 道油环槽，在油环槽底面上钻有许多径向小孔，被油环从气缸壁上刮下的润滑油可经过这些小孔流回油底壳。第一道环槽工作条件最恶劣，一般应离顶部较远些。活塞顶部吸收的热量主要是经过活塞头部通过活塞环传给气缸壁，再由冷却液传出去。总之，活塞头部的作用除了用于安装活塞环外，还有密封作用和传热作用，与活塞环一起密封气缸，防止可燃混合气窜入曲轴箱内，同时还将 70% ~ 80% 的热量通过活塞环传给气缸体。

（3）活塞裙部

活塞裙部（图 3—3—5）是指从油环槽下端面起至活塞最下端的部分，包括装活塞销的销座孔。活塞裙部对活塞在气缸内的往复运动起导向作用，并承受侧压力。活塞裙部的长短取决于侧压力的大小和活塞直径。所谓侧压力是指在压缩行程和做功行程中，作用在活塞顶部的力的水平分力使活塞压向气缸壁。在压缩行程与做功行程中气体的侧压力方向正好相反，由于燃烧压力大大高于压缩压力，所以做功行程中的侧压力也大大高于压缩行程中的侧压力。活塞裙部承受侧压力的两个侧面称为推力面，它们处于与活塞销轴线相垂直的方向上。

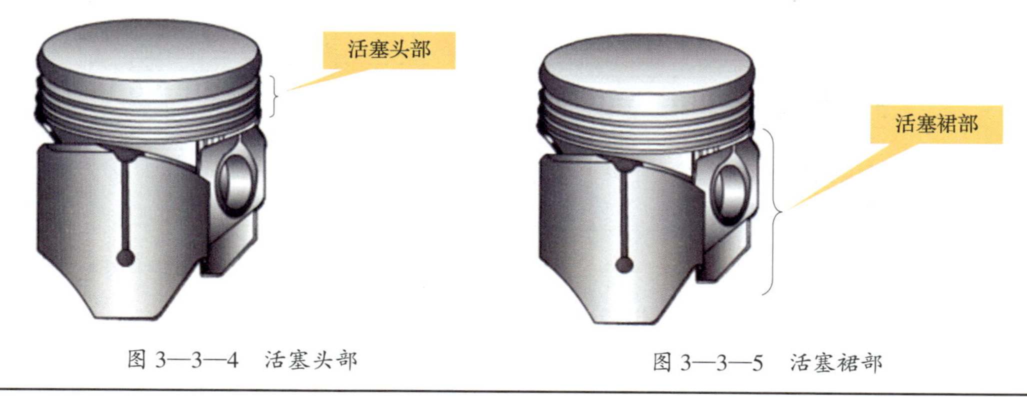

图 3—3—4　活塞头部　　图 3—3—5　活塞裙部

5. 活塞变形原因与变形规律

（1）变形原因：热膨胀、侧压力和气体压力。

（2）变形规律

1）活塞的热膨胀量大于气缸的膨胀量，使配缸间隙变小。因为活塞温度高于气缸壁，且铝合金的膨胀系数大于铸铁。

2）活塞自上而下膨胀量由大而小。因温度上高下低，壁厚上厚下薄。

3）活塞裙部周向近似椭圆形变化，长轴为活塞销座孔轴线方向。这是因为活塞销座处金属量多而膨胀量大，以及侧压力作用的结果。

三、活　塞　环

1. 活塞环的作用

（1）气环的作用：密封与传热。

（2）油环的作用：润滑，辅助密封。

2. 活塞环的组成

活塞环（图 3—3—6）按其功用可分为气环和油环两类。

常见的油环有整体式和组合式两种结构形式，目前广泛应用的是组合式油环，如图 3—3—7 所示。

组合式油环一般由两个刮油钢片（刮油环）和两个弹性衬簧（布油环）组成。

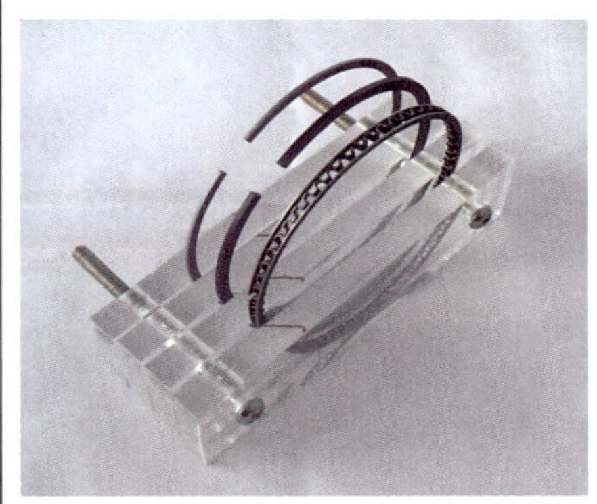

图 3—3—6　活塞环的外形

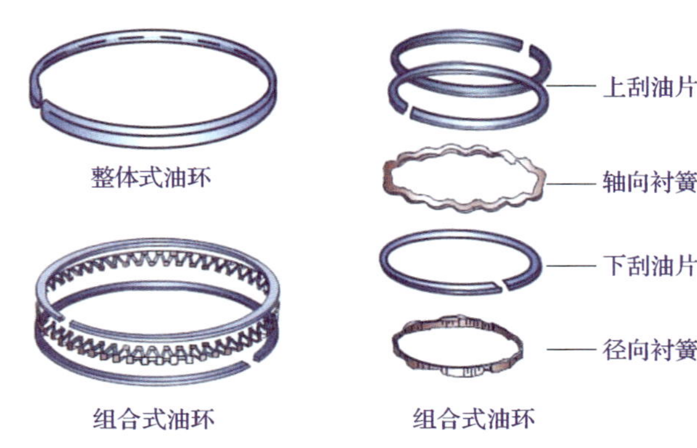

图 3—3—7　油环的种类与结构

四、活塞环的检测与选配

1. 活塞环端隙（又称开口间隙）的检测

如图 3—3—8 所示，活塞环装入气缸后，环的开口处两端之间有一定的间隙，以防止活塞环受热膨胀后卡死在气缸内。其规定值的大小与环直径和所受的工作温度有关。测量步骤：首先将活塞环平正地放入气缸内，用活塞顶部将活塞环推到气缸未磨损处，即气缸的下部，使活塞环平行于气缸体平面。其次取出活塞，用塞尺测量环口两端的间隙，应符合规定。

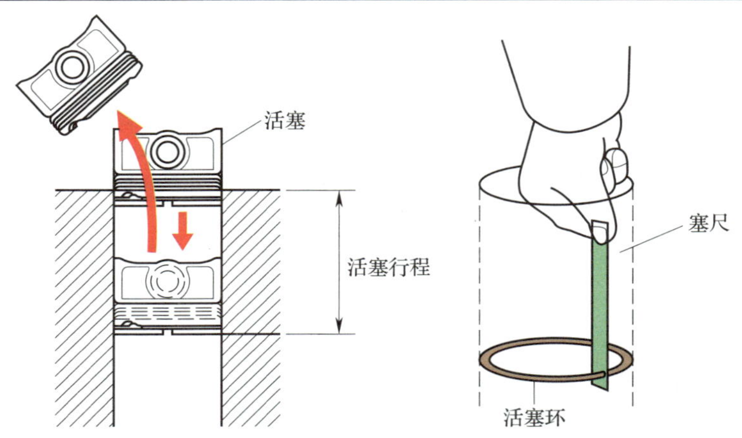

图 3—3—8　活塞环端隙的检测

2. 活塞环侧隙的检测

将活塞环放在各自的环槽内，围绕环槽滚行一周，应能自由滚动。用塞尺按规定测量其间隙的大小，如图 3—3—9 所示。

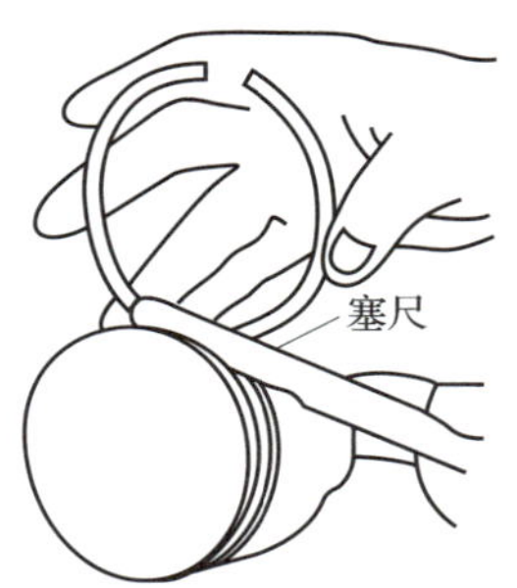

图 3—3—9　活塞环侧隙的检测

3. 活塞环背隙的检测

背隙是活塞及活塞环装入气缸后，活塞环内壁与环槽底面之间的间隙。检测时，用游标深度尺测出环槽深度，用游标卡尺测出环的宽度，两者之差即为背隙。

4. 活塞环的选配

活塞环应按照气缸的修理尺寸选配，选配与气缸、活塞相适应的同级活塞环。注意不可将大尺寸的活塞环锉小使用。活塞环除标准尺寸外，与气缸修理尺寸相适应的有六级加大的修理尺寸，每级加大 0.25 mm。在活塞环端面上印有修理尺寸。

五、活塞环损坏的故障现象

活塞环损坏会出现发动机动力明显衰减，排放黑烟或蓝烟，燃油耗、机油耗上升，尾气排放值升高，严重时甚至出现烧机油或因积炭严重而拉伤气缸等现象。

任务实施

一、操作前的准备工作

	将工位清理干净，准备好相关的工具、量具、物品等。 提示： ◆ 培养良好的工作习惯，做好事前准备，有利于安全操作和提高工作效率。

二、拆卸活塞环

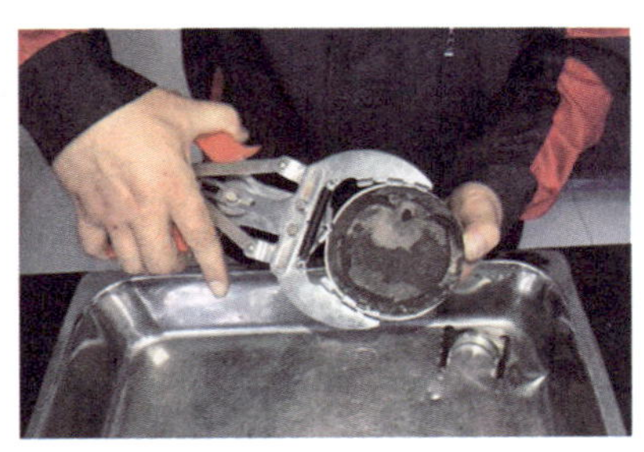	1．拆卸气环。 提示： ◆ 使用活塞环拆装钳拆卸。 ◆ 先拆卸第一道气环，再拆卸第二道气环。
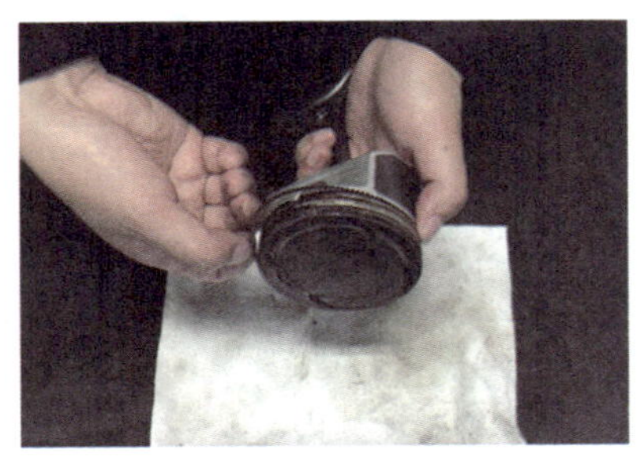	2．拆卸组合油环。 提示： ◆ 徒手拆卸。 ◆ 先拆上、下刮油环，再拆布油环。
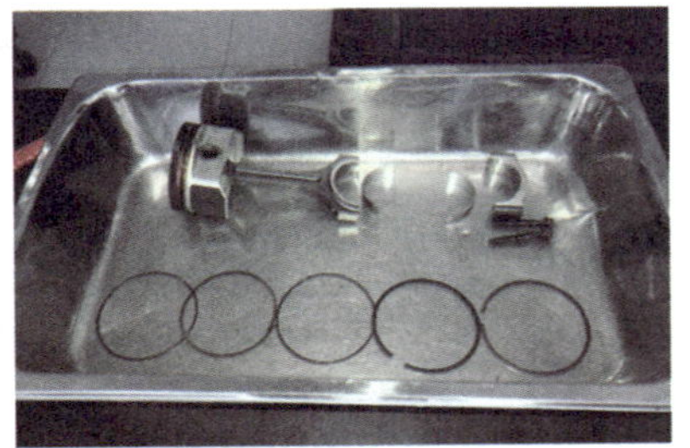	提示： ◆ 将分解后的活塞放入油盆中，以备清洗。 ◆ 注意轻拿轻放。

三、清洗活塞	
	1．使用铲刀清洁活塞顶部。 提示： ◆ 切勿刮伤活塞表面。
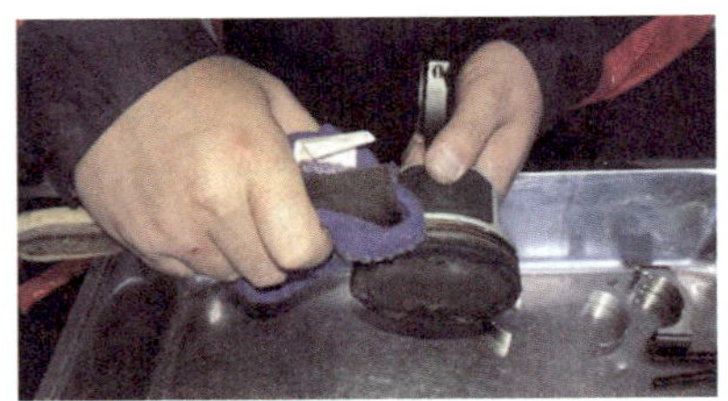	2．清洁活塞环槽。 提示： ◆ 用抹布包裹铲刀清洁，切勿刮伤活塞环槽壁。
	3．使用抹布清洁活塞表面。
	4．清洗活塞表面。 提示： ◆ 使用化油器清洗剂清洗。
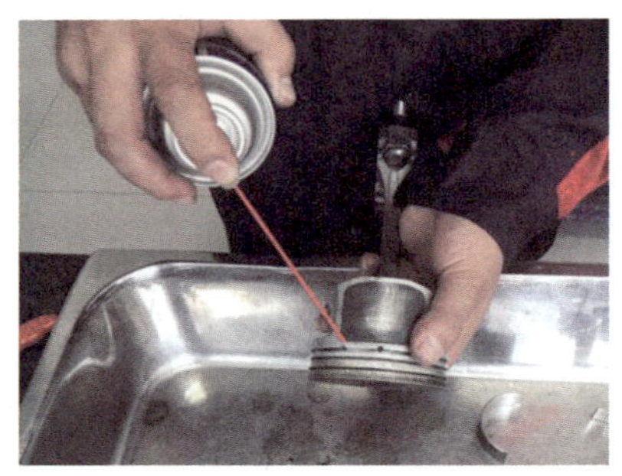	5．清洗活塞环槽和油孔。 提示： ◆ 使用化油器清洗剂清洗。

<table>
<tr><td>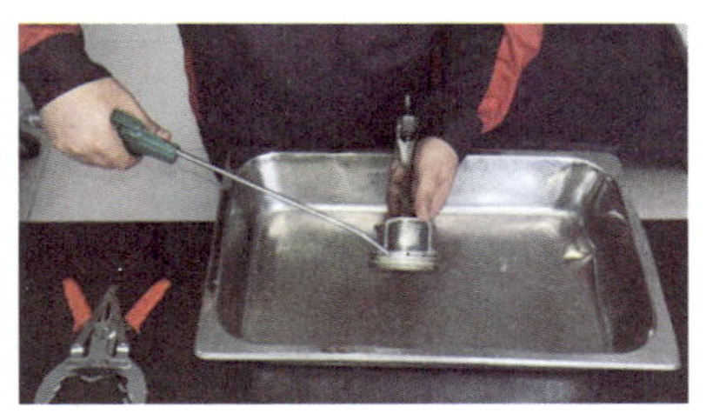</td><td>6．使用压缩空气吹干活塞环槽。</td></tr>
<tr><td colspan="2">四、清洗活塞环</td></tr>
<tr><td>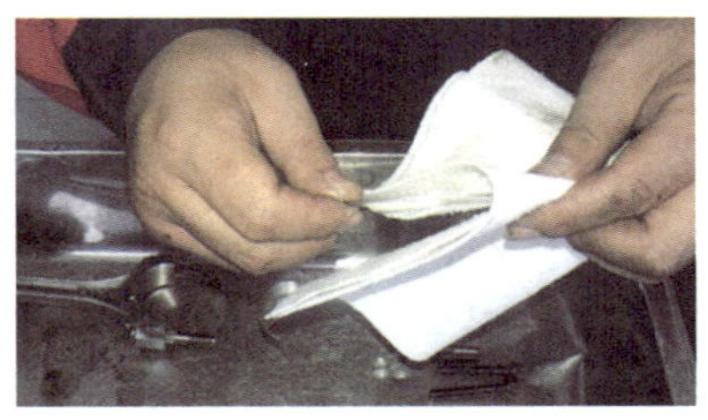</td><td>1．使用抹布清洁活塞环表面。</td></tr>
<tr><td>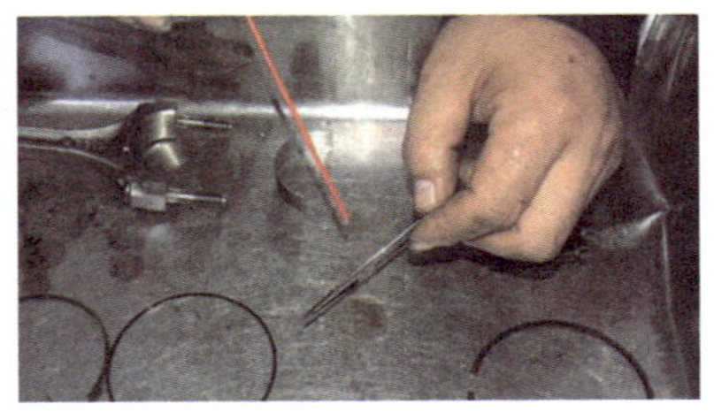</td><td>2．清洗活塞环。
提示：
◆ 使用化油器清洗剂清洗。</td></tr>
<tr><td>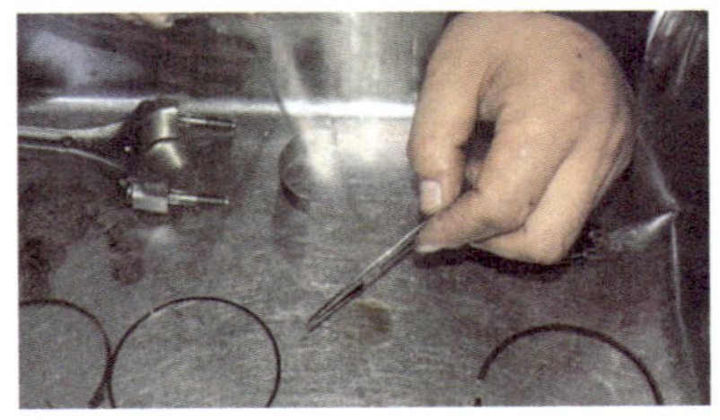</td><td>3．使用压缩空气吹干活塞环。</td></tr>
<tr><td colspan="2">五、将千分尺校零</td></tr>
<tr><td>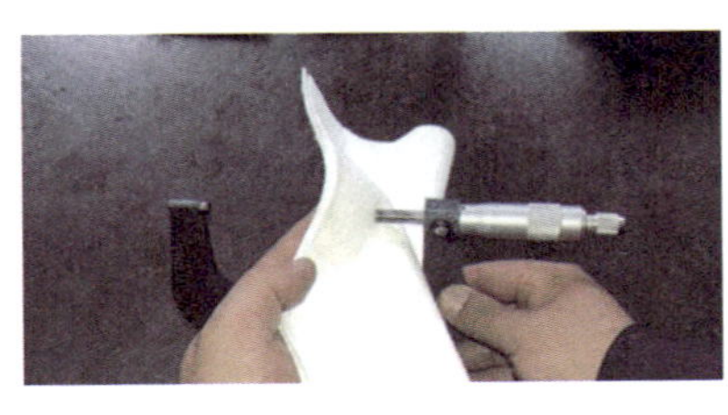</td><td>1．清洁千分尺表面。</td></tr>
</table>

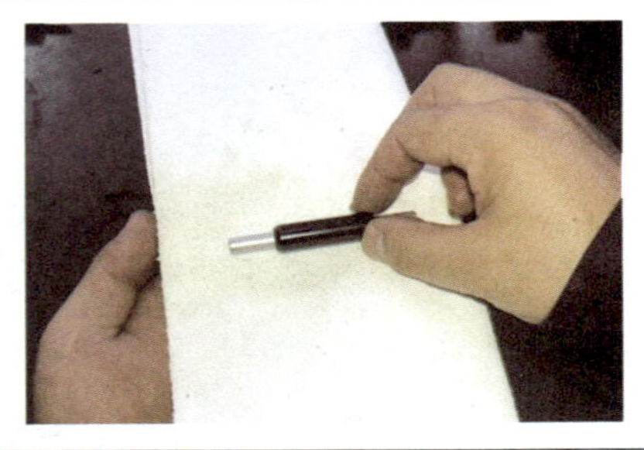	2．清洁校棒。
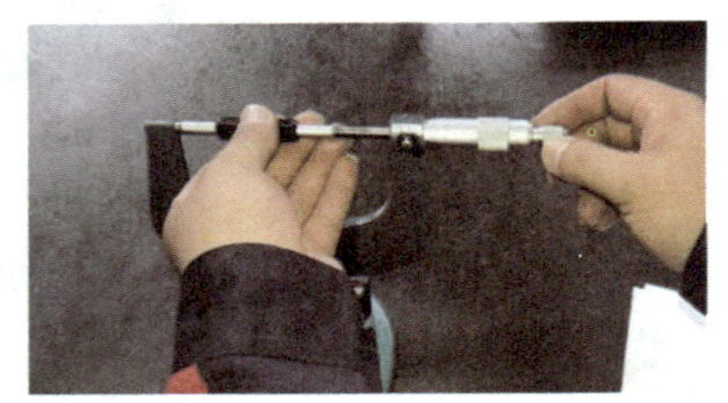	3．将千分尺校零。
六、测量活塞直径	
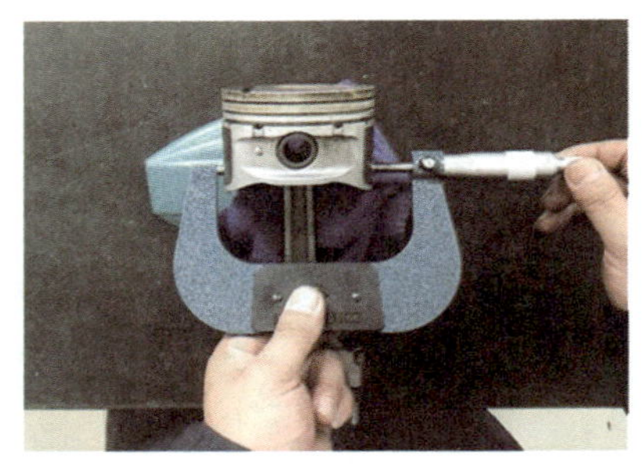	提示： ◆ 测量前应检查活塞有无裂纹、活塞环槽以及活塞销孔是否正常。 ◆ 将活塞固定在台虎钳上。 ◆ 测量与活塞销孔垂直方向上活塞裙部最大尺寸处的数据。
七、检测活塞环侧隙	
	1．清洁塞尺。
	2．使用塞尺测量活塞环侧隙。 提示： ◆ 将活塞环放入对应的活塞环槽内。

<table>
<tr><th colspan="2">八、检测活塞环端隙</th></tr>
<tr><td></td><td>1. 将活塞环放置于气缸内。
提示：
◆ 用未装活塞环的活塞将活塞环顶至测量位置。</td></tr>
<tr><td></td><td>2. 测量活塞环端隙。
提示：
◆ 使用塞尺进行测量。</td></tr>
<tr><th colspan="2">九、检测活塞环背隙</th></tr>
<tr><td>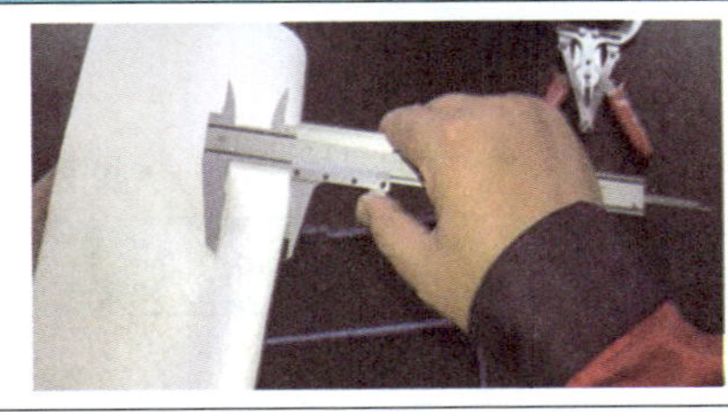</td><td>1. 清洁、校零游标卡尺。</td></tr>
<tr><td>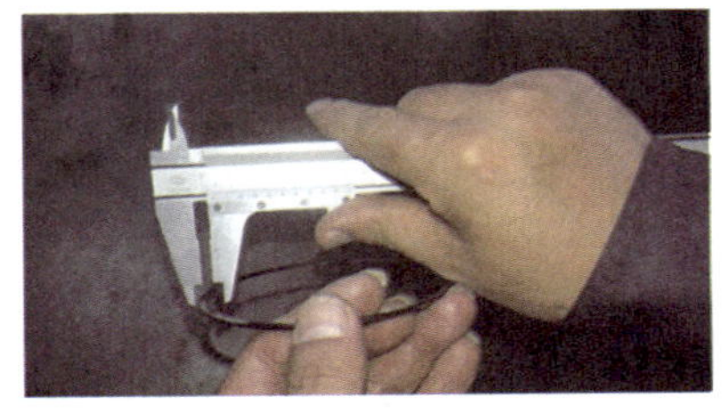</td><td>2. 测量活塞环宽度。</td></tr>
<tr><td>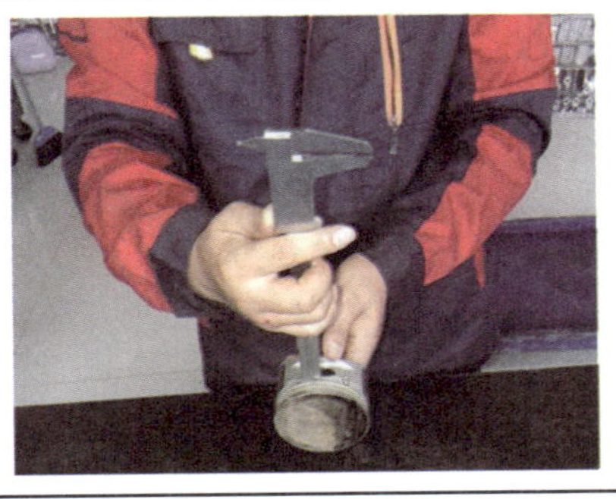</td><td>3. 测量活塞环槽深度。
4. 计算活塞环背隙。
提示：
◆ 活塞环背隙 = 活塞环槽深度 − 活塞环宽度</td></tr>
</table>

十、组装活塞环

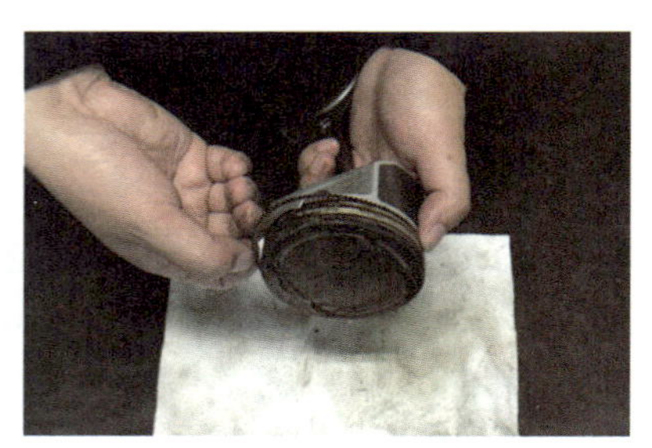	1．安装组合油环。 提示： ◆ 徒手安装。 ◆ 先安装布油环，再安装上、下刮油环。
	2．安装气环。 提示： ◆ 使用活塞环拆装钳安装。 ◆ 先安装第二道气环，再安装第一道气环。 ◆ 注意活塞环的方向。

活塞、活塞环测量记录表见表 3—3—1。

表 3—3—1　　活塞、活塞环测量记录表　　mm

项目	第一缸	第二缸	第三缸	第四缸
活塞直径				
活塞环端隙				
活塞环侧隙				
活塞环背隙				
结果判断及处理				

注：结果判断及处理栏内需根据检查结果填写“正常”或具体的维修方案。

考评标准表——清洗、检测活塞、活塞环

时间：20 min

项目	分值	评分标准与指导	评价结果
工、量具准备	10	工、量具准备不齐全、不正确，酌情扣分	
清洗活塞	10	方法不正确，扣 5 分；清洗不到位，酌情扣分；操作过程中违规，酌情扣分	

续表

项目	分值	评分标准与指导	评价结果
清洗活塞环	10	方法不正确，扣5分；清洗不到位，酌情扣分；操作过程中违规，酌情扣分	
检测活塞	20	数据误差为0.02 mm，一个扣5分；结论错扣20分；操作过程中违规，酌情扣分	
检测活塞环	30	数据误差为0.02 mm，一个扣5分；结论错扣30分；操作过程中违规，酌情扣分	
正确使用工、量具	10	使用不当酌情扣分，并指正	
安全文明操作	10	零件、工具落地，一次扣2分；不清理、整理工具，每件扣1分	
遵守相关安全操作规范		因违规操作发生人身和设备事故，终止考核，成绩按0分计 超时每分钟扣2分，超时10分钟终止考核	
分数合计	100		

任务4　清洗、检测曲轴

实训目标

1. 了解曲轴的作用与组成。
2. 了解曲轴磨损故障现象及诊断方法。
3. 了解曲轴的检测技术参数。
4. 能根据测量结果提出合理的修理意见。
5. 操作步骤应符合相关工艺要求。

实训准备

1. 设备：发动机总成、发动机翻转台架、曲轴及其部件、零件桌、工具柜、空气压缩机。

2. 材料：常用工具、专用工具、量具、清洗托盘、吹尘枪、清洗剂、抹布等。

3. 资料：维修手册、配套学习材料。

4. 场地：汽车发动机拆装（一体化）实训室。

工作任务

一辆轿车在行驶了 125 000 km 后发动机的动力性有所下降，并且油耗也明显增加，甚至出现烧机油的情况，经技术人员诊断后发现问题出在发动机机械部分。作为一名汽车维修工，应能熟练进行发动机部件的分解、清洗与检测。本任务要求学生了解发动机曲轴的结构、作用，并在此基础上能够对曲轴及其部件进行分解、清洗与检测。

知识储备

一、曲轴的作用与组成

1. 曲轴的作用

(1) 曲轴是发动机的主要旋转机件，它负责将活塞的上下往复运动转变为自身的圆周运动。

通常所说的发动机转速即曲轴的转速，活塞上的气体压力转变为曲轴旋转的动力，传给底盘的传动机构，并驱动配气机构和其他辅助装置。

(2) 发动机工作时，曲轴承受气体压力、惯性力和惯性力矩的作用，受力大而复杂，且承受交变负荷的冲击，同时曲轴又是高速旋转件，因此要求曲轴具有足够的刚度、强度和平衡度，具有良好的承受冲击载荷的能力，耐磨性和润滑性良好。

(3) 承受连杆传来的力，并由此生成绕其本身轴线的力矩，并对外输出转矩。

2. 曲轴的组成

曲轴由曲轴前端、主轴颈、曲柄、连杆轴颈、后端凸缘等组成，如图 3—4—1 所示。

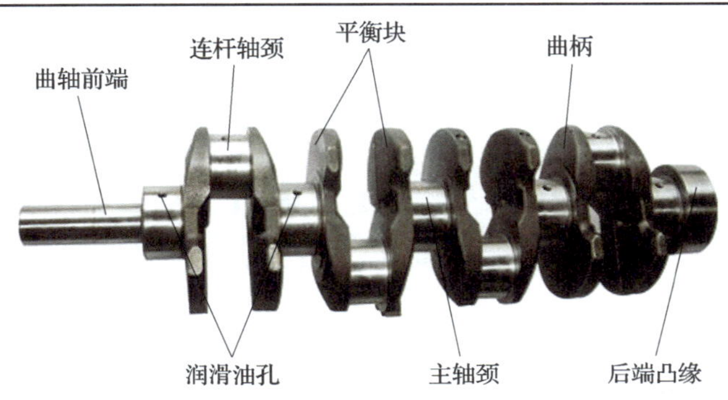

图 3—4—1　曲轴的组成

二、曲轴磨损故障现象及诊断方法

1．轴向间隙过大，在起步时车辆会前后窜动，有时会伴有金属撞击声。

诊断：在车下用撬棍撬动曲轴带轮，可以感觉到是否有间隙。

2．径向间隙过大，在加速、减速时会感觉到有金属撞击声，发动机抖动。

诊断：用听诊器（汽车维修专用听诊器或一根两三尺长的铜管或铁棍）听，如果在发动机下部有上述现象，再进行下一步检查：放出一些润滑油，查看润滑油中有无金属屑。如查有金属屑，一般情况下是曲轴轴瓦间隙过大造成的异响。如条件允许，可拆下油底壳，判断会更加准确。

三、曲轴磨损的原因及规律

1．曲轴磨损的原因

连杆轴颈的椭圆形磨损是由于作用于连杆轴颈上的力沿圆周方向分布不均匀引起的。发动机工作时，连杆轴颈所受的综合作用力始终作用在连杆轴颈的内侧，方向沿曲轴半径向外，造成连杆轴颈内侧磨损最大，形成椭圆形。连杆轴颈产生锥形磨损的原因是由于通向连杆轴颈的油道是倾斜的，当曲轴回转时，在离心力的作用下，润滑油中的机械杂质偏积在连杆轴颈的一侧，加速了该侧轴颈的磨损，使连杆轴颈的磨损呈锥形。此外，由于连杆弯曲、气缸中心线与曲轴中心线不垂直等原因，都会使连杆轴颈沿轴向受力不均，而使磨损偏斜。

主轴颈的磨损呈椭圆形，主要是由于受到连杆、连杆轴颈及曲柄臂离心力的影响，使靠近连杆轴颈的一侧与轴承产生的相对磨损较大。此外，主轴颈表面还可能出现擦伤与烧伤。擦伤主要是由于润滑油不清洁，有较大的坚硬机械杂质在轴颈表面刻划引起的。主轴颈表面的烧伤是由烧瓦引起的，主要是由于润滑不足、润滑油过稀、油路阻塞等原因造成的。

2. 曲轴磨损的规律

曲轴主轴颈和连杆轴颈的磨损是不均匀的，而磨损部位有一定的规律性。曲轴在长期运转中，会产生主轴颈和连杆轴颈尺寸的减小，以及因磨损不均匀产生圆度（椭圆）、圆柱度（锥度）变化。由于连杆弯曲、气缸套偏斜等原因，使作用在连杆轴颈上的力分布不均而出现椭圆；由于油道中杂质在连杆轴颈上偏积而磨成锥形。因为工作中气体压力、活塞连杆运动惯性力及连杆大头离心力所形成的合力作用在连杆轴颈内侧，致使连杆轴颈偏磨。

主轴颈和连杆轴颈径向最大磨损部位相互对应，即各主轴颈的最大磨损部位靠近连杆轴颈一侧；而连杆轴颈的最大磨损部位在主轴颈一侧。连杆轴颈的径向不均匀磨损是由于作用在轴颈上的力沿圆周方向分布不均匀所致，连杆轴颈的内侧磨损较大。主轴颈径向的不均匀磨损主要是受连杆、连杆轴颈和曲柄臂离心力的影响，使靠近连杆轴颈一侧的主轴颈与轴承间发生的相对磨损较大。实践证明，连杆轴颈的磨损比主轴颈的磨损严重，主要是由于连杆轴颈的负荷较大、润滑条件较差等原因所致。

四、曲轴轴颈圆度、圆柱度的计算方法

圆度误差：同一截面上最大直径与最小直径差值的一半。

圆柱度误差：同一圆柱体（不在同一截面上），最大直径与最小直径差值的一半。

五、曲轴修理尺寸法

主轴颈直径在 80 mm 以下圆度及圆柱度误差超过 0.025 mm，或主轴颈直径在 80 mm 以上圆度及圆柱度误差超过 0.040 mm 的曲轴，均应按规定尺寸（修理尺寸）进行修磨（0.25 mm 为一级）。当轴颈磨损严重且采用修理尺寸法不能达到修理效果时，应采用涂层技术修复后再磨削至规定的尺寸或修理尺寸。根据修理尺寸，按级别加大曲轴轴瓦。

任务实施

一、操作前的准备工作

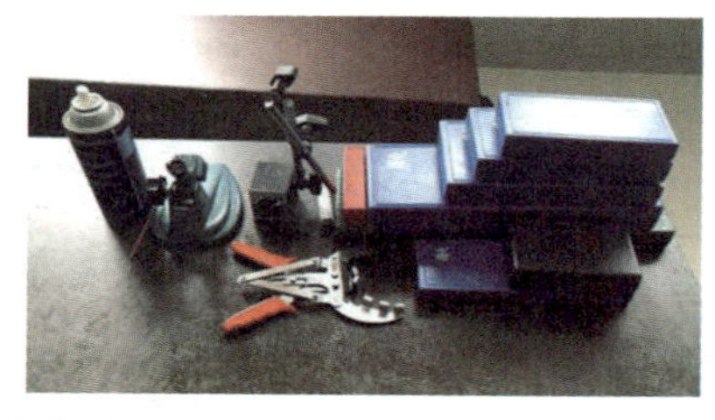

将工位清理干净，准备好相关的工具、量具、物品等。

提示：

◆ 培养良好的工作习惯，做好事前准备，有利于安全操作和提高工作效率。

二、清洗曲轴、轴瓦

	1．清洁曲轴轴颈表面的油污。 提示： ◆ 使用吸油纸清洁。
	2．清洗曲轴主轴颈和连杆轴颈。 提示： ◆ 使用化油器清洗剂清洗。
	3．清洗曲轴油孔。 提示： ◆ 使用化油器清洗剂清洗。
	4．使用压缩空气吹干曲轴及油孔。 提示： ◆ 清洁完成后检查轴颈表面有无划痕、拉伤、麻点。如有损伤需修理或更换新品。

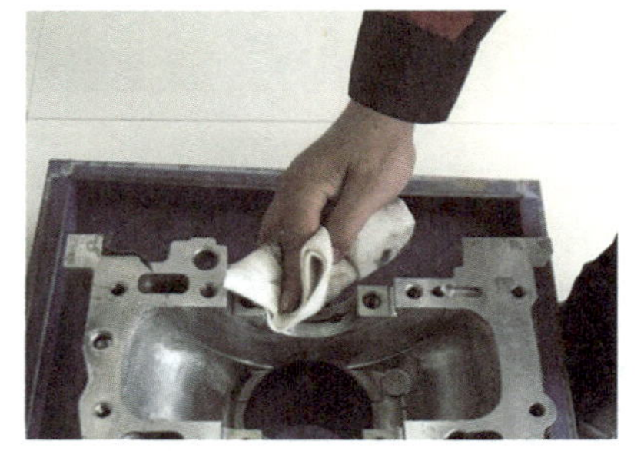	5．清洁曲轴上轴瓦槽。 提示： ◆ 使用吸油纸清洁。
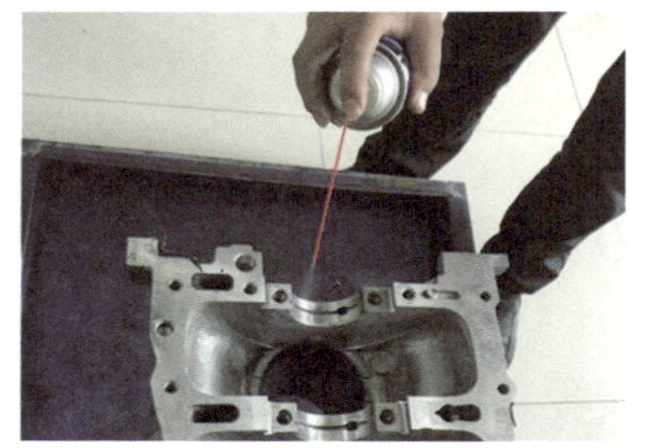	6．清洗曲轴上轴瓦槽。 提示： ◆ 使用化油器清洗剂清洗。
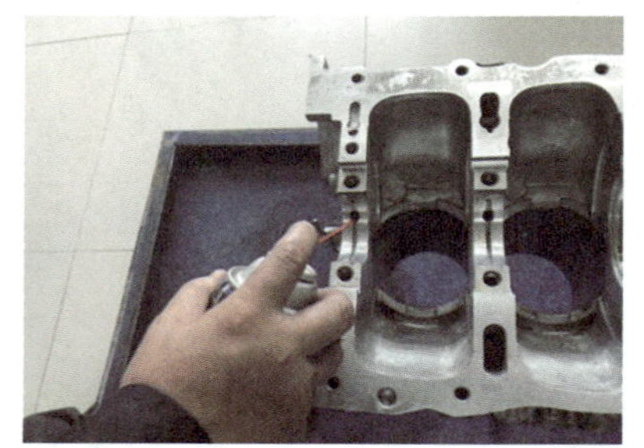	7．清洗曲轴上轴瓦槽油孔。 提示： ◆ 使用化油器清洗剂清洗。
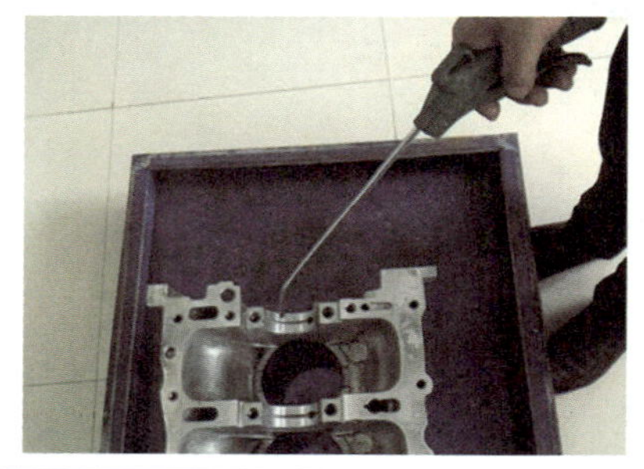	8．使用压缩空气吹干曲轴上轴瓦槽和油孔。
	9．清洁曲轴上轴瓦。 提示： ◆ 使用吸油纸清洁。

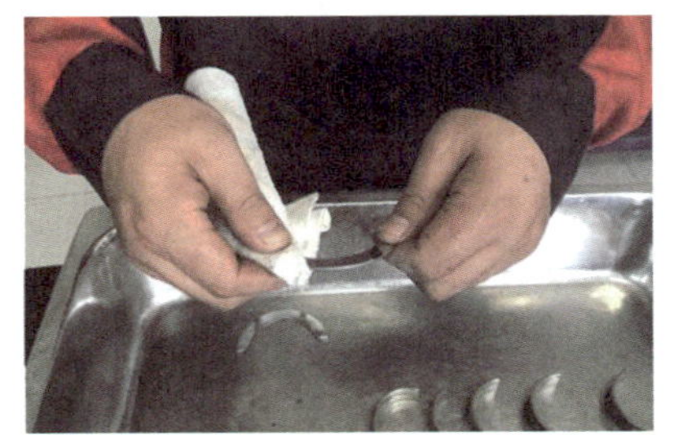	10．清洁曲轴止推垫片。 提示： ◆ 使用吸油纸清洁。
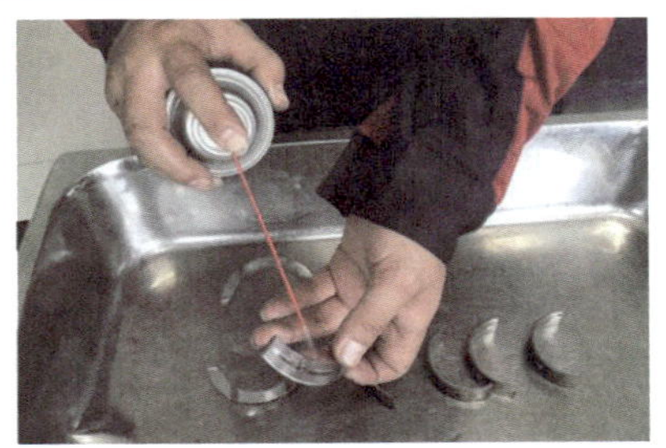	11．清洗曲轴上轴瓦。 12．清洗曲轴止推垫片。 提示： ◆ 使用化油器清洗剂清洗。
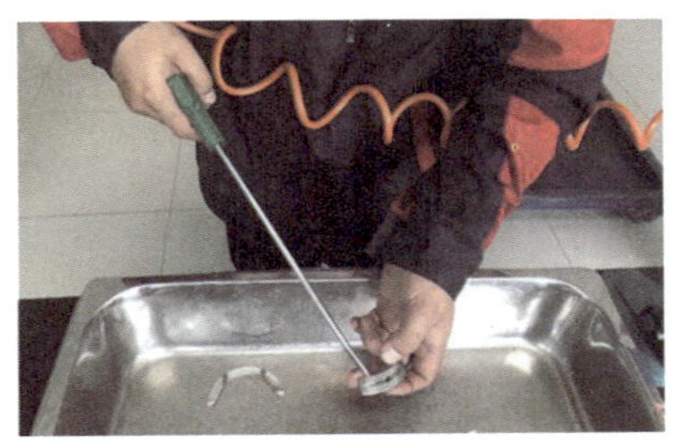	13．使用压缩空气吹干曲轴上轴瓦。 14．使用压缩空气吹干曲轴止推垫片。 提示： ◆ 清洁完成后检查曲轴上轴瓦和曲轴止推垫片有无划痕、拉伤、麻点。如有损伤需更换新品。
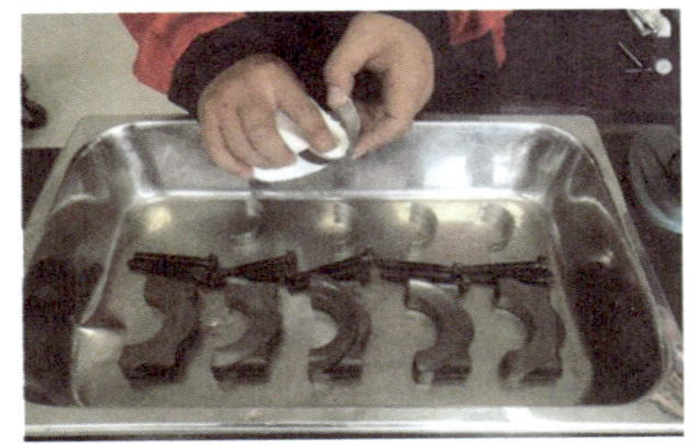	15．清洁曲轴下轴瓦。 提示： ◆ 使用吸油纸清洁。
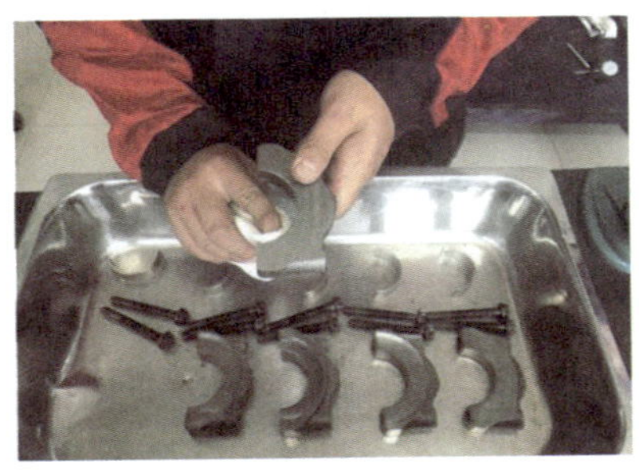	16．清洁曲轴轴瓦盖。 提示： ◆ 使用吸油纸清洁。

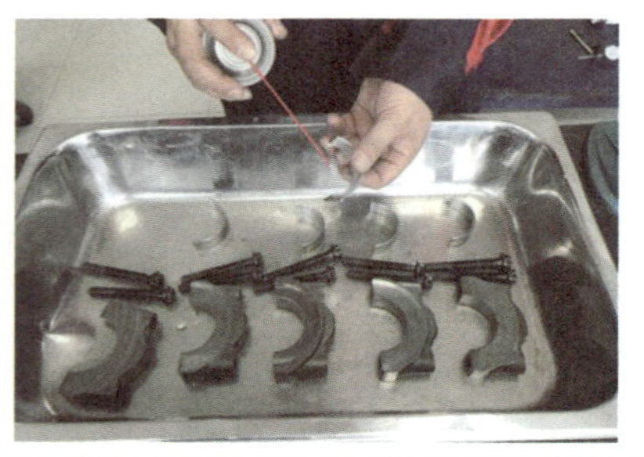	17．清洗曲轴下轴瓦。 提示： ◆ 使用化油器清洗剂清洗。
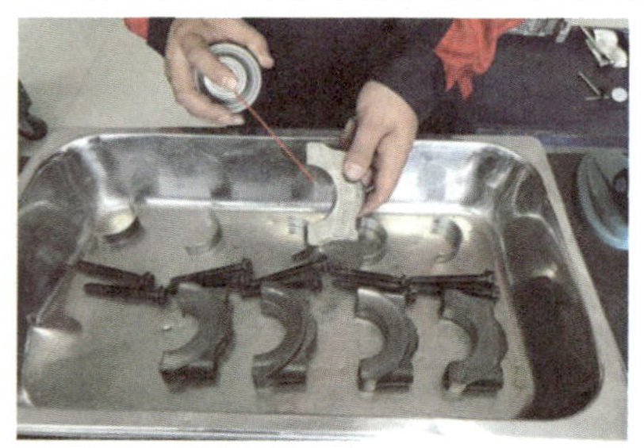	18．清洗曲轴轴瓦盖。 提示： ◆ 使用化油器清洗剂清洗。
	19．使用压缩空气吹干曲轴下轴瓦。 提示： ◆ 清洁完成后检查曲轴下轴瓦有无划痕、拉伤、麻点。如有损伤需更换新品。
	20．使用压缩空气吹干曲轴轴瓦盖。
三、测量连杆轴颈	
	1．清洁游标卡尺并校零。

	2．使用游标卡尺预测曲轴连杆轴颈直径。
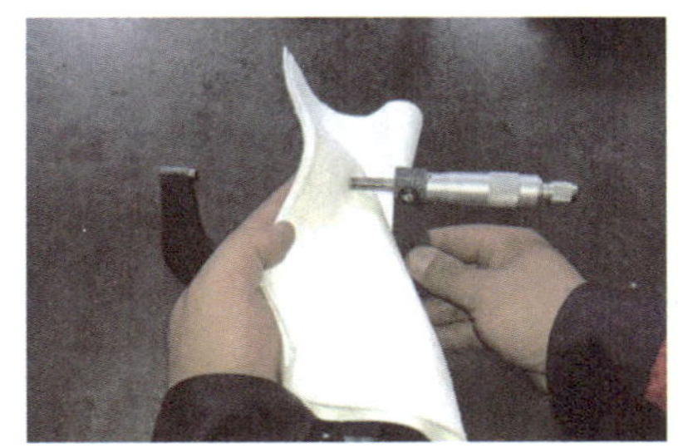	3． 选择合适量程的千分尺，清洁并校零。
	4．测量曲轴连杆轴颈并记录。
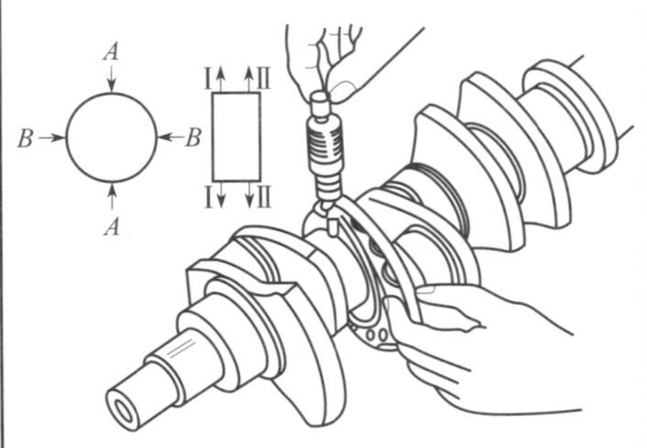	提示： ◆ 每道轴颈测量 4 个数据。 ◆ 测量时需避开油孔。

四、测量主轴颈

测量主轴颈的方法和要求与测量连杆轴颈相同。

五、测量曲轴径向跳动量	
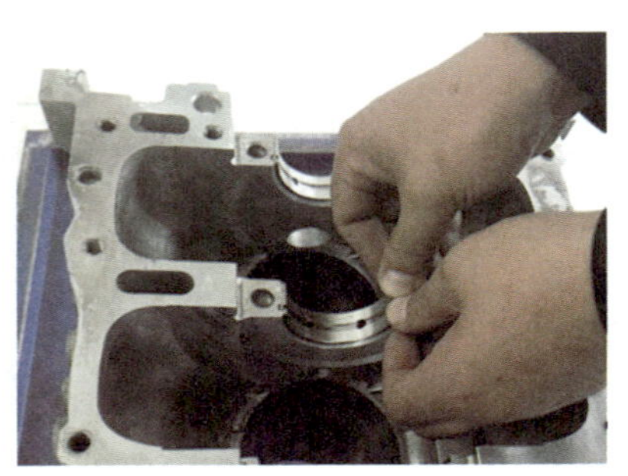	1．安装曲轴上轴瓦。
	提示： ◆ 注意安装方向。
	2．在气缸体侧面安装铁片。 提示： ◆ 因该车型的气缸体材质是铝合金，无法安装磁性表座，因此需要安装铁片。
	3．安放曲轴。 提示： ◆ 注意轻拿轻放，以免损伤零件。

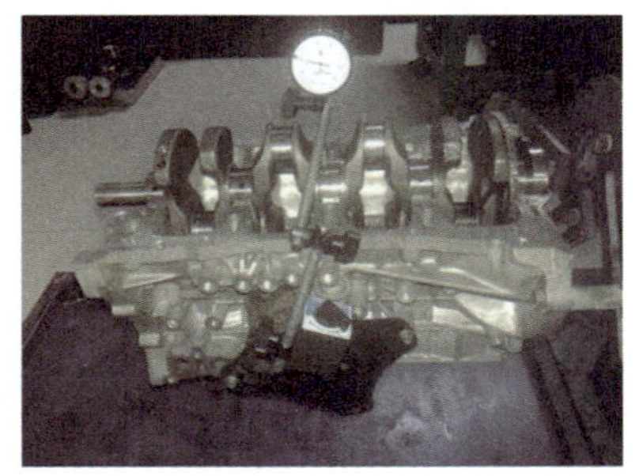	4．安装磁性表座。 5．安装百分表表头并调零。 提示： ◆ 清洁、检查百分表表头后安装。 ◆ 预压 1 ～ 2 mm，使大指针指在零位。
	提示： ◆ 检测第三道主轴颈的径向跳动量。 ◆ 百分表触针要垂直于曲轴主轴颈并避开油孔。
	6．转动曲轴，观察百分表指针摆动量并记录。 提示： ◆ 应缓慢、平稳地转动曲轴。
	7．拆下百分表。 提示： ◆ 需先松开测量杆并退出一定距离，然后拆下百分表吸盘。

<table>
<tr><th colspan="2">六、测量曲轴径向间隙</th></tr>
<tr><td>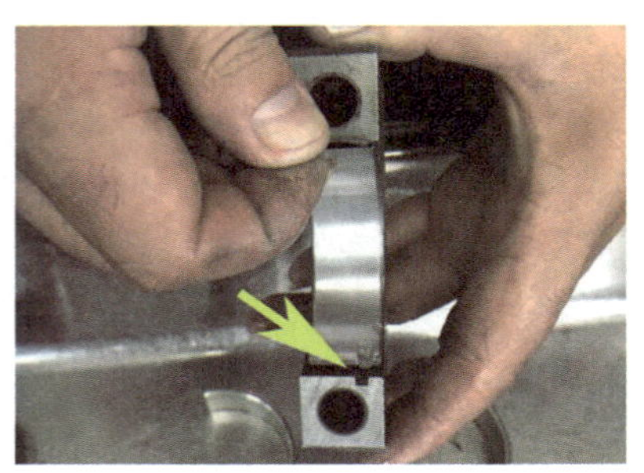</td><td>1．将曲轴下轴瓦安装到轴瓦盖中。
提示：
◆ 注意轴瓦的安装方向。</td></tr>
<tr><td></td><td>2．在主轴颈上放置塑料间隙规。
提示：
◆ 剪取与轴瓦宽度相同的塑胶间隙规，与轴颈平行放置。
◆ 不可涂抹润滑油。</td></tr>
<tr><td></td><td>3．安放曲轴轴瓦盖。
4．用手预紧轴瓦盖螺栓 2 ～ 3 圈。
提示：
◆ 螺栓使用前应涂抹润滑油。</td></tr>
<tr><td></td><td>提示：
◆ 注意轴瓦的方向和顺序标记。
◆ 箭头应朝向发动机前方。</td></tr>
</table>

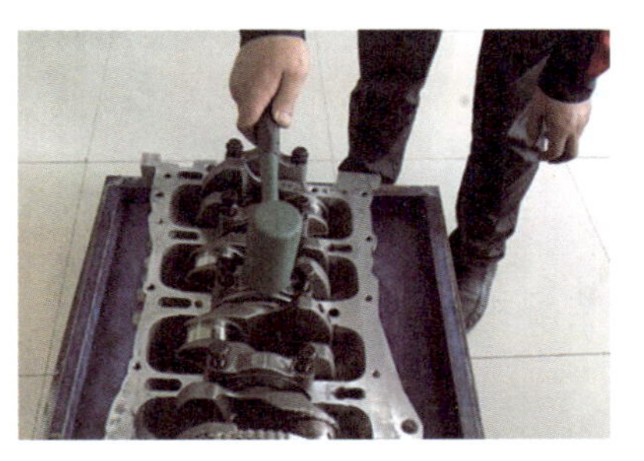	5．轻敲轴瓦盖使其复位。 提示： ◆ 使用橡胶锤或铜棒轻敲。
	6．按顺序将轴瓦盖螺栓拧至规定力矩。 提示： ◆ 第一次：15 N · m。 ◆ 第二次：30 N · m。
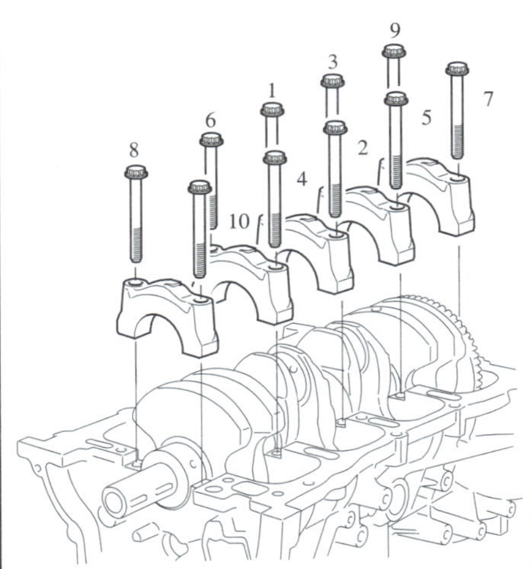	提示： ◆ 轴瓦盖螺栓拧紧顺序见左图。
	7．按顺序将螺栓拧至规定角度。 提示： ◆ 规定角度为 120° ~ 125°。

	8．按顺序分两三次旋松轴瓦盖螺栓，取下轴瓦盖。 提示： ◆ 按螺栓装配相反顺序，按由外向内、对角的顺序拆卸。 ◆ 整个操作过程不可转动曲轴。
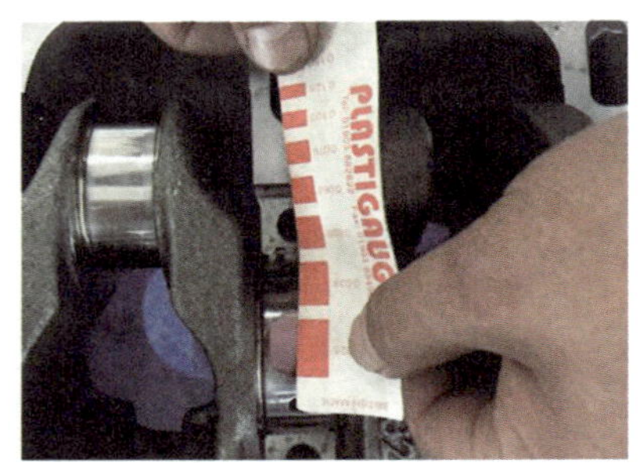	9．使用塑料间隙规袋上的量尺，对比测量被压扁的塑料最宽点的宽度，换算成径向间隙值。 提示： ◆ 如果其值不在规定范围内，需更换轴瓦。
	10．清洗曲轴下轴瓦。 提示： ◆ 使用化油器清洗剂清洗。
	11．清洁曲轴下轴瓦。 提示： ◆ 使用吸油纸清洁。

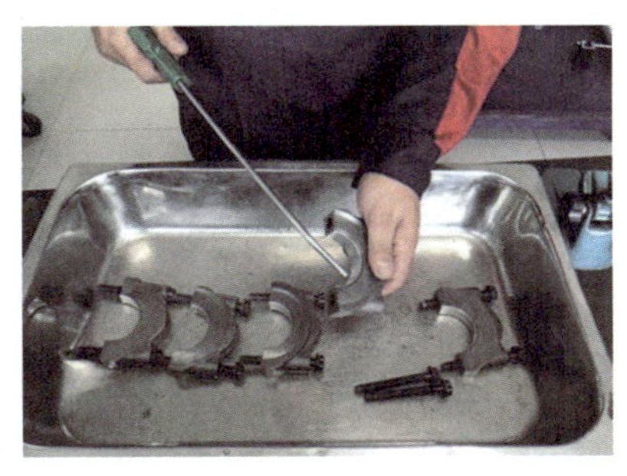	12．使用压缩空气吹干曲轴下轴瓦。
	13．清洗主轴颈。 提示： ◆ 使用化油器清洗剂清洗。
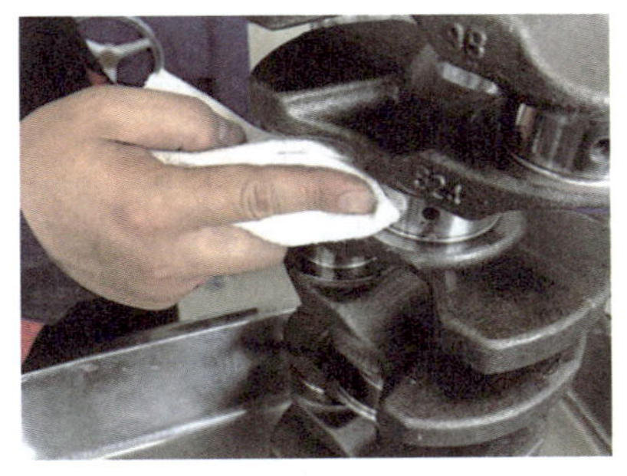	14．清洁主轴颈。 提示： ◆ 使用吸油纸清洁。
	15．使用压缩空气吹干主轴颈。

七、测量曲轴轴向间隙

	1．安放曲轴和曲轴止推垫片。 提示： ◆ 曲轴止推垫片安装在第三道主轴颈。 ◆ 曲轴止推垫片的油槽在曲柄侧。 ◆ 不可加润滑油。
	2．安装曲轴轴承盖。 提示： ◆ 步骤和要求参照上述内容。
	3．清洁曲轴前端面。 提示： ◆ 使用抹布清洁即可。
	4．安装磁性表座和表头。 提示： ◆ 表杆垂直顶在曲轴前端面。 5．将百分表表头调零。 提示： ◆ 清洁、检查百分表表头后安装。 ◆ 预压 1 ～ 2 mm，使大指针指在零位。

	6．按轴向方向，前后撬动曲轴，分别记录数据。 提示： ◆ 专用工具工作端应用胶带缠绕保护。 ◆ 两数据差即为曲轴轴向窜动量。
	7．测量结束后拆下百分表。 提示： ◆ 需先松开测量杆并退出一定距离，然后拆下百分表吸盘。
	8．拆卸轴瓦盖螺栓。 提示： ◆ 步骤和要求参照上述内容。
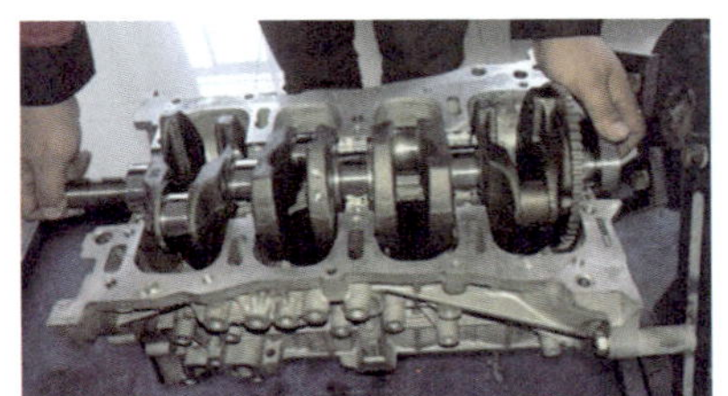	9．取下轴瓦盖。 10．取出曲轴。 提示： ◆ 注意轻拿轻放。

曲轴直径测量记录表见表3—4—1，曲轴轴向间隙、径向间隙测量记录表见表3—4—2。

表3—4—1　　曲轴直径测量记录表　　mm

<table>
<tr><td rowspan="2">位置</td><td colspan="2">第一道</td><td colspan="2">第二道</td><td colspan="2">第三道</td><td colspan="2">第四道</td><td colspan="2">第五道</td></tr>
<tr><td>前</td><td>后</td><td>前</td><td>后</td><td>前</td><td>后</td><td>前</td><td>后</td><td>前</td><td>后</td></tr>
<tr><td rowspan="2">曲轴主轴颈</td><td></td><td></td><td></td><td></td><td></td><td></td><td></td><td></td><td></td><td></td></tr>
<tr><td></td><td></td><td></td><td></td><td></td><td></td><td></td><td></td><td></td><td></td></tr>
<tr><td rowspan="2">连杆轴颈</td><td></td><td></td><td></td><td></td><td></td><td></td><td></td><td></td><td></td><td></td></tr>
<tr><td></td><td></td><td></td><td></td><td></td><td></td><td></td><td></td><td></td><td></td></tr>
<tr><td>曲轴径向跳动量</td><td colspan="2"></td><td colspan="2"></td><td colspan="2"></td><td colspan="2"></td><td colspan="2"></td></tr>
<tr><td>修理建议</td><td colspan="10"></td></tr>
</table>

表3—4—2　　曲轴轴向间隙、径向间隙测量记录表　　mm

<table>
<tr><td>测量名称</td><td>标准值</td><td>测量值</td></tr>
<tr><td>曲轴轴向间隙</td><td></td><td></td></tr>
<tr><td>检测结果分析</td><td colspan="2"></td></tr>
<tr><td>曲轴径向间隙</td><td></td><td></td></tr>
<tr><td>检测结果分析</td><td colspan="2"></td></tr>
</table>

考评标准表——清洗、检测曲轴

时间：45 min

项目	分值	评分标准与指导	评价结果
工、量具准备	5	工、量具准备不齐全、不正确，酌情扣分	
清洗曲轴	5	方法不正确，扣5分；清洗不到位，酌情扣分；操作过程中违规，酌情扣分	
清洗轴瓦、轴瓦盖	5	方法不正确，扣5分；清洗不到位，酌情扣分；操作过程中违规，酌情扣分	
检测连杆轴颈	15	数据误差为0.02 mm，一个扣5分；结论错扣15分；操作过程中违规，酌情扣分	

续表

项目	分值	评分标准与指导	评价结果
检测主轴颈	15	数据误差为0.02 mm，一个扣5分；结论错扣15分；操作过程中违规，酌情扣分	
检测曲轴轴向间隙	20	数据误差为0.02 mm，一个扣5分；结论错扣20分；操作过程中违规，酌情扣分	
检测曲轴径向间隙	20	数据误差为0.02 mm，一个扣5分；结论错扣20分；操作过程中违规，酌情扣分	
正确使用工、量具	5	使用不当酌情扣分，并指正	
安全文明操作	10	零件、工具落地，一次扣2分；不清理、整理工具，每件扣1分	
遵守相关安全操作规范		因违规操作发生人身和设备事故，终止考核，成绩按0分计 超时每分钟扣2分，超时10分钟终止考核	
分数合计	100		

课题四 组装发动机

任务1 组装曲柄连杆机构

实训目标

1. 了解活塞连杆组的工作原理。
2. 了解曲轴轴瓦和止推垫片的工作环境和损坏原因。
3. 能分析曲柄连杆机构的故障。
4. 能正确选择相关工具对曲柄连杆机构进行组装。
5. 掌握曲柄连杆机构的安装方法及注意事项。
6. 操作步骤应符合相关工艺要求。

实训准备

1. 设备：发动机总成、发动机翻转台架、零件桌、工具柜。
2. 材料：常用工具、清洗剂、橡胶锤、抹布等。
3. 资料：维修手册、配套学习材料。
4. 场地：汽车发动机拆装（一体化）实训室。

工作任务

一辆轿车行驶了126 000 km后，发动机需要进行大修检查。经过维修人员的拆卸修理，需要对发动机进行重新组装。作为一名汽车维修工，应能熟练维修发动机机械部分。本任务要求学生了解曲柄连杆机构的装配关系，并在此基础上能够正确安装曲柄连杆机构。

知识储备

一、活塞连杆组的工作原理

活塞连杆组是发动机的传动件，它把燃烧气体的压力传给曲轴，使曲轴旋转并输出动力。活塞连杆组主要由活塞、活塞环、活塞销及连杆等组成，活塞连杆组把燃烧气体的压力传给曲轴，使曲轴旋转并输出动力；活塞的顶部还与气缸盖、气缸体共同组成燃烧室。活塞的顶部直接与高温燃气接触，活塞的温度也很高，高温使活塞的机械性能下降，热膨胀量增加。在做功行程中，活塞承受燃气的高压冲击（3 ~ 5 MPa），在气缸中高速运动，平均速度达到 8 ~ 12 m/s，要求活塞质量小、热膨胀系数小、导热性好且耐磨损。活塞材料一般采用铝合金，个别柴油机也有采用高级铸铁或耐热钢的。

活塞、连杆最基本的功能是连接活塞和曲轴，把活塞的直线运动转变为曲轴的旋转运动。在发动机运转时连杆会承受油气燃烧产生的爆发力，该爆发力会使连杆有扭曲的趋势，连杆也是所有发动机组件中承受负荷最大的组件。由于连杆将活塞的直线运动转变为曲轴的旋转运动，因此在活塞上下运转时连杆会不断地加速及减速，尤其在活塞抵达上止点时连杆的动方向会由向上突然减速至停止，并立刻改变运动方向，因此最容易造成连杆的损伤。

二、曲轴轴瓦和止推垫片

1. 轴瓦所处的工作环境

为了减小摩擦阻力和曲轴连杆轴颈的磨损，连杆大头孔内装有瓦片式滑动轴承，简称连杆轴瓦。轴瓦分上、下两个半片，目前多采用薄壁钢背轴瓦，在其内表面浇铸有耐磨合金层。耐磨合金层具有质软、容易保持油膜、磨合性好、摩擦阻力小、不易磨损等特点。耐磨合金常采用的有铜铝合金、高锡铝合金、巴氏合金。连杆轴瓦的背面有很高的光洁度。半个轴瓦在自由状态下不是半圆形，当把它们装入连杆大头孔内时又有过盈，故能均匀地紧贴在大头孔壁上，具有很好的承受载荷和导热的能力，并可以提高工作可靠性和延长使用寿命。

连杆轴瓦上制有定位凸键，供安装时嵌入连杆大头和连杆盖的定位槽中，以防轴瓦前后移动或转动；有的轴瓦上还制有油孔，安装时应与连杆上相应的油孔对齐。发动机工作时，轴瓦将承受各运动件传递的冲击力，不仅不能磨损相邻零件，还要承载最大载荷，不但要保证自身的强度，还要具有较好的抗冲击力，抗润滑油酸性物质腐蚀及电腐蚀等能力。

2. 止推垫片的定义、形状及材料

止推垫片又称止推滑动轴承，在发动机中主要起曲轴轴向支撑的作用，在保证曲轴周向转动的同时，阻止曲轴轴向窜动。曲轴止推垫片根据形状的不同有止推垫片和翻边主轴瓦之分。一般采用半圆环形止推垫片，一台发动机为 4 片，以两个半圆环为一组，分上、下片，一般下片设有一个定位舌或定位孔；翻边主轴瓦为 2 片，翻边侧面起到止推面的作用。

止推垫片的材料，常用的有铝合金与钢的复合金属板和铜合金与钢的复合金属板，也有选用全铝合金或全铜合金的。常用止推垫片的止推表面镀有 0.45 ~ 0.75 mm 厚的合金层，如图 4—1—1 所示。

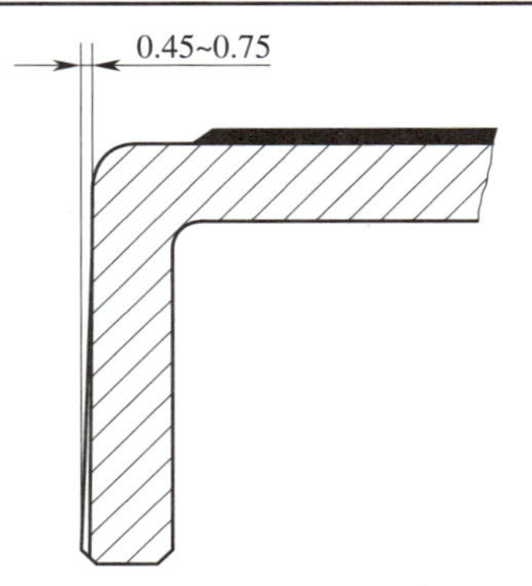

图 4—1—1　止推垫片表面镀金材料

3. 曲轴止推垫片所处的工作环境

发动机轴瓦、止推垫片是发动机的主要摩擦副，承受很高的动载荷，是发动机运行中处于最恶劣的工况下工作的零件。80% 以上的发动机故障均与轴瓦、止推垫片等摩擦副的磨损有关，而磨损故障的最直接、最根本的原因往往是润滑失效。滑动轴承（止推垫片）系统实际上是一个相对作用且相互牵连的若干元素的有机结合，作为摩擦副的止推垫片，设有油槽的一面与曲轴端平面的相对运动的表面之间，始终要求存在足够厚度的、完整的、连续的油膜，并保持与曲轴有一定的轴向间隙。止推垫片的正常工作必须保持的主要条件是：止推工作面有油槽或油穴，能抵抗和缓解短暂的缺油而避免干摩擦；适宜的工作间隙，工作时能产生足够厚度的完整油膜；有流动的油膜带走因摩擦产生的热量，防止因高温使润滑油变质。

4. 曲轴止推垫片的安装要求

曲轴止推垫片在发动机内是一个较小的精密零件，它的作用是保护曲轴，同时起定位作用。曲轴止推垫片为易损零件，硬度较低（HB30 ~ HB40），而曲轴硬度高出它近十倍（HB240 ~ HB320）。所以止推垫片安装的正确与否直接关系到曲轴甚至是发动机的使用寿命。

止推垫片的安装要求：

（1）在安装前要在止推垫片钢背上涂抹润滑脂。润滑脂的作用是将止推垫片粘在机体、主轴承盖或者曲轴箱的止推槽上，防止在安装过程中止推垫片掉落。

（2）辨别正反面，不可装反。止推垫片的正面是合金面，硬度较低，并开有油槽或油穴；背面是钢，硬度很高，与曲轴相当。装反会导致止推垫片和曲轴快速磨损。

（3）保持合理的装配间隙。大中型发动机曲轴轴向间隙为 0.12 ~ 0.25 mm，小型发动机曲轴轴向间隙可取 0.08 ~ 0.15 mm。安装主轴承螺栓前及拧紧后，均要用百分表测量曲轴轴向间隙是否符合要求。过大或过小的曲轴轴向间隙都会使发动机不能正常、稳定的工作。

5. 止推垫片异常磨损、脱落的原因

（1）气缸体主轴承孔与止推垫片处安装面加工不合格，垂直度、平面度差。

（2）曲轴主轴颈与止推面处加工不合格，垂直度、平面度差，止推面粗糙度达不到要求。

（3）止推垫片合金层材料不合格，止推垫片壁厚不符合要求。

上述原因都会造成止推垫片与曲轴止推面之间间隙过大或过小，止推垫片合金面与曲轴止推面局部接触或线接触，出现无油摩擦和干摩擦现象。

三、曲柄连杆机构故障分析

曲柄连杆机构是发动机实现热能与机械能相互转换的主要机构。在发动机运转时，曲柄连杆机构的零部件承受高温、高压、高速摩擦和各种冲击负荷带来的损伤，易导致发动机出现故障。

1. 曲轴轴承响

（1）故障现象

1）当发动机转速突然变化时，会听到明显而沉重的连续“突突”声，并伴有发动机抖动现象。

2）发动机的转速升高，响声增大；发动机负荷变化时响声明显。

（2）故障原因

1）曲轴轴承盖螺栓松动。

2）轴承间隙过大。

3）轴承合金烧蚀或脱落。

（3）检查方法

1）提高发动机转速，在深踩加速踏板时，响声会随着转速升高而变大，改变转速的同时在轴承部位听其声音，其响声较大，出现沉重的“嘎嘎”声，而且发动机有抖动现象。

2）当轴承间隙过大时，机油压力会显著下降。

3）发动机刚启动时，因轴承与轴颈之间的油膜黏度较大，所以响声较小；随着发动机温度升高后，油膜黏度减小，而响声则会增大。

2. 连杆轴承响

（1）故障现象

连杆轴承响是一种较重而短促的金属敲击声。中速时响声明显，高速时因其他杂音干扰而不明显。

（2）故障原因

1）连杆轴承盖螺栓松动或折断。

2）连杆轴承磨损严重，径向间隙过大。

3）轴承合金脱落或烧蚀。

（3）检查方法

1）发动机中速运转时，轻踩加速踏板有连续的敲击声，响声随着转速的升高而变大，随着转速的降低而变小。严重时，在发动机周围可以听到“嗒嗒”的响声。

2）将发动机转速控制在响声明显的位置，进行逐缸断火试验。响声随着断火立即减弱或消失，即为该缸连杆轴承响。

3）冷车时，响声清晰；热车时，润滑油稀薄，响声变大；改变发动机转速时响声显著。

4）在增加发动机负荷时，响声会随着发动机负荷的增加而加剧。

3. 发动机拉缸

（1）故障现象

新车或经过大修的车辆在磨合期容易产生拉缸现象。发动机拉缸后，在怠速运转时，有“嗒嗒”的响声，而发动机温度升高后，响声不但没消失，反而还会加重，并且发动机稍有抖动现象。怠速时，从润滑油加注口可听到近似敲缸的声音。

（2）故障原因

1）装配发动机时，气缸内和活塞连杆组清洁不良。

2）活塞和气缸壁配合间隙过小。

3）活塞和活塞销配合过紧而变形。

（3）检查方法

1）轻微拉缸时，一般不宜听到异响，但可在润滑油加注口处听到曲轴箱内发出一种窜气声。

2）拉缸严重时，发动机怠速时便可明显地听到敲缸声和窜气声。同时，还可观察到发动机水温上升、机油压力降低、润滑油加注口冒烟、发动机动力明显减退、机器抖动等现象。

4. 活塞偏缸

（1）故障现象

当活塞连杆组中有关机件的形位公差不符合技术要求，将导致活塞在气缸中运动时，不是靠向气缸左右侧做平行于气缸中心线的直线运动（即居中位置上下运动），而是靠向气缸的前后侧，这种现象称为活塞偏缸。

（2）故障原因

1）镗缸定位不准，致使气缸中心线与曲轴主轴颈中心线垂直度误差超限。连杆弯曲造成的大、小头承孔中心线平行度误差和连杆轴颈与主轴颈两中心线的平行度误差超限。

2）气缸体或气缸盖变形，使气缸中心线对曲轴主轴承中心线的垂直度误差超限。曲轴产生弯扭变形及未按技术规范进行检修，使连杆轴颈中心线与主轴颈中心线不在同一平面内。

3）连杆衬套加工不符合技术要求，未进行偏斜校正，活塞销孔铰削不正，活塞销中心线与活塞中心线不垂直等。

5. 活塞敲缸

（1）故障现象

1）在发动机怠速运转时，在气缸上部能听到“嗒嗒”的连续不断的金属敲击声。

2）发动机温度低时响声大，发动机温度升高后响声减小或消失。

3）单缸断火，响声减弱或消失。

4）发动机点火一次，响声出现两次。

（2）故障原因

1）活塞与气缸壁因磨损而间隙过大；活塞在气缸内摆动，撞击气缸壁发出响声。

2）连杆弯曲。

3）活塞与活塞销装配过紧而变形。

4）连杆轴承装配过紧。

（3）检查方法

1）在发动机低转速时进行逐缸断火试验，断火后响声减弱或消失，即为该缸响。

2）发动机怠速时，敲缸声明显而清晰；随着发动机温度升高或转速提高到中速以上时，响声减弱或消失。

3）用金属棒或长柄螺钉旋具抵在发动机的一侧听其声音，响声明显，并略有振动感。

任务实施

一、操作前的准备工作

	1．将工位清理干净，准备好相关的工具、物品等。 2．准备好发动机翻转台架，并安全固定。 提示： ◆ 培养良好的工作习惯，做好事前准备，有利于安全操作和提高工作效率。

二、清洁气缸体

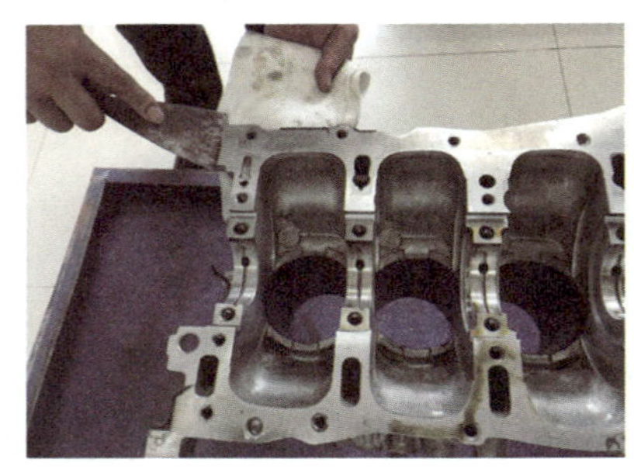	1．使用铲刀清理气缸体下平面。 提示： ◆ 清理残留的密封胶。
	2．使用抹布清洁气缸体下平面。
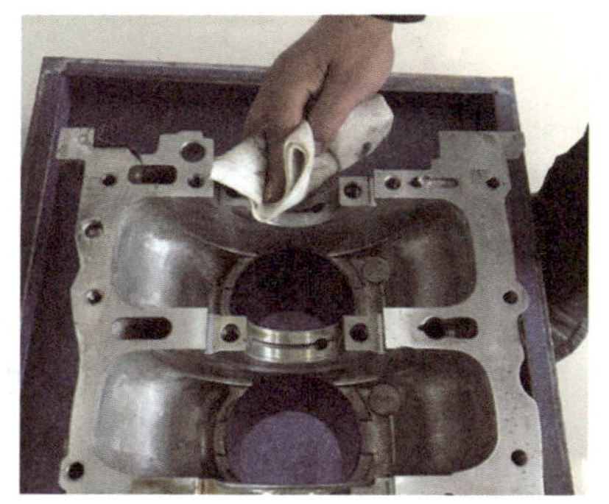	3．用吸油纸清洁曲轴轴瓦槽。

<table>
<tr><td>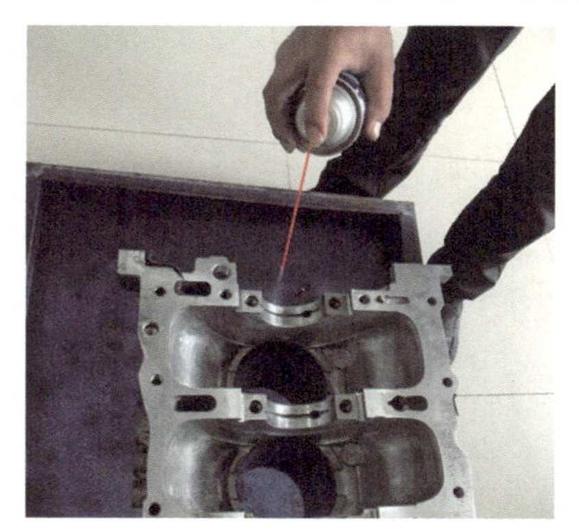</td><td>4．清洗曲轴轴瓦槽。
提示：
◆ 使用化油器清洗剂清洗。</td></tr>
<tr><td>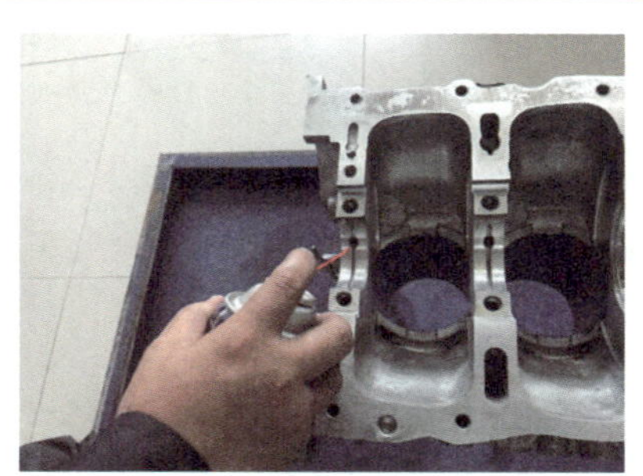</td><td>5．清洗曲轴轴瓦槽油孔。
提示：
◆ 使用化油器清洗剂清洗。
◆ 防止油孔堵塞。</td></tr>
<tr><td>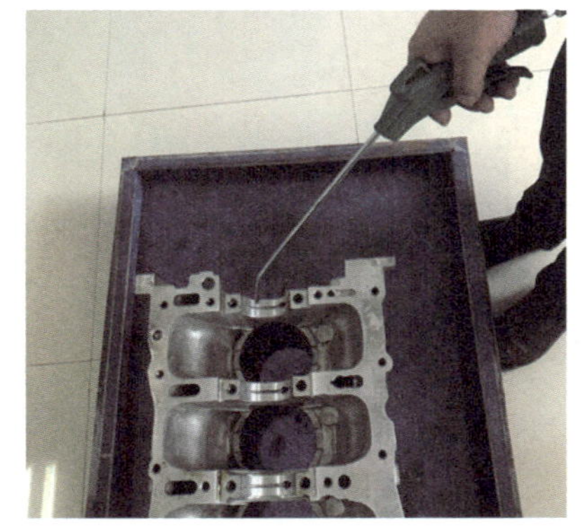</td><td>6．使用压缩空气吹干曲轴轴瓦槽和轴瓦槽油孔。</td></tr>
<tr><td colspan="2">三、清洁曲轴轴瓦</td></tr>
<tr><td></td><td>1．用吸油纸清洁曲轴上轴瓦。</td></tr>
</table>

	2．清洗曲轴上轴瓦。 提示： ◆ 使用化油器清洗剂清洗。
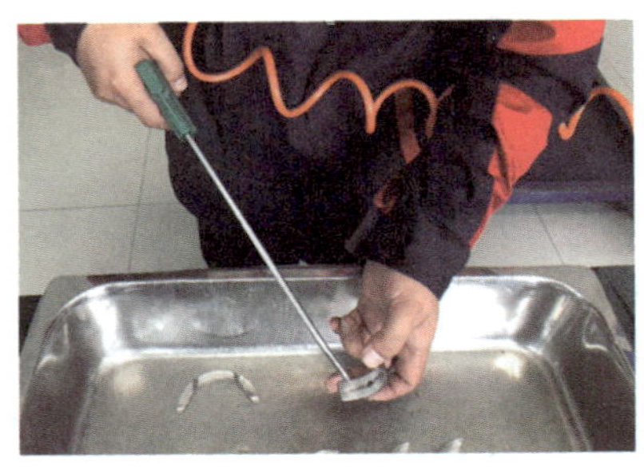	3．使用压缩空气吹干曲轴上轴瓦。
四、清洁曲轴	
	1．清洗曲轴轴颈。 提示： ◆ 使用化油器清洗剂清洗。
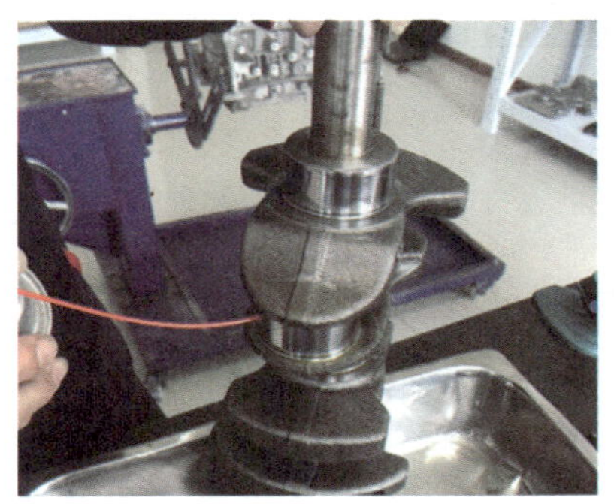	2．清洗曲轴油孔。 提示： ◆ 使用化油器清洗剂清洗。

	3．使用压缩空气吹干曲轴轴颈和油孔。
五、安装、润滑曲轴轴瓦	
	1．依次安装曲轴上轴瓦。
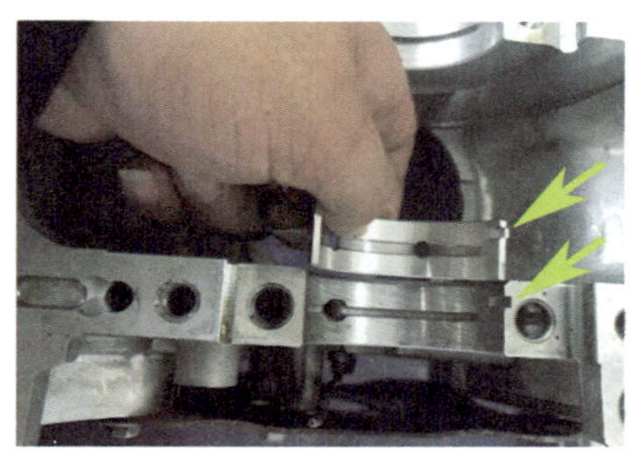	提示： ◆ 注意轴瓦的方向。
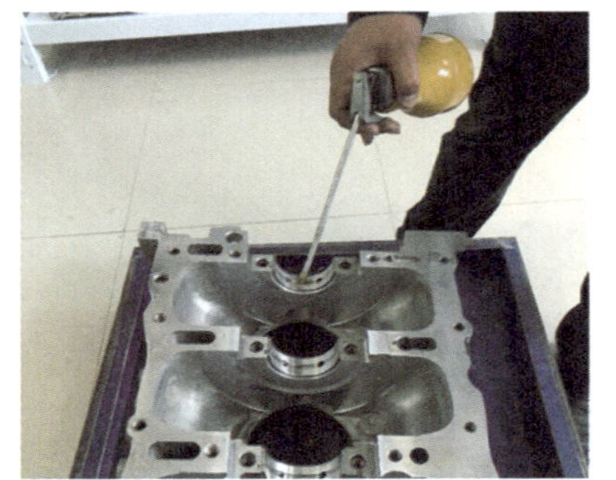	2．在曲轴上轴瓦上涂抹适量的润滑油。

六、安装曲轴、曲轴止推垫片	
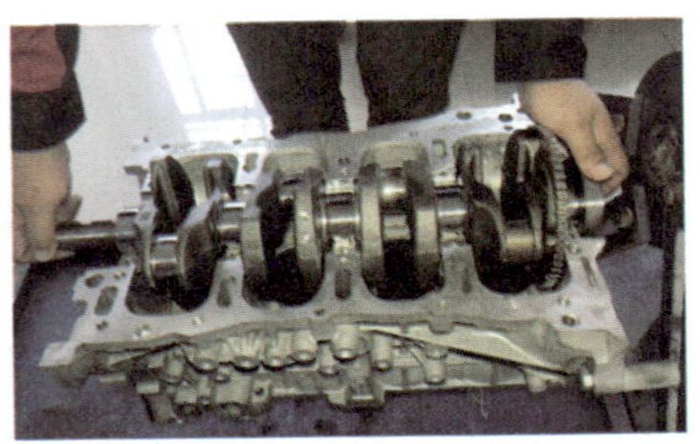	1．安装曲轴。 提示： ◆ 注意轻拿轻放。
	2．安装曲轴止推垫片。 提示： ◆ 在止推垫片上涂抹润滑油后安装到第三道轴瓦槽。 ◆ 止推垫片上的油槽应朝向曲柄。
七、清洁曲轴下轴瓦和轴瓦盖	
	1．用吸油纸清洁曲轴下轴瓦。
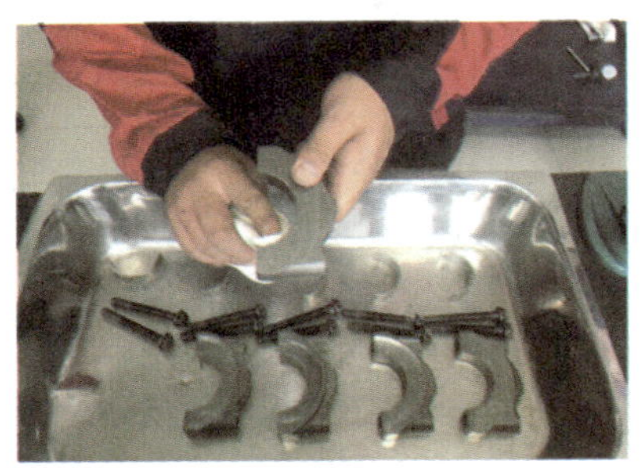	2．用吸油纸清洁曲轴轴瓦盖。

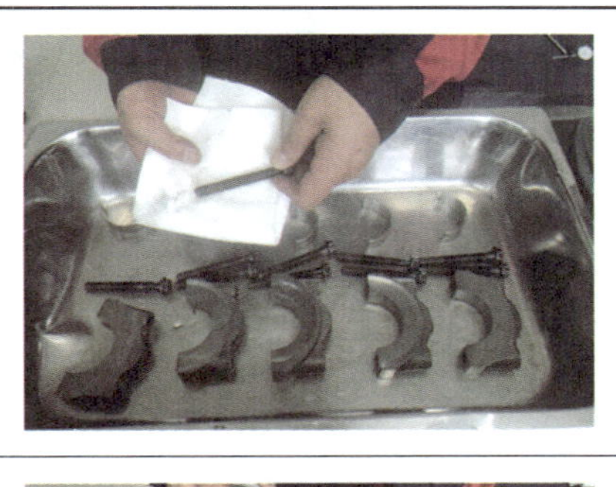	3．用吸油纸清洁曲轴轴瓦盖固定螺栓。
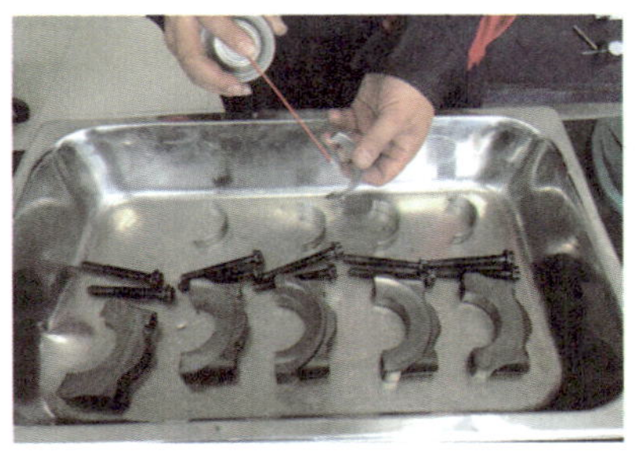	4．清洗曲轴下轴瓦。 提示： ◆ 使用化油器清洗剂清洗。
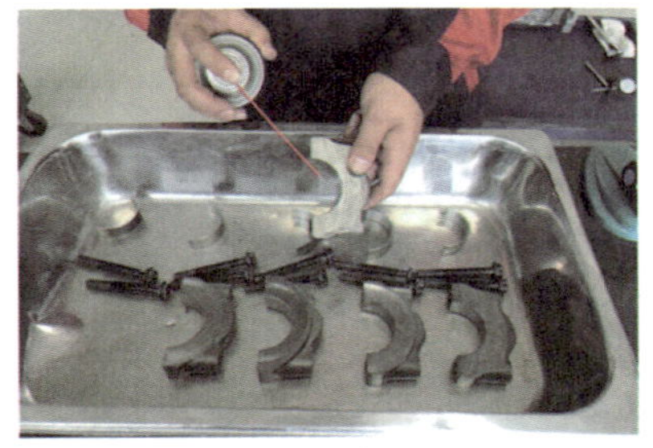	5．清洗曲轴轴瓦盖。 提示： ◆ 使用化油器清洗剂清洗。
	6．使用压缩空气吹干曲轴下轴瓦。
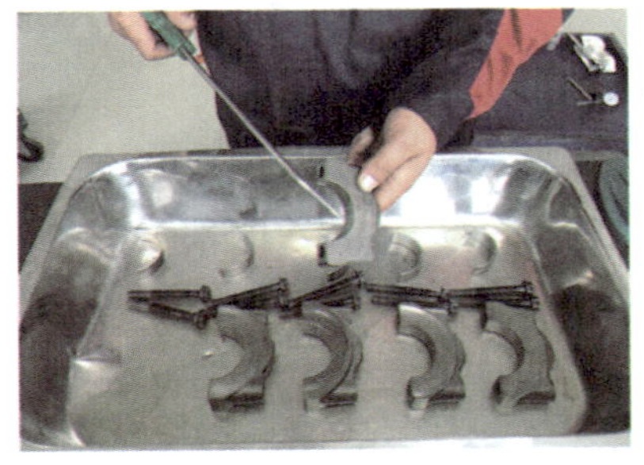	7．使用压缩空气吹干曲轴轴瓦盖。

八、安装曲轴轴瓦盖	
	1. 安装下轴瓦。 提示： ◆ 注意轴瓦的安装方向。
	2. 安装曲轴轴瓦盖。 提示： ◆ 安装前应在曲轴主轴颈上涂抹适量的润滑油。 ◆ 注意轴瓦盖的方向和顺序。 ◆ 箭头应指向发动机前方。
	3. 用手预紧轴瓦盖固定螺栓 2 ～ 3 圈。 提示： ◆ 安装前应在螺栓螺纹处涂抹润滑油。
	4. 敲击轴瓦盖使其复位。 提示： ◆ 使用橡胶锤依次轻敲各道轴瓦盖正中位置。

<table>
<tr>
<td>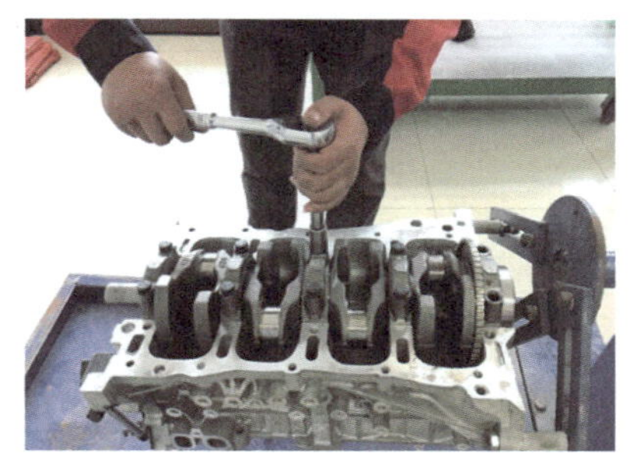</td>
<td>5. 预紧轴瓦盖固定螺栓。
提示：
◆ 可使用棘轮扳手或快速扳手预紧。</td>
</tr>
<tr>
<td>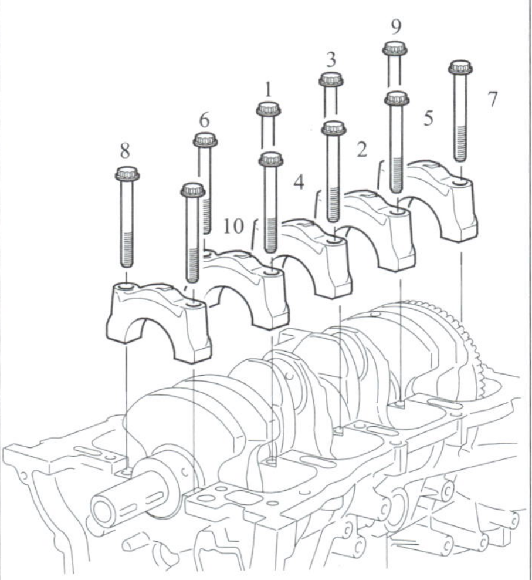
</td>
<td>提示：
◆ 轴瓦盖固定螺栓的安装顺序见左图。</td>
</tr>
<tr>
<td></td>
<td>6. 按顺序分 2 次拧紧曲轴轴瓦盖固定螺栓。
提示：
◆ 第一次拧紧力矩为 15 N · m。
◆ 第二次拧紧力矩为 30 N · m。</td>
</tr>
<tr>
<td></td>
<td>7. 按顺序将螺栓拧紧至规定角度。
提示：
◆ 角度为 120° ~ 125°。
◆ 安装完成后转动曲轴 2 圈。如果曲轴转动灵活，表明装配良好；否则，需重新装配、调整。</td>
</tr>
</table>

<table>
<tr><th colspan="2">九、安装曲轴后油封</th></tr>
<tr><td>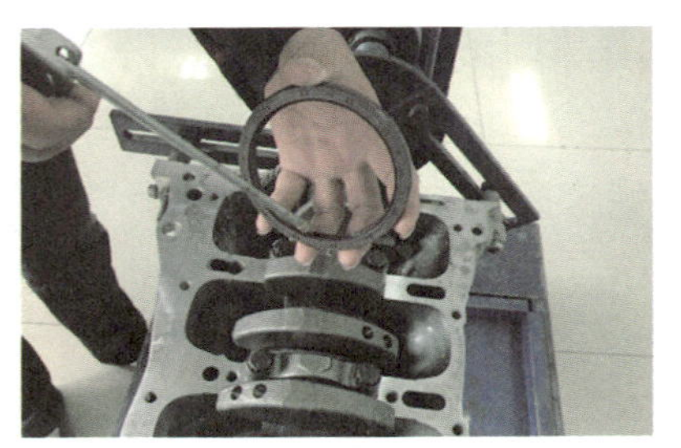</td><td>1．在曲轴后油封上涂抹润滑油。
提示：
◆ 曲轴后油封不可重复使用，需更换新件。</td></tr>
<tr><td></td><td>2．安装曲轴后油封。
提示：
◆ 双手同时用力，以防损坏油封。</td></tr>
<tr><th colspan="2">十、安装活塞</th></tr>
<tr><td>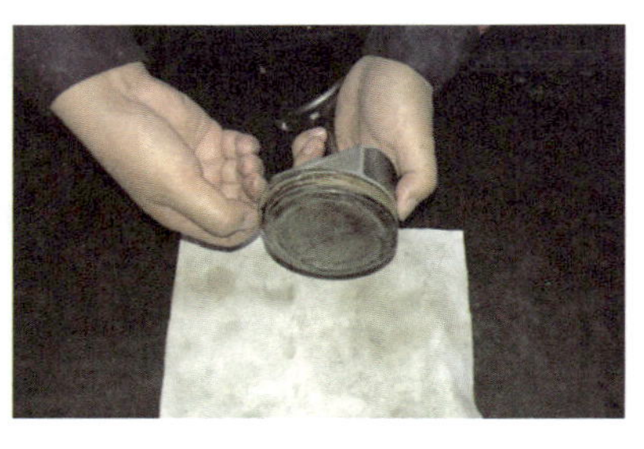</td><td>1．安装活塞环组合油环。
提示：
◆ 用手先安装布油环再安装刮油环。</td></tr>
<tr><td></td><td>2．安装活塞环气环。
提示：
◆ 用活塞环拆装钳先安装第二道气环，再安装第一道气环。
◆ 注意活塞环的方向。</td></tr>
</table>

	3．调整活塞环环口位置。
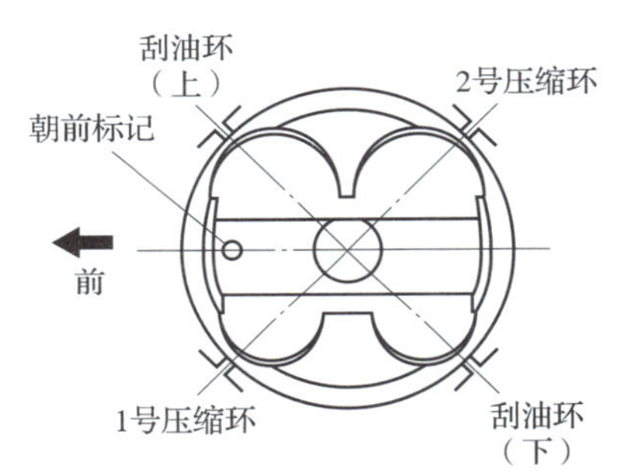	提示： ◆ 活塞环开口方向见左图。

十一、安装活塞

	1．在气缸壁上涂抹适量的润滑油。
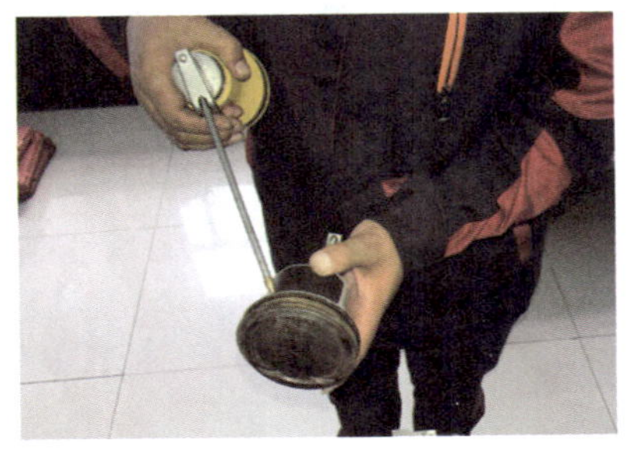	2．在活塞环上涂抹适量的润滑油。

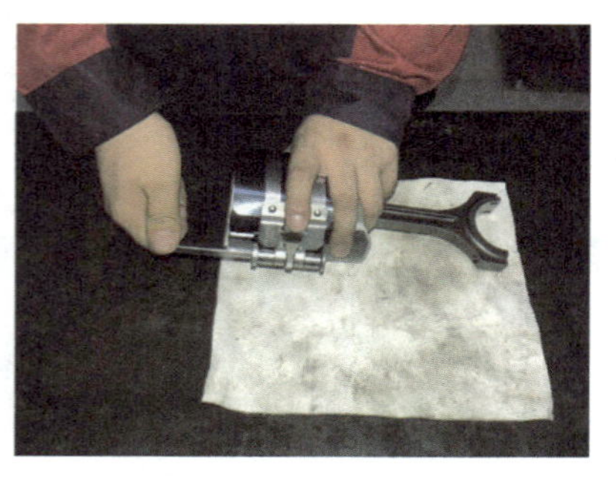	3．用活塞环卡箍卡紧活塞。
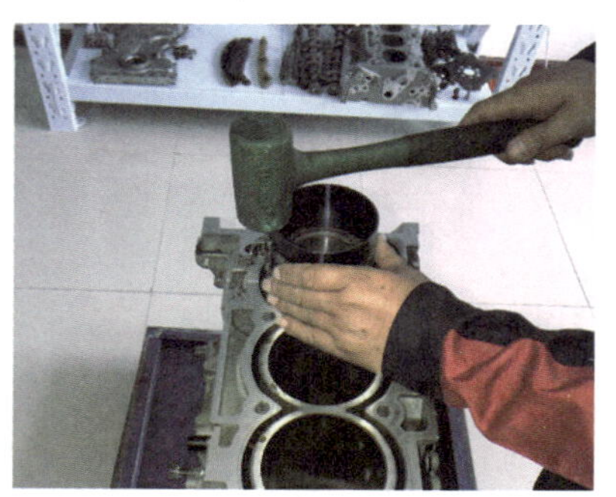	4．将1缸曲轴置于下止点，将1缸活塞放入气缸，用橡胶锤轻敲活塞环卡箍顶部。 提示： ◆ 将活塞环卡箍的边沿修整平齐。 ◆ 注意活塞的方向和顺序。 ◆ 活塞不可互换使用。
	5．将活塞轻轻敲入气缸体。 提示： ◆ 用橡胶棒或木棒将活塞推至下止点位置。
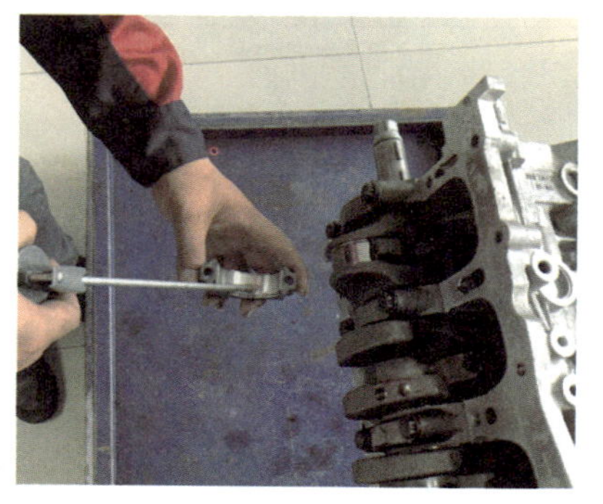	6．清洁连杆轴瓦，在其上涂抹适量的润滑油。

	7．安装连杆轴瓦盖。 提示： ◆ 注意连杆轴瓦盖的方向和顺序。 ◆ 连杆轴瓦盖不可互换使用。
	8．预紧连杆固定螺栓。 提示： ◆ 因连杆固定螺栓属于安全件，所以不提倡重复使用，需更换新件。 ◆ 安装前应在螺栓螺纹上涂抹润滑油。
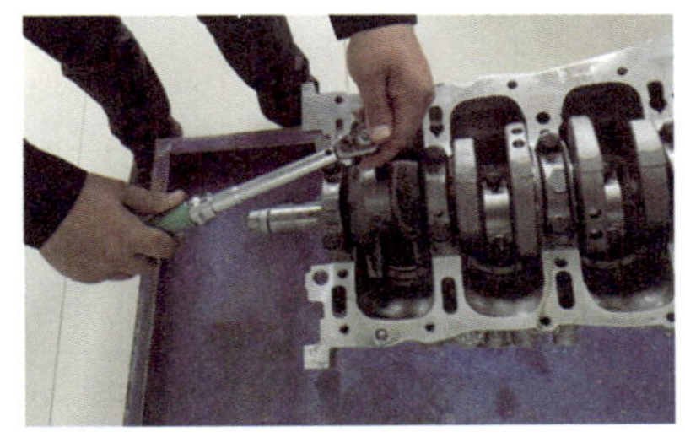	9．按规定力矩拧紧连杆固定螺栓。 提示： ◆ 分 2 ~ 3 次轮流将 2 个固定螺栓拧紧至规定力矩 20 N·m。
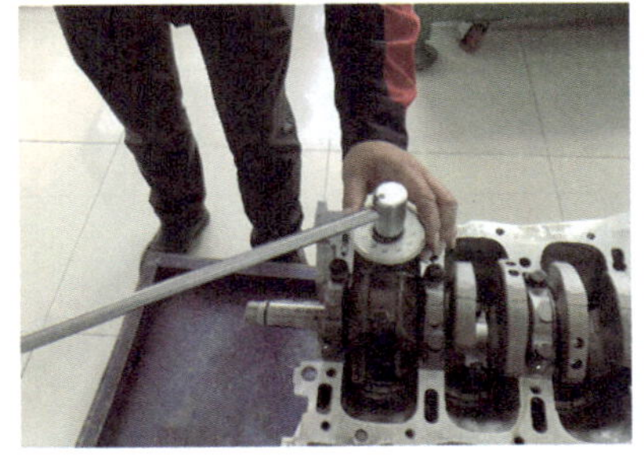	10．将固定螺栓拧紧至规定角度。 提示： ◆ 角度为 88° ~ 92°。

<table>
<tr><td></td><td>11．安装其余活塞。
提示：
◆ 步骤和要求同前。
◆ 每安装一缸活塞，需转动曲轴检查。如果曲轴转动灵活，表明装配良好；否则，需重新装配、调整。</td></tr>
</table>

考评标准表——组装曲柄连杆机构

时间：45 min

项目	分值	评分标准与指导	评价结果
工具准备	10	工具准备不齐全、不正确，酌情扣分	
清洁零部件	10	未清洁，一个零件扣 5 分；清洁不到位，一个零件扣 2 分；操作过程中违规，酌情扣分	
安装上、下曲轴轴瓦	5	装配错误，扣 5 分；操作过程中违规，酌情扣分	
安装曲轴止推垫片	5	未润滑，扣 5 分；安装错误，扣 5 分；操作过程中违规，酌情扣分	
安装曲轴	20	未润滑，扣 5 分；未按顺序拧紧螺栓，扣 10 分；拧紧力矩不正确，扣 10 分；操作过程中违规，酌情扣分	
安装曲轴后油封	5	未润滑，扣 5 分；安装错误，扣 5 分；操作过程中违规，酌情扣分	
安装活塞环	5	活塞环开口位置错误，扣 5 分；活塞环方向错误，扣 5 分；操作过程中违规，酌情扣分	
安装活塞	20	未润滑，扣 5 分；未按顺序拧紧螺栓，扣 10 分；拧紧力矩不正确，扣 10 分；操作过程中违规，酌情扣分	
正确使用工具	10	使用不当酌情扣分，并指正	
安全文明操作	10	零件、工具落地，一次扣 2 分；不清理、整理工具，每件扣 1 分	
遵守相关安全操作规范		因违规操作发生人身和设备事故，终止考核，成绩按 0 分计 超时每分钟扣 2 分，超时 10 分钟终止考核	
分数合计	100		

任务 2　组装机油泵总成、油底壳

实训目标

1. 了解润滑系统的作用与种类。
2. 了解机油泵的类型与工作原理。
3. 能分析发动机机油油耗异常的常见故障。
4. 能正确选择相关工具对机油泵、油底壳进行组装。
5. 操作步骤应符合相关工艺要求。

实训准备

1. 设备：发动机总成、发动机翻转台架、零件桌、工具柜。
2. 材料：常用工具、专用工具、清洗剂、密封胶、吹尘枪、抹布等。
3. 资料：维修手册、配套学习材料。
4. 场地：汽车发动机拆装（一体化）实训室。

工作任务

一辆轿车发动机工作不良，经技术人员检查发现发动机机油泵堵塞，需进行更换。作为一名汽车维修工，应熟悉发动机内部结构，能熟练组装机油泵和油底壳。本任务要求学生了解发动机润滑系统及机油泵的工作原理，并能在此基础上对机油泵和油底壳进行正确组装。

知识储备

一、润滑系统的作用

润滑系统的基本作用是不间断地将润滑油送到各运动部件及摩擦表面，清除摩擦面上的磨屑，并加以冷却。在气缸壁和活塞环之间由于存在油膜，还可起到密封气缸的作用。凡润滑油流经的部件表面不易生锈。倘若有摩擦运动的表面得不到润滑，不但消耗功率，致使部件很快磨损，而且会导致摩擦运动的部件表面烧蚀熔化，使发动机无法继续运转。

二、润滑系统的种类

发动机的润滑方式分为强制性润滑和随意性润滑两类。

1. 强制性润滑（也称压力润滑）

如曲轴主轴承、连杆轴承和凸轮轴轴承等承受的负荷和运动速度较大的部位，需要有一定压力的润滑油才能保证在这些部位的摩擦表面形成足够厚度的油膜。

2. 随意性润滑（也称飞溅润滑）

在诸如气缸壁、活塞销、凸轮以及挺柱等承受负荷较小和运动速度较低的部位，可利用曲轴转动带起来的润滑油油滴和油雾进行飞溅润滑。此外，发动机的某些部位如水泵、发电机轴承等处可利用润滑脂（黄油）定期予以润滑。有些轴承干脆使用含油轴承，无须润滑。为了使润滑油产生压力，在系统中要装配机油泵。为了形成循环油路，还应设有储油容器（油底壳）与输油管路，并在某些部件上开通油道。为了不让各摩擦运动部件表面所产生的磨屑和杂质进入润滑油路，还须设置机油滤清器对润滑油加以过滤。润滑油长期在发动机高温条件下工作，不但黏度降低不易形成油膜，而且易使润滑油老化变质，无法利用，为此应对润滑油加以冷却。一般是利用汽车行驶形成的前方迎风来冷却油底壳内的润滑油，还有一些车辆则在散热器前设立机油冷却器。为了使驾驶员能随时掌握机油温度和压力，车上还设有机油压力表和机油温度表。

三、机油泵的类型

机油泵根据结构形式不同可分为齿轮式机油泵和转子式机油泵两种。齿轮式机油泵又分为外啮合式机油泵和内啮合式机油泵两种。

四、机油泵的工作原理

1. 内啮合式机油泵

齿轮式机油泵由主动轴、主动齿轮、从动轴、从动齿轮、壳体等组成，两个齿数相同的齿轮相互啮合装在壳体内，齿轮与壳体的径向间隙和端面间隙很小。主动轴与主动齿轮键连接，从动齿轮空套在从动轴上，如图 4—2—1 所示。

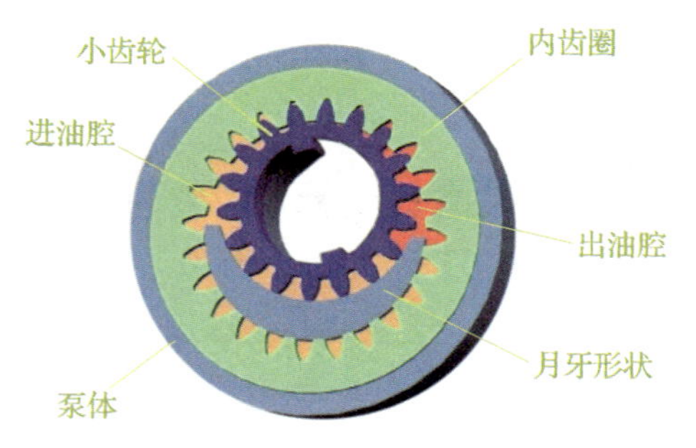

图 4—2—1 内啮合式机油泵

工作时，主动齿轮带动从动齿轮反向旋转。两齿轮旋转时，充满在齿轮齿槽间的润滑油沿油泵壳壁由进油腔带到出油腔，在进油腔一侧由于齿轮脱开啮合以及润滑油被不断地带出而产生真空，使油底壳内的润滑油在大气压力作用下经集滤器进入进油腔；而在出油腔一侧由于齿轮进入啮合和润滑油被不断地带入而产生挤压作用，润滑油以一定压力被泵出。

2. 转子式机油泵

转子式机油泵是利用内外转子压送润滑油，又称次摆线齿轮泵。转子式机油泵主要由内外转子、机油泵体及机油泵盖等组成。主动的内转子和从动的外转子都装在机油泵壳体内。内转子有 4 个凸齿，外转子有 5 个凹齿。内转子固定在主动轴上，外转子在油泵壳体内可以自由转动，两者之间有一定的偏心距，如图 4—2—2 所示。

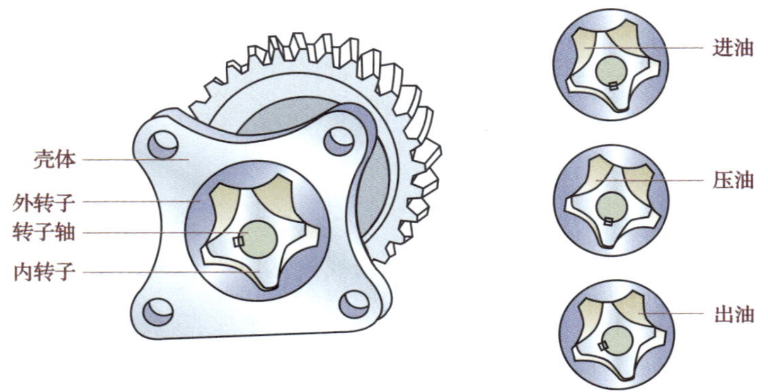

图 4—2—2　转子式机油泵的组成

当机油泵工作时，内转子带动外转子向同一个方向转动。由于两个转子的偏心距和齿形轮廓保证了内外转子无论转到任何角度，各齿面之间总是线接触，这样内外转子轮齿间便形成了 4 个工作腔。由于内转子的转速大于外转子的转速（传动比为 5:4），当某一工作腔从进油道转过时，转子脱开啮合，容积逐渐增大，产生真空度，润滑油便从进油道被吸入。转子继续旋转，润滑油被带到出油道另一侧，这时转子进入啮合，油腔容积逐渐减小，油压升高，使润滑油从轮齿间挤出，经出油道泵出。

机油泵的驱动：内啮合式机油泵一般安装在气缸体前端，主动齿轮套在曲轴前端，由曲轴直接驱动；外啮合式机油泵和转子式机油泵由凸轮轴通过螺旋齿轮驱动或由曲轴通过链条驱动。

五、发动机机油油耗异常故障

1. 耗油快

（1）当发现机油消耗过多时，首先应检查气缸体和齿轮室盖、机油滤清器底座、气门室罩盖等连接处是否有漏油现象。如漏油，应注意观察各连接部位的密封垫是否完整，要对损坏的密封垫进行更换。若密封垫完整，应检查各部位的连接螺栓是否松动。对松动的螺栓用扳手拧到规定扭力即可。若以上部位都正常，且漏油处在机架位置，应对机油壳进行检查，主要检查部位在与行轮同侧的机油壳侧的前端，多因机座螺栓松动，行轮在三角带拉动下与保护机油壳的机架角铁产生长期擦碰，将机油壳磨透形成缺口而产生漏油。

(2) 发动机长期使用形成的正常磨损，或因保养不当形成的非正常磨损，均会使气缸套形成纵向拉痕，缸径、活塞侧间隙超出规定值，使活塞环的撑力相应减小，出现刮油不净的现象。或因油环内的内撑扭曲簧在油环的开口位置断开，致使刮油不净而参与燃烧，造成机油严重消耗症状，表现为发动机启动困难，排气管有明显的蓝烟冒出。再者，活塞本应向上的一侧，在装配时因方向倒置使燃烧室形成倒置状态，虽不会影响发动机启动，但机油的损耗会十分严重，每天油耗在 0.5 kg 左右。

2. 耗油多

发动机机油消耗量如果过多，应仔细查找原因并予以排除，以保证发动机正常运行。机油消耗量多的原因主要有以下几点：

(1) 漏油。发动机曲轴前油封漏油，此类故障较多。曲轴油封为骨架橡胶油封，会因为安装及油封的质量问题出现漏油。建议改变安装方法，并采用进口曲轴前油封或生产厂家配套使用的油封。改变安装的办法：将油封座拆掉，安装油封后装机，注意不能让曲轴前端顶坏或顶偏油封，否则换了油封还会漏油。

(2) 增压器压气机端漏油。有些用户不按规定进行车辆的保养，空气滤清器严重堵塞，造成工作负荷过大，从空气滤清器到进气管形成压力降，从而导致增压器压气机端产生渗漏。因此，应注意清洁及更换空气滤清器滤芯，保证进气畅通。个别用户由于不注意增压器的使用，启动车辆时猛踩加速踏板，或熄火前猛踩加速踏板，这些操作极易造成增压器油封的损坏，以致漏油造成机油消耗量增加。

(3) 机油加注过多。由于盲目加注机油造成机油过量，曲轴箱内压力偏高，使各部渗漏。因此，加注机油时应注意加至机油标尺上、下极限中间往上一点为宜。

(4) 空气滤清器阻塞，造成机油消耗量过多。由于在使用空气滤清器时不注意清洁及定期更换滤芯，使安全滤芯由于水及油迹污染而阻塞，导致进气不畅，曲轴箱废气和机油被大量吸入气缸，造成机油消耗量过多。车辆需按《车辆用户使用手册》的要求，按时保养空气滤清器。对于工程用车，应根据使用条件相应缩短维护时间。

(5) 机油标号不符合要求。机油黏度过小，也会出现机油消耗量过多的故障，且容易导致轴瓦早期磨损和烧坏。

(6) 油气分离器阻塞。曲轴箱废气管连接油气分离器，油气分离器能保持机油具有良好的润滑性能，延长机油的使用期限，保持各润滑摩擦副表面状态良好，减少机件的磨损和腐蚀，保持机体内的压力和外界气压基本相等，减少机油的泄漏，使混合废气得到回收利用，提高发动机的经济性并减少环境污染。曲轴箱通风装置应注意勤清洗，以防阻塞。

(7) 气缸套磨损、窜气，也是造成机油消耗量过多的原因之一。

任务实施

一、操作前的准备工作

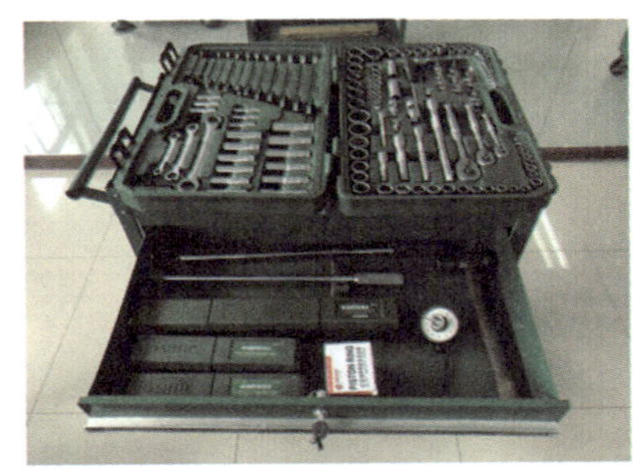	1. 将工位清理干净，准备好相关的工具、物品等。 2. 准备好发动机翻转台架，并安全固定。 提示： ◆ 培养良好的工作习惯，做好事前准备，有利于安全操作和提高工作效率。

二、清洁气缸体下平面

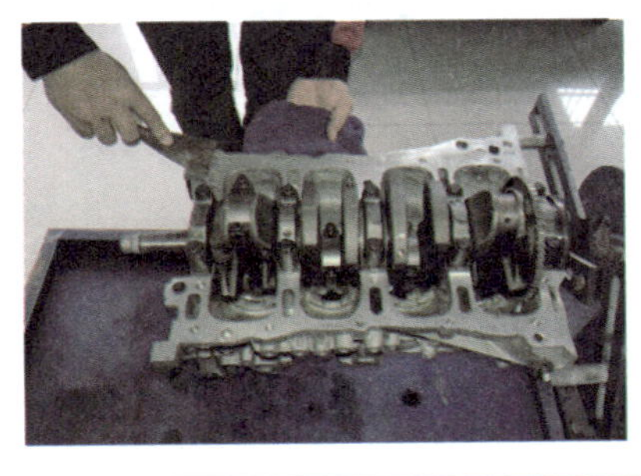	1. 使用铲刀清理气缸体下平面密封胶。 提示： ◆ 注意避免杂物掉落到曲轴箱中。
	2. 用抹布清洁气缸体下平面。 提示： ◆ 注意避免杂物掉落到曲轴箱中。

	3．使用压缩空气吹干气缸体下平面。
三、清洁梯形架	
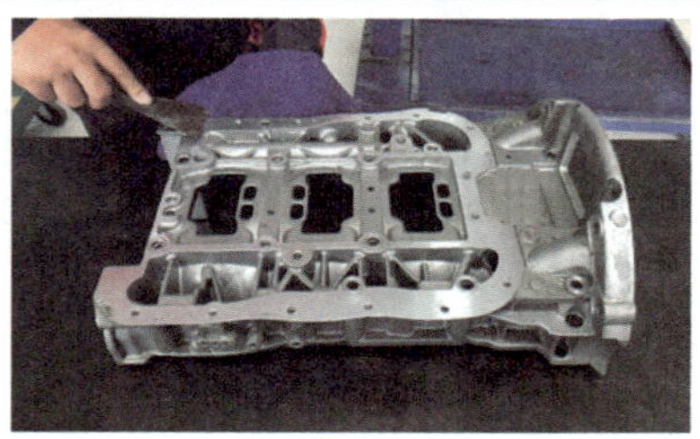	1．使用铲刀清理梯形架上、下平面密封胶。
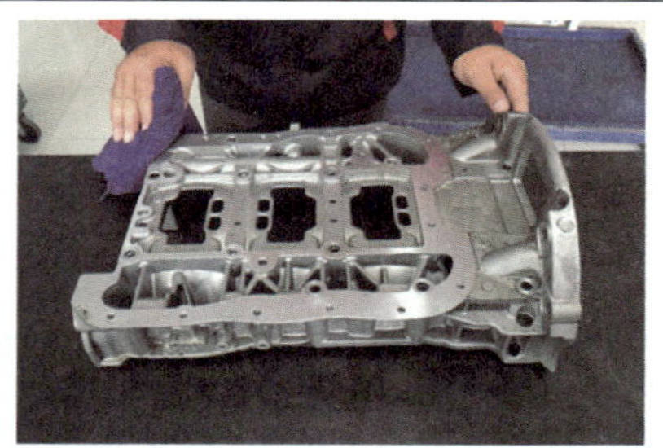	2．使用抹布清洁梯形架上、下平面。
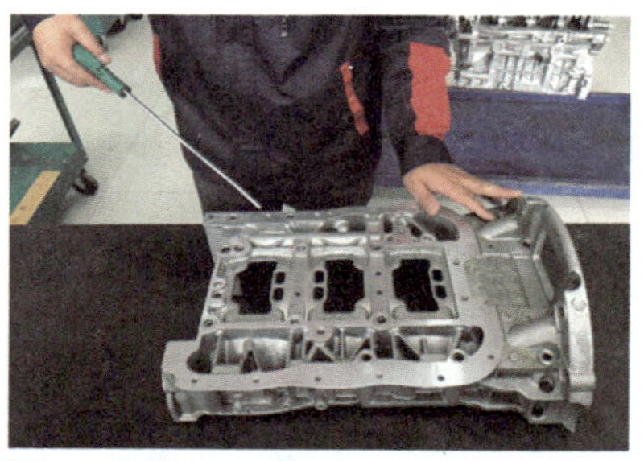	3．使用压缩空气吹干梯形架上、下平面。
四、安装梯形架	
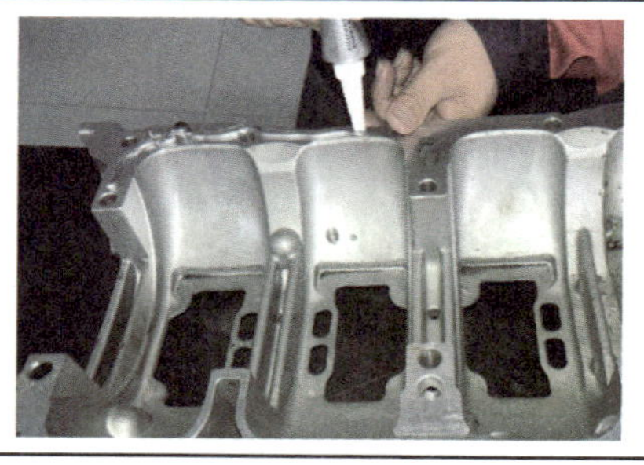	1．在梯形架上平面涂抹密封胶。 提示： ◆ 在螺栓孔外侧涂抹密封胶，应避开螺栓孔。 ◆ 必须在涂抹密封胶后 5 min 内装配零部件。

2．安装梯形架。

提示：

◆ 用橡胶锤在梯形架对角轮流轻轻敲击，使定位销安装到位。

3．安装梯形架螺栓。

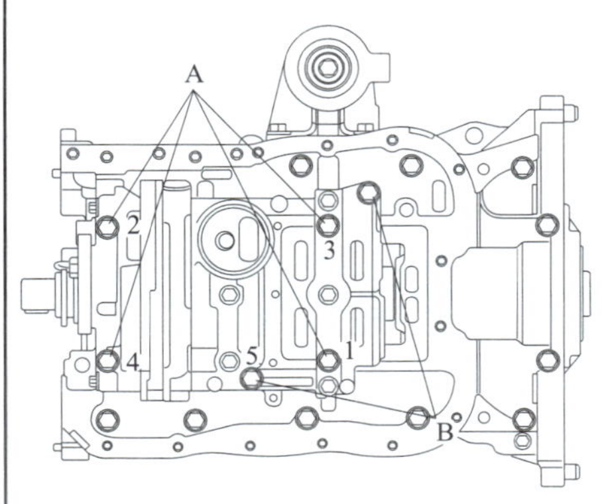

4．按顺序和规定力矩分 3 次拧紧螺栓。

提示：

◆ 第一次为 10 N · m。

◆ 第二次为 20 N · m。

◆ 第三次为 30 N · m。

五、安装正时链条齿轮和机油泵总成链条导轨

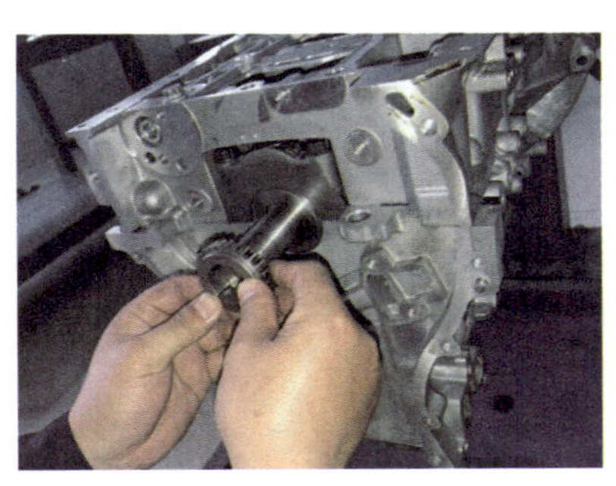

1．安装机油泵总成链条齿轮。

提示：

◆ 大齿轮是机油泵总成链条齿轮。

	2．安装正时链条齿轮。 提示： ◆ 小齿轮是正时链条齿轮。
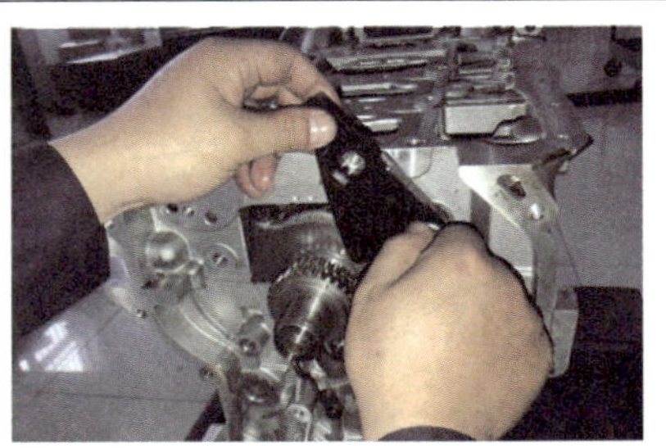	3．安装机油泵总成链条导轨。 提示： ◆ 导轨不可重复使用，需更换新件。
	4．拧紧固定螺栓。 提示： ◆ 拧紧力矩为 10 N · m。
六、清洗集滤器	
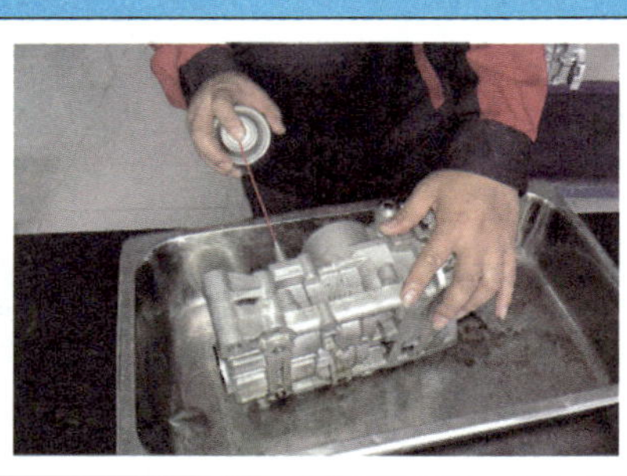	1．使用化油器清洗剂清洗集滤器。
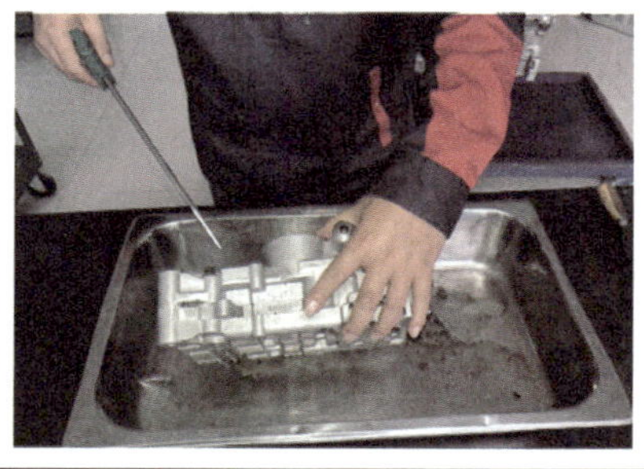	2．用压缩空气吹干集滤器。

七、安装机油泵总成及链条	
	1．安装机油泵总成。
	2．安装机油泵总成链条。 提示： ◆ 此链条不可重复使用，需更换新件。 ◆ 先对准链条和齿轮标记。 ◆ 标记不对齐会导致机油泵总成振动、异响。
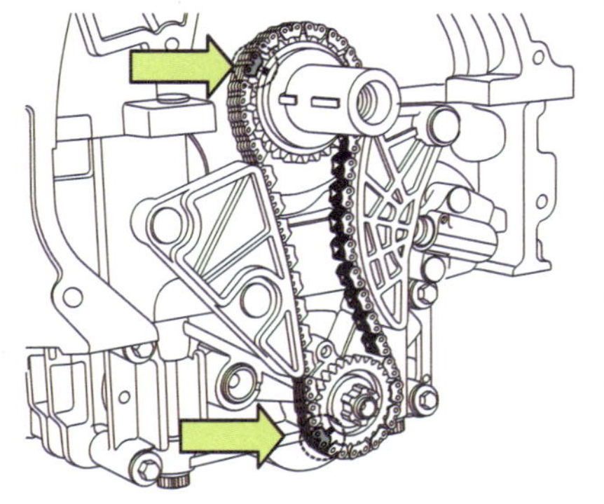	提示： ◆ 链条和齿轮标记见左图。
	3．拧紧机油泵总成固定螺栓。 提示： ◆ 按由内向外、对角的顺序，分 3 次拧紧螺栓。 ◆ 第一次拧紧力矩为 8 N · m。 ◆ 第二次拧紧力矩为 18 N · m。 ◆ 第三次拧紧力矩为 28 N · m。

八、安装机油泵总成链条张紧器	
	1．安装机油泵总成链条张紧器臂。 提示： ◆ 张紧器臂不可重复使用，需更换新件。 ◆ 拧紧力矩为 10 N · m。
	2．安装机油泵总成链条张紧器。 提示： ◆ 此链条张紧器不可重复使用，需更换新件。 ◆ 安装后拔下定位销。 ◆ 拧紧力矩为 10 N · m。
九、清洁油底壳、涂抹密封胶	
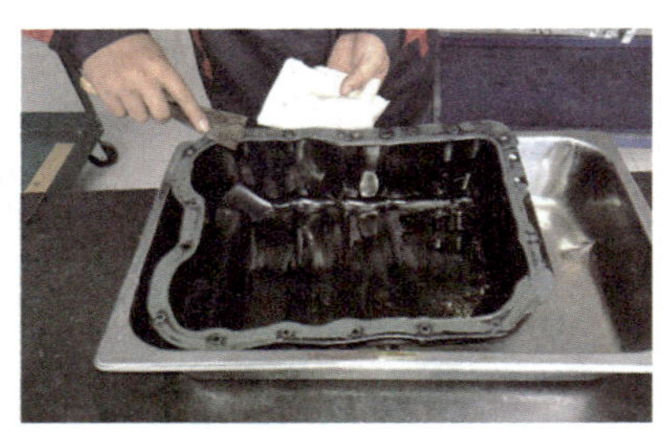	1．使用铲刀清洁油底壳端面的密封胶。
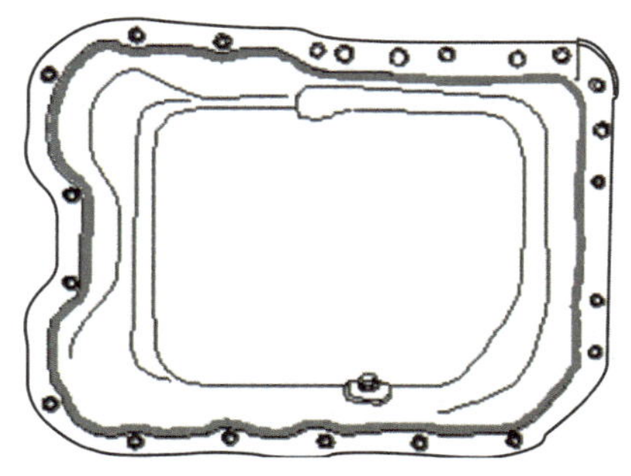	2．均匀涂抹密封胶。 提示： ◆ 涂抹密封胶时，不要使密封胶进入油底壳内。 ◆ 为了避免漏油，应在螺栓孔的内部螺纹上涂抹密封胶。 ◆ 密封胶宽度为 2.5 mm。 ◆ 必须在涂抹密封胶后 5 min 内装配零部件。

十、安装油底壳

	1．安装油底壳。
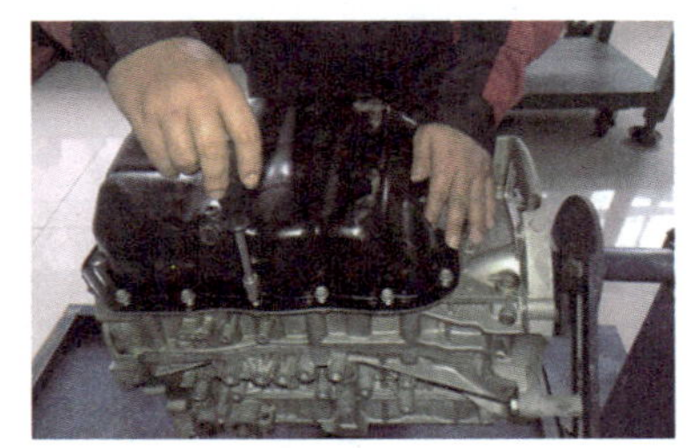	2．拧紧油底壳固定螺栓。 提示： ◆ 按对角顺序分 2 ～ 3 次均匀拧紧螺栓。 ◆ 油底壳螺栓有两种。 M9 螺栓拧紧力矩为 30 N・m。 M6 螺栓拧紧力矩为 11 N・m。

考评标准表——组装机油泵总成、油底壳

时间：30 min

项目	分值	评分标准与指导	评价结果
工具准备	5	工具准备不齐全、不正确，酌情扣分	
安装梯形架	20	未进行清洁，扣 10 分；未涂抹密封胶，扣 20 分；密封胶涂抹不规范，扣 10 分；未按顺序拧紧螺栓，扣 10 分；拧紧力矩不正确，扣 10 分；操作过程中违规，酌情扣分	
清洗机油泵总成	5	操作过程中违规，酌情扣分	
安装机油泵总成及链条	30	不对齐标记，扣 30 分；未按顺序拧紧螺栓，扣 10 分；拧紧力矩不正确，扣 10 分；操作过程中违规，酌情扣分	
安装机油泵总成链条张紧器	5	拧紧力矩不正确，扣 5 分；操作过程中违规，酌情扣分	
安装油底壳	20	未进行清洁，扣 10 分；未涂抹密封胶，扣 20 分；密封胶涂抹不规范，扣 10 分；未按顺序拧紧螺栓，扣 10 分；拧紧力矩不正确，扣 10 分；操作过程中违规，酌情扣分	
正确使用工具	5	使用不当酌情扣分，并指正	
安全文明操作	10	零件、工具落地，一次扣 2 分；不清理、整理工具，每件扣 1 分	

续表

项目	分值	评分标准与指导	评价结果
遵守相关安全操作规范		因违规操作发生人身和设备事故，终止考核，成绩按0分计 超时每分钟扣2分，超时5分钟终止考核	
分数合计	100		

任务3　组装气缸盖、配气机构

实训目标

1. 了解配气相位的含义。
2. 了解配气机构的工作原理和传动形式。
3. 能正确选择工具对气缸盖和配气机构进行组装。
4. 掌握气缸盖和配气机构的组装注意事项。
5. 操作步骤应符合相关工艺要求。

实训准备

1. 设备：发动机总成、发动机翻转台架、空气压缩机、零件桌、工具柜。
2. 材料：常用工具、专用工具、清洗剂、吸油纸、密封胶、吹尘枪、抹布等。
3. 资料：维修手册、配套学习材料。
4. 场地：汽车发动机拆装（一体化）实训室。

工作任务

一辆轿车发动机工作不良，需要进行维修，经技术人员检查发现发动机气缸垫漏气，需要对气缸垫进行更换。作为一名汽车维修工，应熟悉发动机内部结构，能熟练进行气缸盖和配气机构的组装。本任务要求学生了解配气机构的结构及工作原理，并在此基础上能够对气缸盖和配气机构进行组装。

知识储备

一、配气相位

进、排气门实际开启和关闭的时刻用曲轴转角表示，即配气定时，也称配气相位。用环形图表示的配气相位称为配气相位图，如图4—3—1所示。

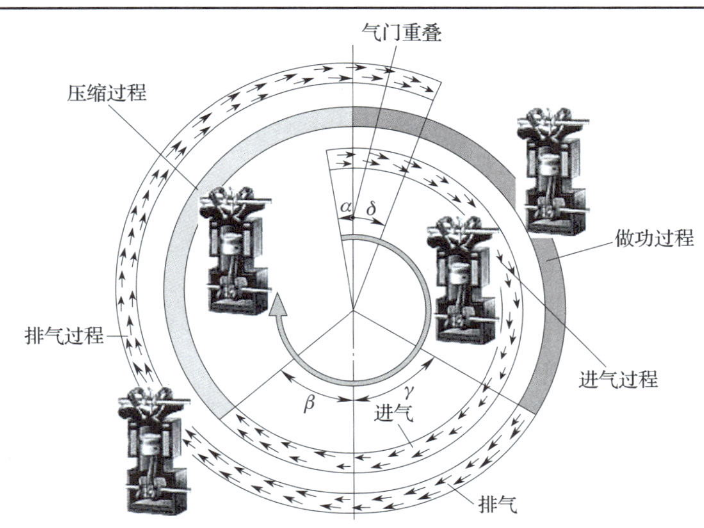

图 4—3—1　配气相位图

1. 进气提前角

指发动机从进气门打开时刻到活塞行至上止点所转过的曲轴转角。其目的是为了保证进气开始时，进气门已开启较大，增加进入气缸的新鲜气体或可燃混合气。非增压发动机进气提前角为 0° ~ 40° CA（曲轴转角，下同）。若该角度过小，进气充量增加少；若该角度过大，又会导致废气流入进气管。

2. 进气迟后角

指活塞从下止点行至进气门完全关闭的曲轴转角。其目的是利用进气气流惯性和压力差继续进气。非增压发动机进气迟后角为 40° ~ 70° CA。若该角度过小，进气气流惯性未能得到充分利用，降低了进气充量；若该角度过大，进气气流惯性已用完，会导致已经进入气缸的新鲜充量又被排出。

3. 排气提前角

指从排气门打开到活塞行至下止点所转过的曲轴转角。其目的是利用废气压力，使气缸内废气排得更干净。但排气提前角不宜过大，否则将造成做功能量损失。非增压发动机排气提前角为 45° ~ 55° CA。

4. 排气迟后角

指活塞从上止点到排气门完全关闭所转过的曲轴转角。其目的是利用排气气流的惯性使废气排除得更干净。非增压发动机的排气迟后角为 10° ~ 35° CA。排气迟后角过大会造成排出的废气又被吸入气缸。

5. 气门重叠角

由于进、排气门的早开和迟闭，会出现一段时间内进、排气门同时开启的现象，这种现象称为气门重叠，重叠的曲轴转角称为气门重叠角。适宜的气门重叠角可以利用气流压差和惯性清除残余废气，增加新鲜充量，称为燃烧室扫气。非增压发动机气门重叠角为 20°～80° CA，增压发动机气门重叠角为 80°～160° CA，所以增压发动机可以有效提高充气量。

发动机的结构不同、转速不同，配气相位也不同，最佳的配气相位角是根据发动机的性能要求，通过反复试验确定的。

在使用中，由于配气机构零部件磨损、变形或安装调整不当，会使配气相位发生变化，应定期进行检查与调整。

二、配气机构的工作原理

凸轮轴转动时，当凸轮的基圆部分与挺柱接触时，挺柱不升高，挺柱以上的传动件不动作，气门是关闭的。当凸轮的凸起部分与挺柱接触时，便开始将挺柱顶起，于是气门被打开。当凸轮的最大凸起处与挺柱接触时，气门达到最大开度。随后，凸轮与挺柱接触表面的凸起开始逐渐变小，气门在气门弹簧的作用下开始上升关闭，并反向推动摇臂等传动杆件，使挺柱下移保持与凸轮接触。当凸轮凸起部分离开挺柱时，气门完全关闭。

三、可变配气相位

1. 定义

用曲轴转角表示的进、排气门开闭时刻和开启持续时间称为配气相位。进气配气相位为 180°＋进气提前角 α＋进气迟后角 β；排气配气相位为 180°＋排气提前角 γ＋排气迟后角 δ。

2. 可变气门相位技术

VTEC 是英文缩写，意为可变气门相位与升程电子控制。VTEC 在本田轿车许多车系上采用。

3. 工作原理（图 4—3—2）

（1）发动机低速运转时

发动机电子控制模块（ECM）无工作指令，油道内无控制油压，各摇臂中的柱塞都在各自的柱塞孔中，各摇臂独自摆动，互不影响。主摇臂随主凸轮开闭主进气门，次凸轮推动次摇臂微开次进气门；中间摇臂只是“空转”。

（2）发动机高速运转时

当发动机转速达到 2 300～2 500 r/min，车速达到 10 km/h 以上，节气门开度达到 25% 以上，冷却液温度在 60℃以上时，ECM 指令 VTEC 电磁阀开启液压油道，油压

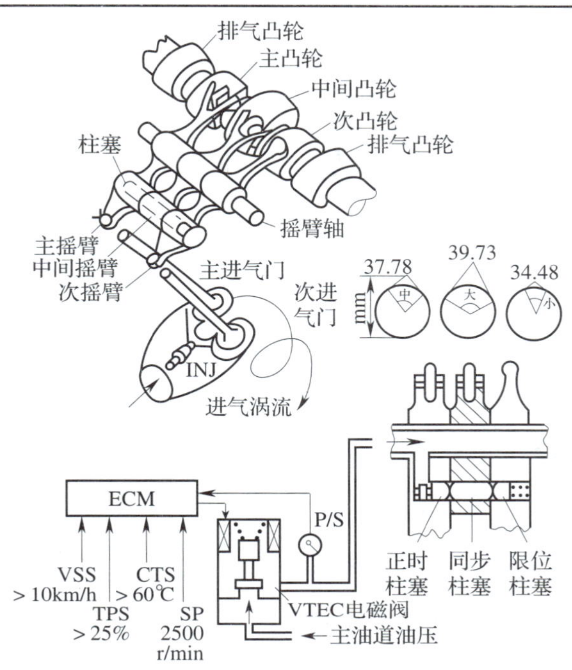

图 4—3—2　本田车系可变气门相位（VTEC）

推动正时柱塞、同步柱塞和限位柱塞移动，将三个摇臂栓为一体。由于中间凸轮的升程大于另外两个凸轮，且凸轮的相位角也加大，主、次进气门都大幅度地同步开闭。此时，发动机处于“双进双排”的工作状态，功率明显加大。栓联时有轻微噪声是正常现象。

（3）汽车在静止状态空转时，VTEC 机构不投入工作。

（4）VTEC 机构技术状态的好坏（电控部件除外），主要决定于润滑系统的特设油道油压值。对润滑油品质、润滑系统相关部件和曲轴的轴承配合间隙要求严格（0.02 ~ 0.04 mm），必须使用本田车系的专用润滑油。

（5）本田系列采用可变气门间隙的配气机构，气门间隙的调整必须在冷态下进行。

（6）VTEC 机构的正时柱塞处有惯性锁止片，用扭簧控制，片端插入正时柱塞的锁止槽中，该锁止片依靠高速时的惯性力解脱。

4. 丰田车系智能可变气门正时（VVT–i）系统

可变气门正时（VVT–i）系统用来控制进气凸轮轴在 40° 曲轴转角范围内保持最佳的气门正时，以适应发动机工作状况，从而实现在所有速度范围内提高转矩和燃油经济性，减少废气排放量。该结构只是改变进气门开、关时间的早晚，配气相位角度值不变（时间平移——即早开、早关；晚开、晚关），不改变进气门升程的大小，如图 4—3—3 所示。

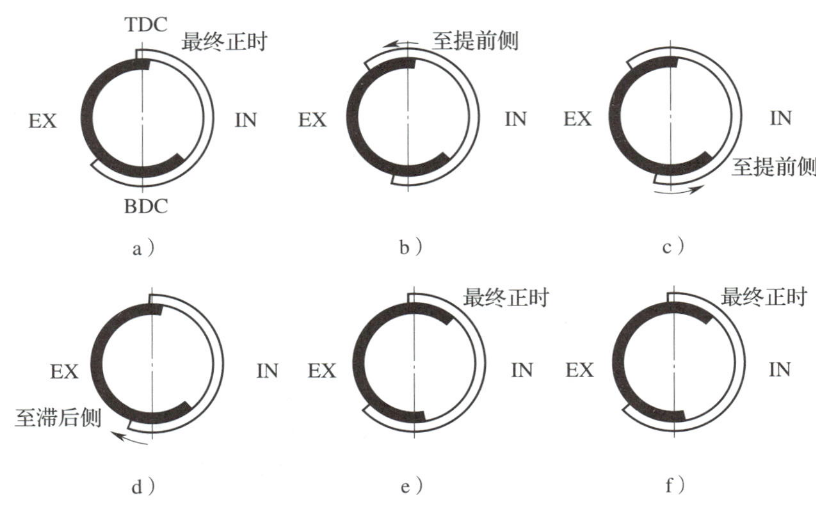

图 4—3—3　丰田车系智能可变气门正时（VVT-i）系统

5．可变凸轮轴正时机构（VCT）

汽车运用 VCT（可变凸轮轴正时机构）后，发动机的性能会得到提高，主要包括：

（1）提高进气效率。

（2）提高发动机的功率和扭矩输出。

（3）提高发动机的燃油经济性。

（4）改善发动机在怠速和低负荷时的稳定性。在发动机工作过程中，VCT 系统持续不断地修正正时以得到最适宜的进气效果。

任务实施

一、操作前的准备工作

1．将工位清理干净，准备好相关的工具、物品等。

2．准备好发动机翻转台架，并安全固定。

提示：

◆ 培养良好的工作习惯，做好事前准备，有利于安全操作和提高工作效率。

二、组装气缸盖

	1．安装气门油封。 提示： ◆ 气门油封不可重复使用，需更换新件。
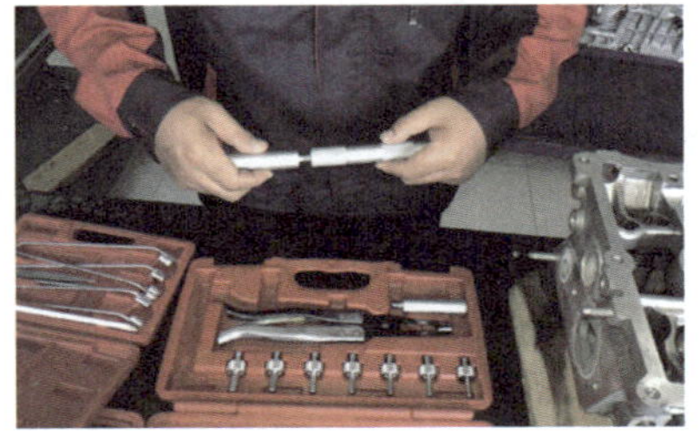	2．选择合适的气门油封组装工具。
	3．使用专用工具，敲紧气门油封。 提示： ◆ 使用橡胶锤敲击。
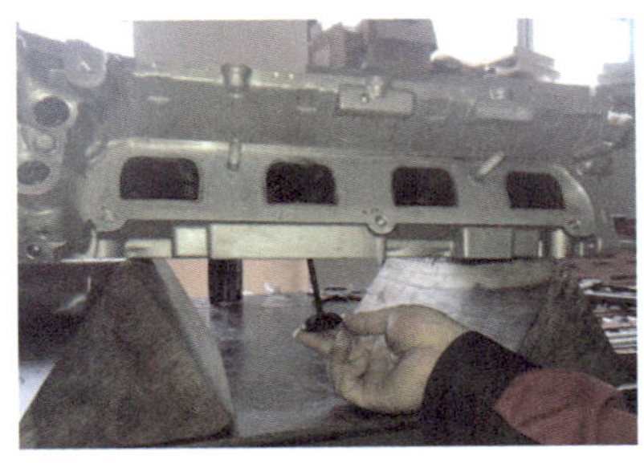	4．安装气门。 提示： ◆ 安装前应在气门杆上涂抹适量的润滑油。
	5．安装气门弹簧。 提示： ◆ 注意气门弹簧的方向。

	6. 安装气门弹簧座。
	7. 安装气门锁片。 提示： ◆ 使用气门弹簧拆装钳压紧气门弹簧，放置锁片后缓慢松开气门弹簧。
三、安装气缸盖衬垫	
	提示： ◆ 安装前清洁气缸上平面，并将 1 缸活塞置于上止点。 ◆ 气缸盖衬垫不可重复使用，需更换新件。
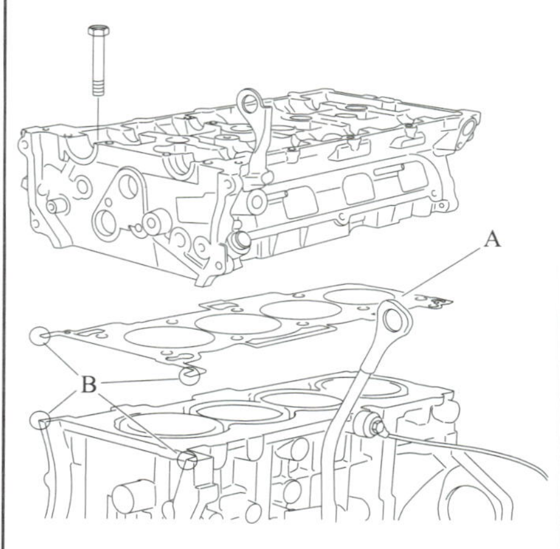	提示： ◆ 气缸盖衬垫安装方向见左图。

四、安装气缸盖	
	1．安装气缸盖总成。 提示： ◆ 安装时必须轻拿轻放，避免撞击。
	2．使用棘轮扳手按规定顺序预紧气缸盖螺栓。 提示： ◆ 安装前应检查螺栓长度，若不符合要求，必须更换新件。 ◆ 安装前应在螺栓螺纹处涂抹润滑油。
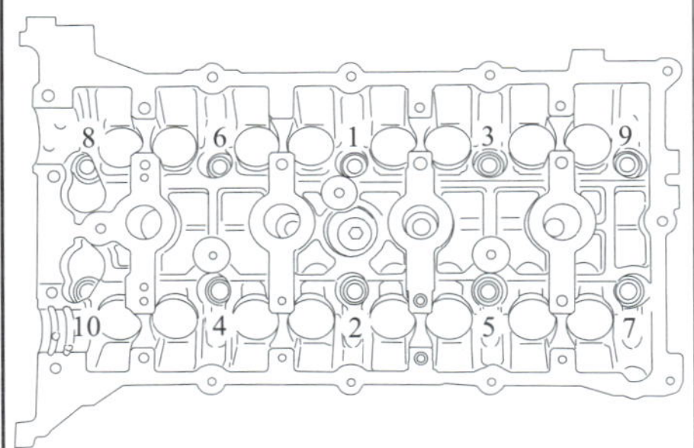	提示： ◆ 气缸盖螺栓安装顺序见左图。
	3．按顺序将气缸盖螺栓拧紧至规定力矩。 提示： ◆ 拧紧力矩为 35 N · m。
	4．按顺序将螺栓拧紧至规定角度。 提示： ◆ 第一次角度为 90° ~ 95°。 ◆ 第二次角度为 90° ~ 95°。

<table>
<tr><th colspan="2">五、清洗、安装液力挺柱</th></tr>
<tr><td>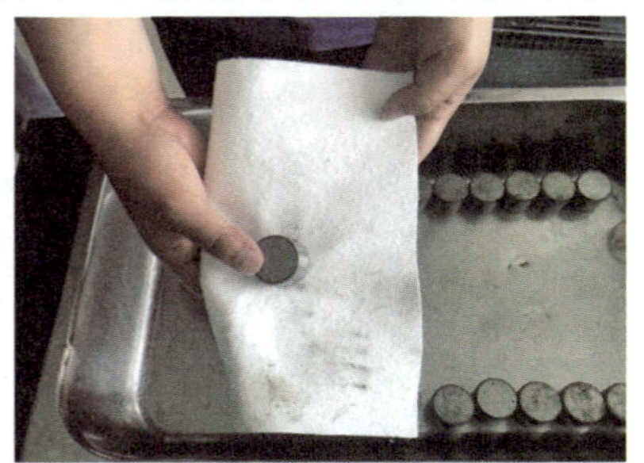</td><td>1．使用吸油纸清洁液力挺柱。</td></tr>
<tr><td></td><td>2．使用化油器清洗剂清洗液力挺柱。</td></tr>
<tr><td>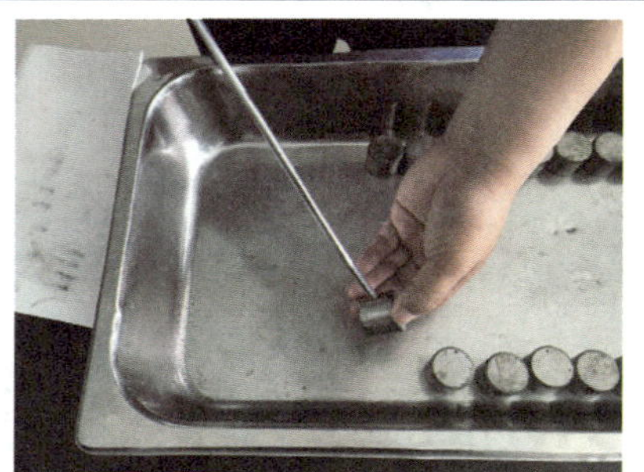</td><td>3．使用压缩空气吹干液力挺柱。</td></tr>
<tr><td></td><td>4．安装液力挺柱。
提示：
◆ 安装前应在液力挺柱表面涂抹适量的润滑油，安装后应检查液力挺柱旋转是否顺畅。</td></tr>
<tr><td></td><td>5．安装后应在液力挺柱顶部涂抹适量的润滑油。</td></tr>
</table>

<table>
<tr><th colspan="2">六、安装凸轮轴轴瓦</th></tr>
<tr><td></td><td>1. 安装凸轮轴轴瓦时应注意轴瓦的安装方向。</td></tr>
<tr><td></td><td>2. 安装后在凸轮轴轴瓦上涂抹适量的润滑油。</td></tr>
<tr><th colspan="2">七、安装凸轮轴</th></tr>
<tr><td></td><td>1. 安装排气凸轮轴。
提示：
◆ 注意排气凸轮轴上的标记，切勿装错。
◆ 1 缸的凸轮必须向上，不压迫气门。</td></tr>
<tr><td></td><td>2. 安装进气凸轮轴。
提示：
◆ 1 缸的凸轮必须向上，不压迫气门。</td></tr>
<tr><td></td><td>3. 在凸轮轴轴颈处涂抹适量的润滑油。</td></tr>
</table>

<table>
<tr><td></td><td>4．按顺序安装凸轮轴轴承盖。
提示：
◆ 注意轴承盖的方向和顺序标记，切勿装错。</td></tr>
<tr><td></td><td>5．预紧凸轮轴轴承盖螺栓。</td></tr>
<tr><td>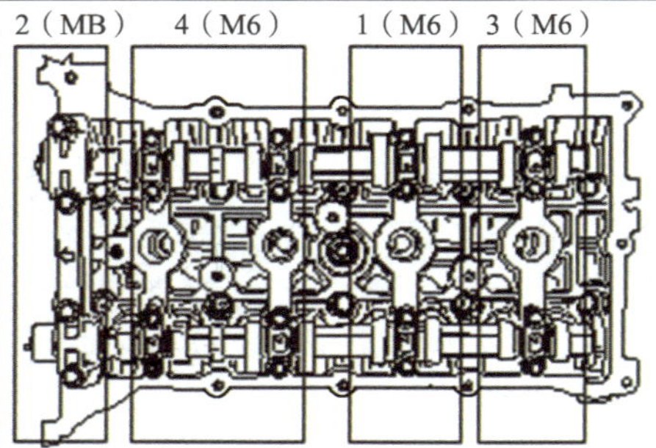</td><td>提示：
◆ 凸轮轴轴承盖螺栓安装顺序见左图。</td></tr>
<tr><td></td><td>6．按顺序将螺栓拧紧至规定力矩。
提示：
◆ 凸轮轴轴承盖有两种螺栓：
第一次螺栓拧紧力矩 M6：6 N·m；
M8：15 N·m。
第二次螺栓拧紧力矩 M6：12 N·m；
M8：30 N·m。</td></tr>
<tr><td colspan="2">八、清洁、安装润滑油喷嘴</td></tr>
<tr><td></td><td>1．使用铲刀清理正时齿轮室盖表面的密封胶。</td></tr>
</table>

	2．使用抹布清洁正时齿轮室盖表面。
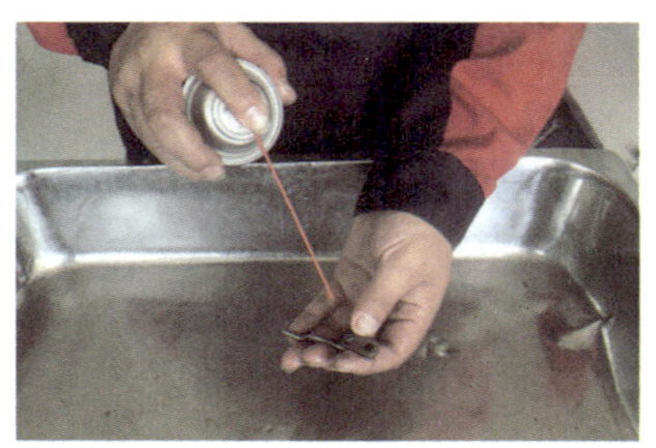	3．使用化油器清洗剂清洗正时链条润滑油喷嘴表面。
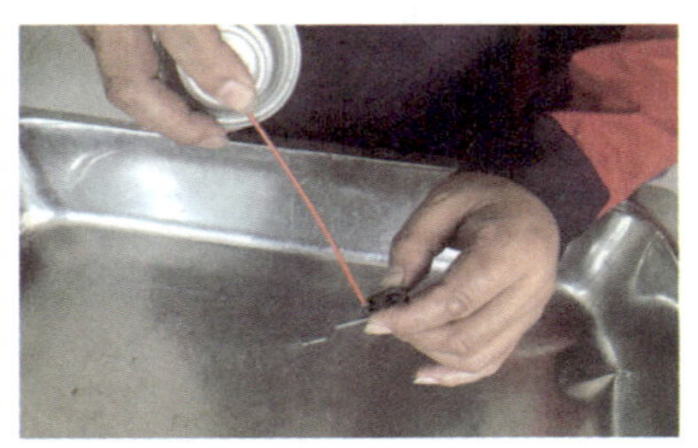	4．使用化油器清洗剂清洗正时链条润滑油喷嘴油孔。 提示： ◆ 确保正时链条润滑油喷嘴无堵塞。
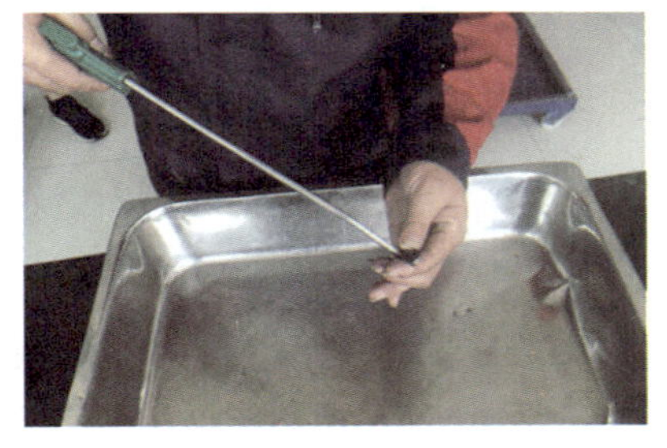	5．使用压缩空气吹干正时链条润滑油喷嘴。
	6．安装正时链条润滑油喷嘴。 提示： ◆ 拧紧力矩为 9 N · m。

九、安装正时链条总成	
	1．安装正时链条导轨。 提示： ◆ 正时链条导轨不可重复使用，需更换新件。 ◆ 拧紧力矩为 10 N·m。
	2．安装正时链条。 提示： ◆ 正时链条不可重复使用，需更换新件。 ◆ 应对齐正时标记。
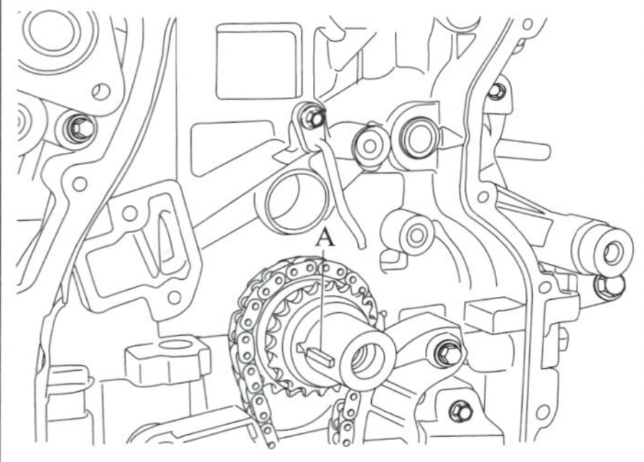	提示： ◆ 曲轴端正时标记见左图。
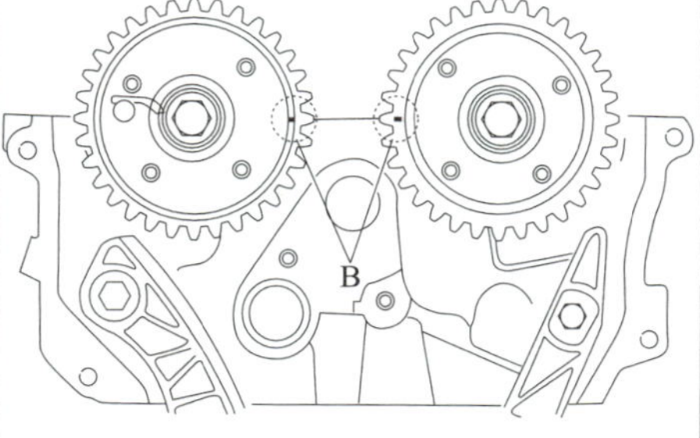	提示： ◆ 凸轮轴 CVVT（连续可变气门正时）链轮上的正时标记见左图。

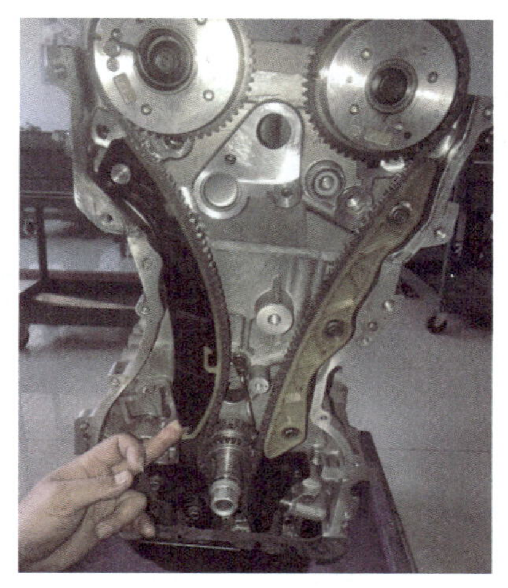	3．安装正时链条张紧器臂。 提示： ◆ 正时链条张紧器臂不可重复使用，需更换新件。 ◆ 拧紧力矩为 10 N·m。
	4．安装正时链条张紧器。 提示： ◆ 正时链条张紧器不可重复使用，需更换新件。 ◆ 安装后拔下定位销。 ◆ 检查链条是否松动。 ◆ 拧紧力矩为 10 N·m。

十、安装正时齿轮室盖

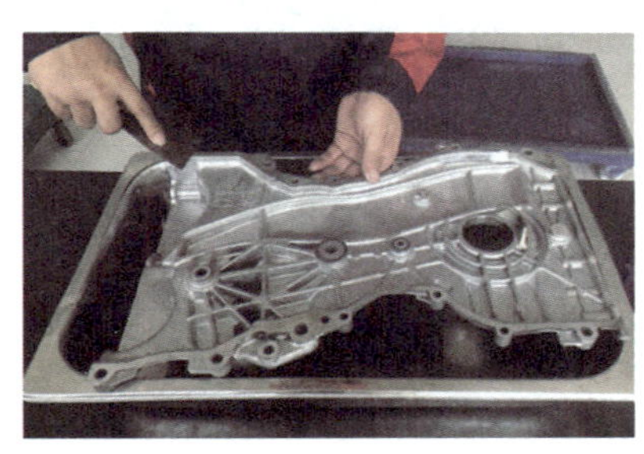	1．使用铲刀清理正时齿轮室盖上的密封胶。
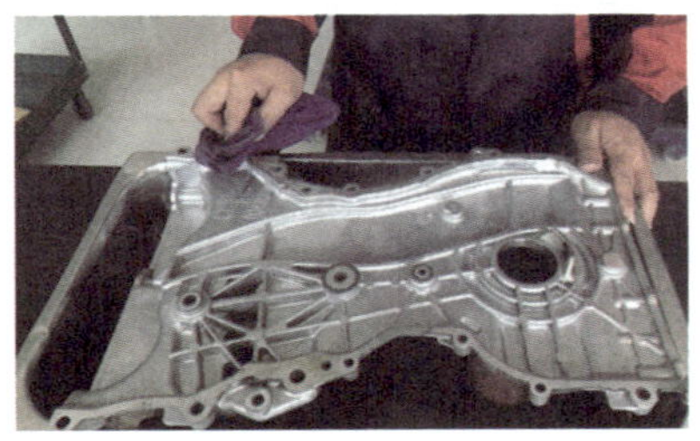	2．使用抹布清洁正时齿轮室盖。

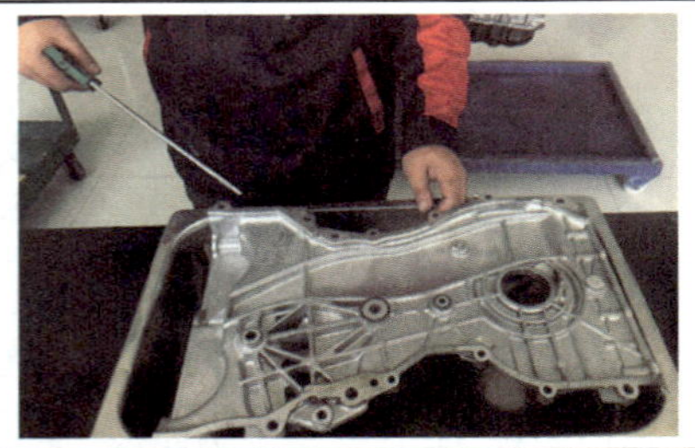 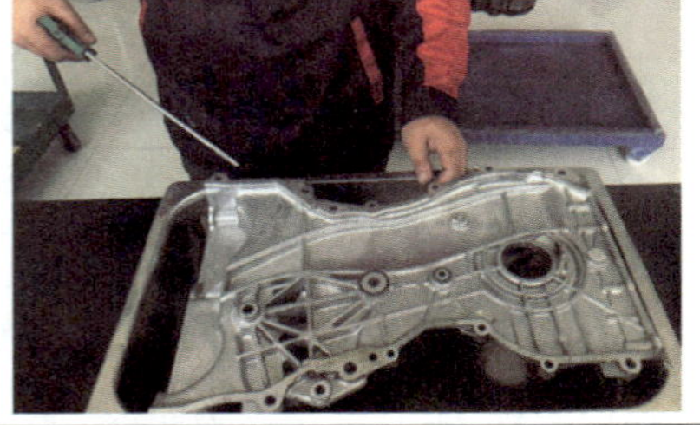	3．使用压缩空气吹干正时齿轮室盖。 4．在正时齿轮室盖上涂抹密封胶。 提示： ◆ 密封胶宽度为 3.0 mm。 ◆ 必须在涂抹密封胶后 5 min 内装配零部件。
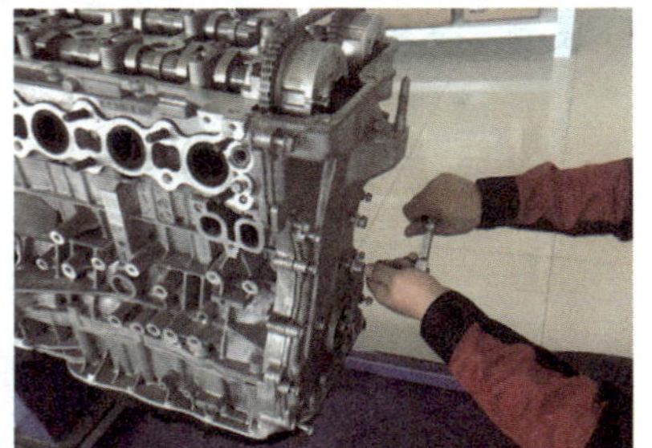	5．安装正时齿轮室盖。按规定顺序、力矩拧紧固定螺栓。 提示： ◆ 正时齿轮室盖固定螺栓有两种。 M6 螺栓（A）：拧紧力矩为 9 N・m。 M8 螺栓（B）：拧紧力矩为 20 N・m。
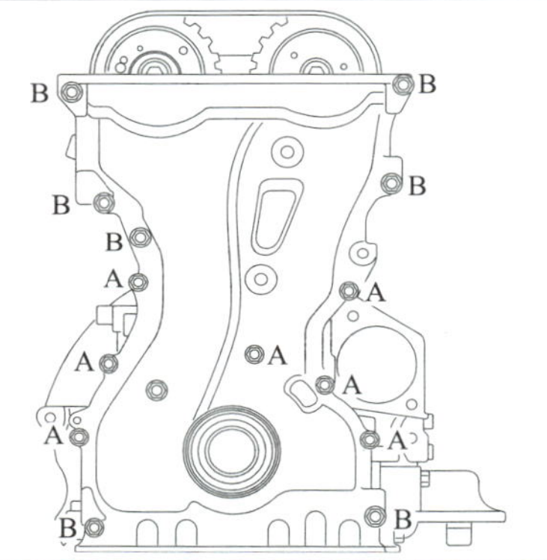	提示： ◆ 正时齿轮室盖螺栓安装顺序见左图。
十一、安装曲轴前油封、曲轴带轮	
	1．安装曲轴前油封。 提示： ◆ 油封不可重复使用，需更换新件。 ◆ 安装前应在油封上涂抹润滑油。
	2．安装曲轴带轮。

<table>
<tr><td>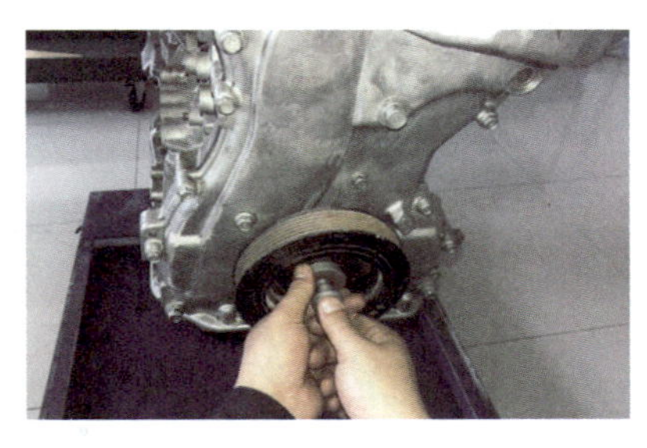</td><td>3．拧紧曲轴带轮固定螺栓。
提示：
◆ 拧紧力矩为 170 N · m。</td></tr>
</table>

考评标准表——组装气缸盖、配气机构

时间：<u>45</u>min

项目	分值	评分标准与指导	评价结果
工具准备	5	工具准备不齐全、不正确，酌情扣分	
组装气缸盖	15	气门组位置安装错误，扣 10 分；安装方法不正确，酌情扣分	
安装气缸盖	15	未清洁，扣 2 分；未按顺序拧紧螺栓，扣 10 分；拧紧力矩不正确，扣 10 分	
安装液力挺柱	10	未清洁，一次扣 2 分；未润滑，一次扣 2 分	
安装凸轮轴	15	未清洁，一次扣 2 分；未润滑，一次扣 2 分；未按顺序拧紧螺栓，扣 5 分；拧紧力矩不正确，扣 5 分	
安装正时链条总成	15	安装方法不正确，酌情扣分；正时标记不对齐，扣 15 分	
安装正时齿轮室盖	10	未清洁，扣 3 分；涂抹密封胶不正确，扣 3 分；未按顺序拧紧螺栓，扣 5 分；拧紧力矩不正确，扣 5 分	
安装曲轴带轮	5	拧紧力矩不正确，扣 5 分	
安全文明操作	10	零件、工具落地，一次扣 2 分；不清理、整理工具，每件扣 1 分	
遵守相关安全操作规范		因违规操作发生人身和设备事故，终止考核，成绩按 0 分计 超时每分钟扣 2 分，超时 5 分钟终止考核	
分数合计	100		

任务4　组装外围附件

实训目标

1. 了解发动机外围附件的结构及工作原理。
2. 能正确选择相关工具对发动机外围附件进行组装。
3. 掌握发动机外围附件的组装注意事项。
4. 操作步骤应符合相关工艺要求。

实训准备

1. 设备：发动机总成、发动机翻转台架、空气压缩机、零件桌、工具柜。
2. 材料：常用工具、专用工具、清洗剂、吹尘枪、抹布等。
3. 资料：维修手册、配套学习材料。
4. 场地：汽车发动机拆装（一体化）实训室。

工作任务

一辆轿车发动机动力不足、燃油消耗量增加，经技术人员检查发现发动机真空度偏低，进气歧管漏气，从而导致发动机动力不足、功率下降、油耗上升。作为一名汽车维修工，应该熟悉发动机外围附件的结构原理，能熟练进行发动机外围附件的组装。本任务要求学生了解发动机外围附件的结构及工作原理，并在此基础上能够对发动机外围附件进行组装。

知识储备

一、冷却系统

冷却系统的主要功用是将受热零件吸收的部分热量及时散发出去，保证发动机在最适宜的温度状态下工作。

冷却液温度升高时（超过90℃），节温器的主阀门开启，侧阀门关闭旁通孔，冷却液全部经主阀门流入散热器散热后，流至水泵进水口，被水泵压入水套，此时冷却液在冷却系统中的循环称为大循环。发动机冷却液大循环路线为：水套→节温器主阀门→散热器上水室→冷却管→散热器下水室→水泵进水口→水泵→水套，如图4—4—1a所示。

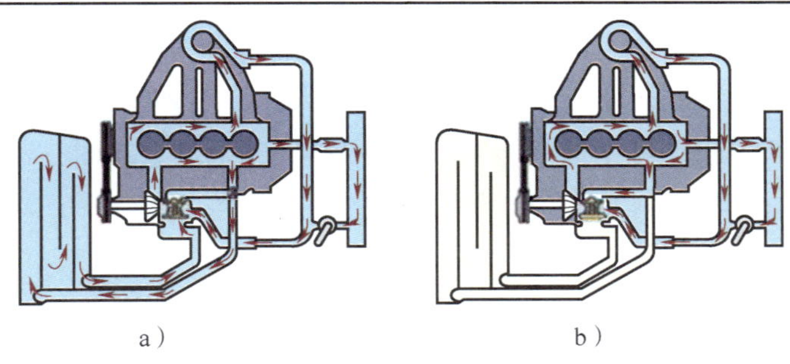

图 4—4—1　发动机冷却系统大小循环

a）大循环　b）小循环

冷却液温度较低时（低于 80℃），节温器的主阀门关闭，旁通阀门开启，冷却液不流经散热器只流经节温器旁通阀后直接流回水泵进水口，被水泵重新压入水套。此时，冷却液在冷却系统内的循环称为小循环。冷却液小循环路线为：水套→节温器旁通孔→旁通管→水泵进水口→水泵→水套，如图 4—4—1b 所示。

二、进气系统

1. 进气系统的组成

进气系统由空气滤清器、空气流量计、进气压力传感器、节气门体、附加空气阀、怠速阀、进气歧管等组成，如图 4—4—2 所示。

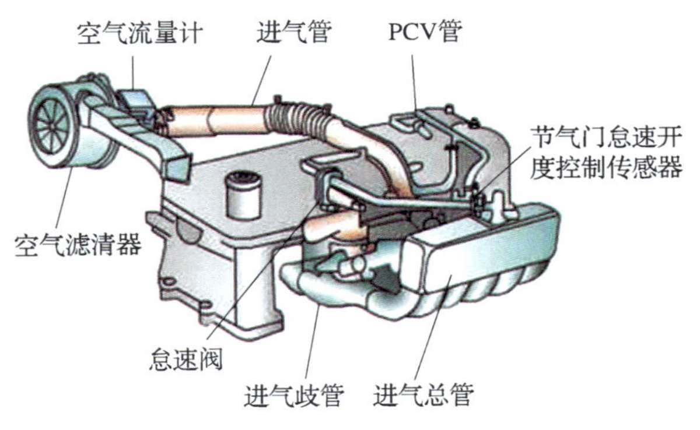

图 4—4—2　发动机进气系统

2. 进气系统的作用

进气系统的主要作用是为发动机输送清洁、干燥、充足而稳定的空气以满足发动机的需求，避免空气中杂质及大颗粒粉尘进入发动机燃烧室造成发动机异常磨损。进气系统的另一个重要功能是降低噪声，进气噪声不仅影响整车运行噪声，而且影响车内噪声，对乘车舒适性有很大影响。进气系统的设计直接影响发动机的功率及噪声品质，关系到车辆乘坐舒适性。

3. 进气系统的分类

当代汽车进气系统主要是可变进气系统。可变进气系统主要分为VVT（可变气门正时）、CVVT（连续可变气门正时）、VVT-i（电子可变正时）和i-VTEC（电子可变气门升程）四种。

4. 工作原理

发动机工作时，驾驶员通过加速踏板操纵节气门的开度，以此来改变进气量，控制发动机运转。进入发动机的空气经空气滤清器滤去灰尘等杂质后，流经空气流量计，沿节气门通道进入动力腔，再经进气歧管分配到各个气缸中；发动机冷车怠速运转时，部分空气经附加空气阀或怠速阀绕过节气门进入气缸。

三、排气系统

1. 排气系统的组成

排气系统是指收集且排放废气的系统。一般由排气歧管、排气管、三元催化转换器、排气温度传感器、消声器等组成，如图4—4—3所示。

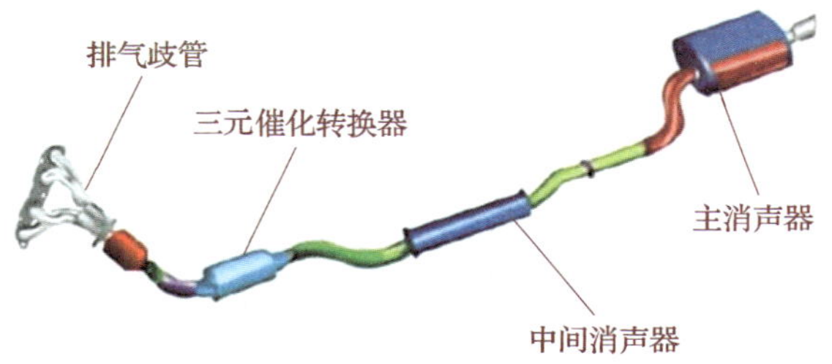

图4—4—3　发动机排气系统

2. 排气系统的作用

排气系统的主要作用是排放发动机工作所排出的废气，同时使排出的废气污染减小，噪声减小。汽车排气系统主要用于轻型车、微型车和客车，以及摩托车等机动车辆。

3. 排气系统常见故障

(1) 汽车在使用过程中由于供油系统、点火系统等故障，发动机过热、回火，造成三元催化转换器载体烧结、剥落，排气阻力增大。

(2) 由于燃油或润滑油的使用原因，造成催化器中毒、活性下降，催化转换效率受到影响，三元催化器内产生硫、磷络合物和沉积物，进而使汽车性能恶化，造成动力性能下降、燃油消耗增加、排放恶化等。

四、可变进气歧管

可变进气歧管（PDA）通过改变进气管的长度或截面积提高燃烧效率，使发动机在低转速时更平稳、扭矩更充足，高转速时更顺畅、功率更强大。进气歧管一端与进气门相连，另一端与进气总管后的进气谐振室相连，每个气缸都有一根进气歧管。

1. 可变长度进气歧管

当汽油机低速运转时，其电子控制模块发出指令使转换阀控制机构关闭转换阀。这时，空气须经空气滤清器和节气门沿着弯曲而又细长的进气歧管流进气缸。细长的进气歧管提高了进气速度，增强了气流的惯性，使进气充量增多；当汽油机高速运转时，汽油机电子控制模块发出指令使转换阀控制机构打开转换阀，空气经空气滤清器和节气门及转换阀直接进入粗短的进气歧管。粗短的进气歧管进气阻力减小，也使进气充量增多，如图4—4—4所示。

可变长度进气歧管不仅可以提高汽油机在中、低速和中、小负荷时的动力性，即提高有效输出扭矩，还由于它提高了汽油机在中、低速运转时的进气速度，增强了气缸内的气流强度，从而改善了燃烧过程，使汽油机中、低速时的最低燃油消耗率下降，燃油经济性有所提高。

2. 双通道可变进气歧管

每个进气歧管都有两个进气通道，一长一短，如图4—4—5所示。根据汽油机的工作转速高低、负荷大小，由旋转阀控制空气经过哪一个通道流进气缸。在长进气通道中安装有喷油器。

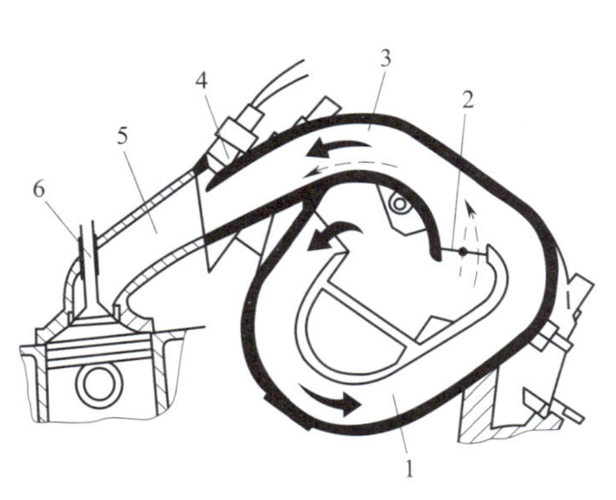

图4—4—4　可变长度进气歧管

1—细长进气歧管　2—控制阀　3—粗短进气歧管
4—喷油器　5—气缸盖上的进气道　6—进气门

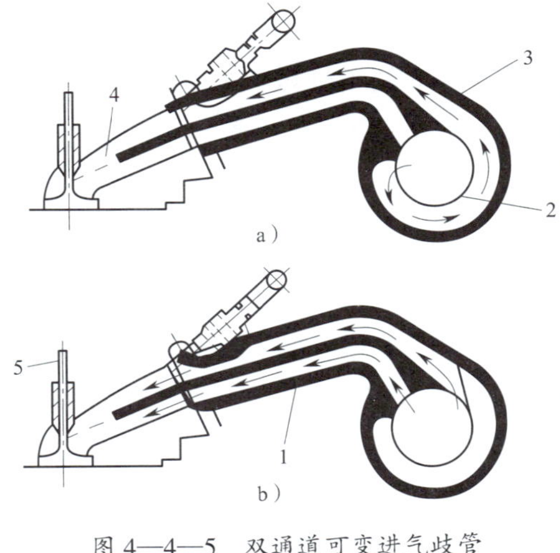

图4—4—5　双通道可变进气歧管

a）中、低转速　b）高转速

1—短进气通道　2—旋转阀　3—长进气通道
4—气缸盖上的进气道　5—进气门

当汽油机在中、低速运转时，旋转阀受到由汽油机电子控制模块发出的指令，在旋转阀控制机构（执行器）的作用下，将短进气通道封闭，新鲜空气充量经空气滤清器、节气门沿长进气通道经过气缸盖上的进气道和进气门进入气缸；当汽油机在高速运转时，汽油机电子控制模块发出指令，旋转阀控制机构（执行器）作用将短进气通道打开，使长进气通道短路，将长进气通道改变为辅助进气通道。这时，新鲜空气充量同时经过两个进气通道进入气缸。与可变长度进气歧管的功用相同，双通道可变进气歧管可提高汽油机在中、低速和中、小负荷的有效输出扭矩——改善动力性，降低汽油机在中、低速和中、小负荷的最低燃油消耗率——改善经济性；适当减少汽油机有害排气污染物的排放量——改善排气净化性。

3. 主副通道式可变进气歧管

主副通道式可变进气歧管是双通道可变进气歧管的一个变形和特例。其结构、工作过程、作用均与双通道可变进气歧管相似。

在由低速向高速过渡的状态下，控制阀部分微开。每一气缸使用主进气通道（长）和副进气通道（短）。副进气通道中安装有控制阀（圆盘阀），主进气通道中安装有喷油器。在主副通道式可变进气歧管中，控制阀的位置由控制单元（ECU）根据汽油机的曲轴转速高或低进行控制。

当汽油机低速运转时，控制阀保持关闭，迫使所有的新鲜进气充量都经主通道高速地流入气缸；当汽油机高速运转时，控制阀保持全开，以减少进气的流动阻力。此时，所有新鲜进气充量同时经主、副两个通道进入气缸。

4. 无级可变进气歧管

无级可变进气歧管是可变进气歧管最理想的一种方案。基本原理仍然是汽油机配置的进气歧管的长度和截面面积能够随着汽油机转速变化而无级、连续地改变。

低转速运转时，节气门体可变进气管长度阀（控制阀）关闭，进气歧管可变进气管长度阀（控制阀）也关闭。此时，长进气歧管工作，成为新鲜进气充量的主要通道。其特征是两阀全关，长进气歧管工作。

中等转速运转时，节气门体可变进气管长度阀（控制阀）打开，而进气歧管可变进气管长度阀（控制阀）关闭。此时，中等长度进气歧管工作，成为新鲜进气充量的主要通道。其特征是两阀一开一关，中等长度进气歧管工作。

高转速运转时，节气门体可变进气管长度阀（控制阀）打开，进气歧管可变进气管长度阀也打开。此时，短进气歧管工作，成为新鲜进气充量的主要通道。

任务实施

一、操作前的准备工作

1．将工位清理干净，准备好相关的工具、物品等。

2．准备好发动机翻转台架，并安全固定。

提示：

◆ 培养良好的工作习惯，做好事前准备，有利于安全操作和提高工作效率。

二、安装气门室罩盖

1．安装气缸门室罩盖密封垫。

提示：

◆ 安装密封垫时需要更换新件，防止漏油。

2．安装气门室罩盖。

3．按规定顺序分 2 次拧紧气门室罩盖固定螺栓。

提示：

◆ 第一次拧紧力矩为 5 N · m。

◆ 第二次拧紧力矩为 8 N · m。

<table>
<tr><td>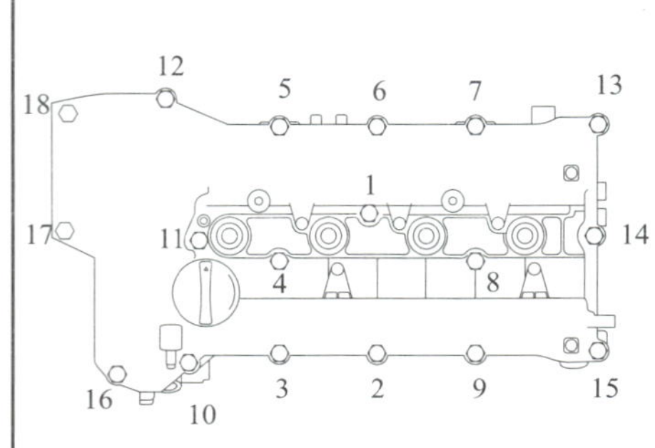</td><td>提示：
◆ 气门室罩盖固定螺栓拧紧顺序见左图。</td></tr>
<tr><td colspan="2">三、安装传感器、执行器</td></tr>
<tr><td></td><td>1．安装 CVVT 机油控制阀。
提示：
◆ 进、排气口各一个。
◆ 拧紧力矩为 10 N · m。</td></tr>
<tr><td>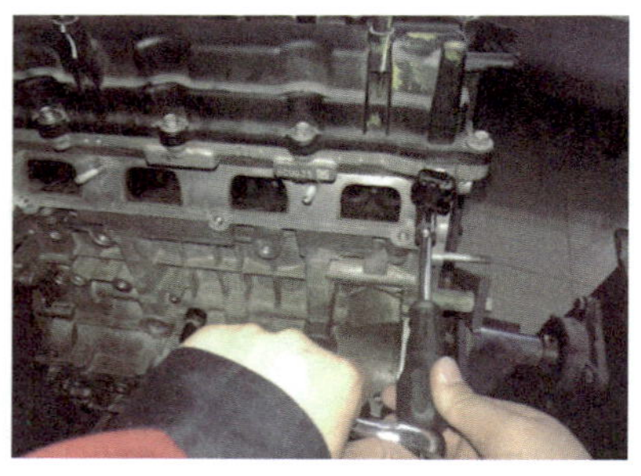</td><td>2．安装凸轮轴位置传感器。
提示：
◆ 左右各 1 个。
◆ 拧紧力矩为 10 N · m。</td></tr>
<tr><td>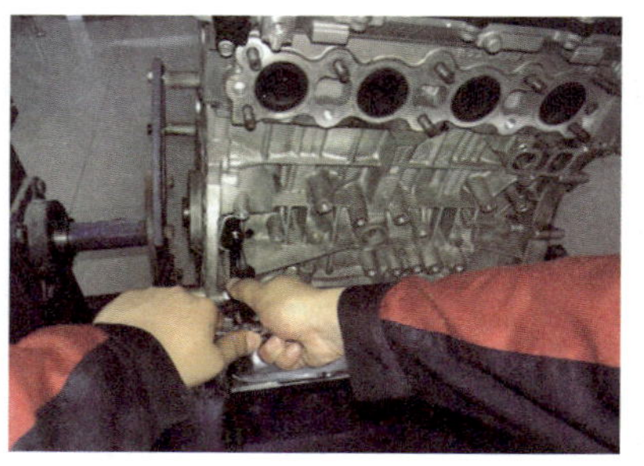</td><td>3．安装曲轴位置传感器。
提示：
◆ 拧紧力矩为 10 N · m。</td></tr>
</table>

<table>
<tr><th colspan="2">四、安装水泵</th></tr>
<tr><td></td><td>1．安装水泵和水泵密封垫。
提示：
◆ 密封垫不可重复使用，需更换新件。</td></tr>
<tr><td></td><td>2．拧紧水泵固定螺栓。
提示：
◆ 按对角的顺序分 2 ～ 3 次拧紧。
◆ 拧紧力矩为 20 N · m。</td></tr>
<tr><th colspan="2">五、安装传动带张紧轮</th></tr>
<tr><td></td><td>1．安装传动带张紧轮支架。</td></tr>
<tr><td>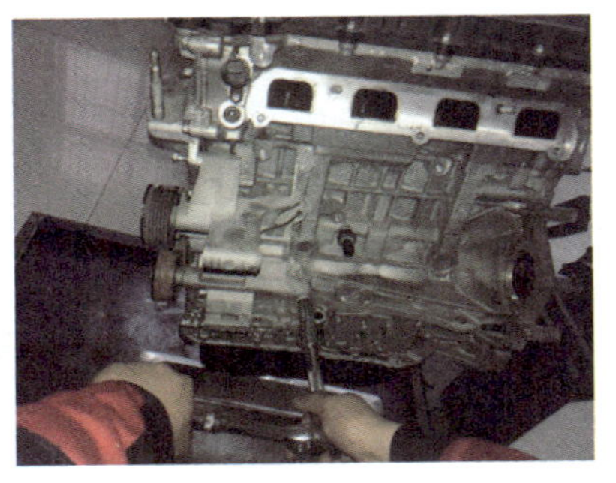</td><td>2．拧紧传动带张紧轮支架固定螺栓。
提示：
◆ 拧紧力矩为 40 N · m。</td></tr>
</table>

六、安装机油滤清器	
	1．安装机油滤清器底座和密封垫。 提示： ◆ 密封垫不可重复使用，需更换新件。
	2．拧紧机油滤清器底座固定螺栓。 提示： ◆ 按对角顺序分 2 ～ 3 次拧紧。 ◆ 拧紧力矩为 45 N·m。
	3．安装机油滤清器。 提示： ◆ 机油滤清器不可重复使用，需更换新件。 ◆ 安装前应使用润滑油润滑密封圈。
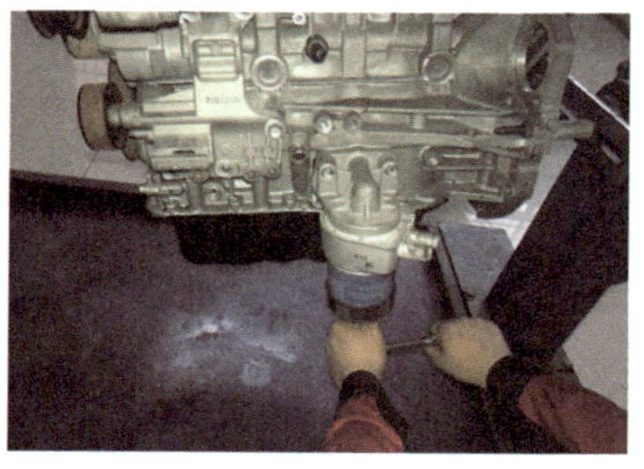	提示： ◆ 使用机油滤清器专业工具安装。 ◆ 拧紧力矩为 12 N·m。

<table>
<tr><th colspan="2">七、安装水温控制器</th></tr>
<tr><td></td><td>1．安装水温控制器总成。</td></tr>
<tr><td>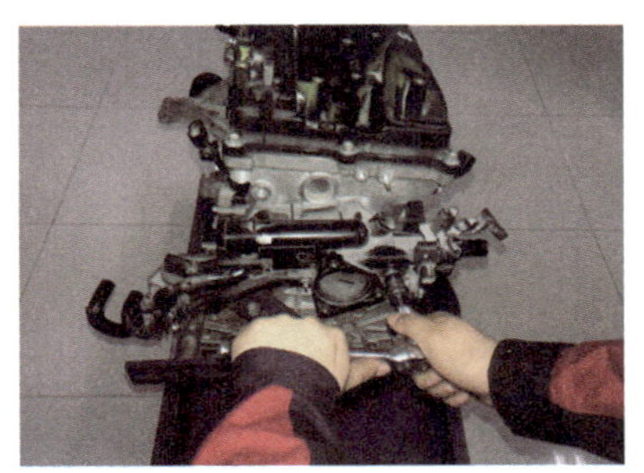</td><td>2．安装水温控制器总成固定螺栓和连接水管。
提示：
◆ 按对角顺序分 2 ～ 3 次拧紧。
◆ 拧紧力矩为 20 N · m。</td></tr>
<tr><th colspan="2">八、安装排气歧管</th></tr>
<tr><td></td><td>1．安装发动机排气歧管垫。
提示：
◆ 排气歧管垫不可重复使用，需更换新件。</td></tr>
<tr><td></td><td>2．安装发动机排气歧管。</td></tr>
</table>

	3．按顺序分 2 ~ 3 次拧紧排气歧管固定螺栓。 提示： ◆ 拧紧力矩为 50 N·m。
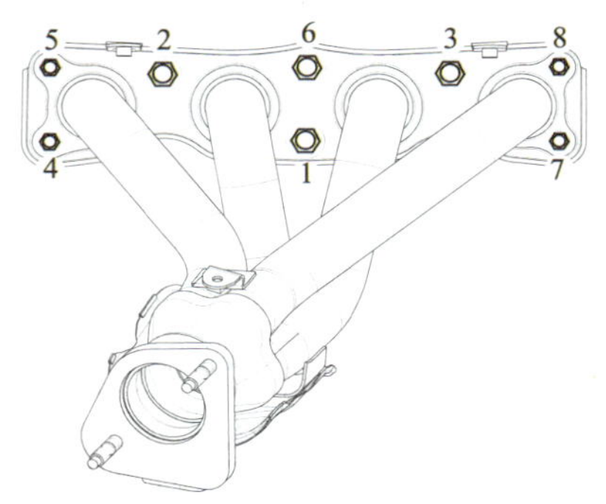	提示： ◆ 排气歧管螺栓拧紧顺序见左图。
	4．拧紧排气歧管支撑架固定螺栓。 提示： ◆ 拧紧力矩为 25 N·m。
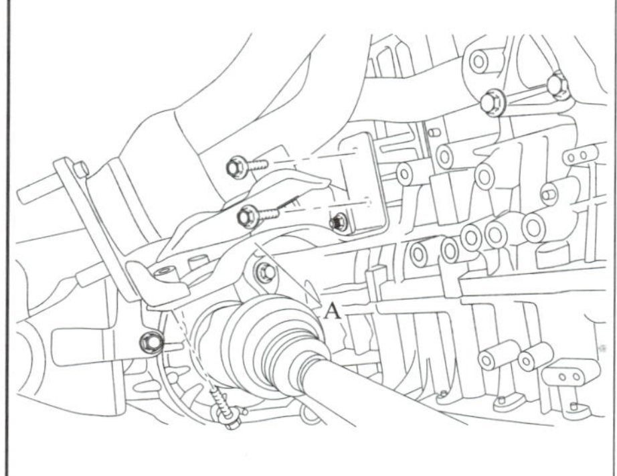	提示： ◆ 排气歧管支撑架见左图 A。

<table>
<tr><th colspan="2">九、安装机油散热器水管及卡箍</th></tr>
<tr><td></td><td>1．安装机油散热器水管。</td></tr>
<tr><td></td><td>2．用鲤鱼钳安装机油散热器水管卡箍。</td></tr>
<tr><th colspan="2">十、安装机油标尺总成、机油压力传感器线束</th></tr>
<tr><td></td><td>1．安装机油标尺总成。
提示：
◆ 拧紧力矩为 8 N · m。</td></tr>
<tr><td></td><td>2．安装机油压力传感器线束。</td></tr>
</table>

十一、安装爆震传感器及固定卡销	
	1. 安装爆震传感器。 提示： ◆ 爆震传感器需按规定力矩拧紧，否则会影响其工作性能。 ◆ 拧紧力矩为 20 N·m。
	2. 紧固爆震传感器线束固定卡销。
十二、安装发动机进气歧管	
	1. 安装发动机进气歧管。 提示： ◆ 需要更换进气歧管密封垫。
	2. 按规定顺序和力矩分 2 ~ 3 次拧紧进气歧管固定螺栓。 提示： ◆ 拧紧力矩为 20 N·m。

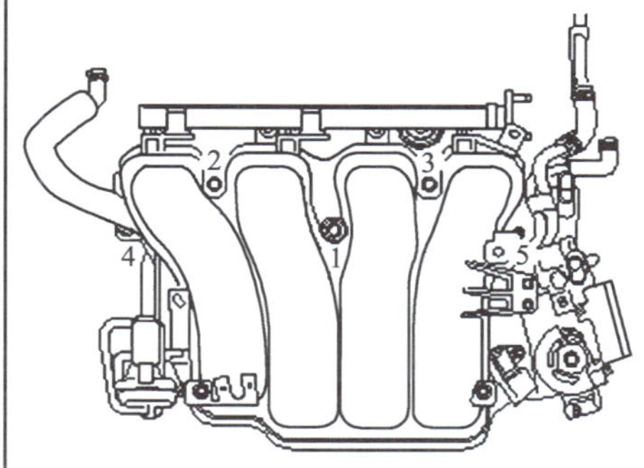

提示：

◆ 进气歧管固定螺栓安装顺序见左图。

十三、安装曲轴强制通风管及固定卡箍

1．安装曲轴强制通风管。

2．使用鲤鱼钳安装曲轴强制通风管固定卡箍。

十四、安装燃油导轨及固定螺栓

1．安装燃油导轨。

提示：

◆ 喷油器 O 形密封圈不可重复使用，需更换新件。

◆ 安装前应使用润滑油润滑 O 形密封圈。

	2．安装燃油导轨固定螺栓。 提示： ◆ 拧紧力矩为 12 N · m。

考评标准表——组装外围附件

时间：40 min

项目	分值	评分标准与指导	评价结果
工具准备	10	工具准备不齐全、不正确，酌情扣分	
安装机油滤清器及附件	10	方法不正确，扣 5 分；拧紧力矩不正确，扣 5 分；操作过程中违规，酌情扣分	
安装排气歧管总成及附件	15	方法不正确，扣 5 分；拧紧力矩不正确，扣 5 分；操作过程中违规，酌情扣分	
安装相关传感器、执行器	10	方法不正确，扣 5 分；拧紧力矩不正确，扣 5 分；操作过程中违规，酌情扣分	
安装进气歧管总成及附件	15	方法不正确，扣 5 分；拧紧力矩不正确，扣 5 分；操作过程中违规，酌情扣分	
安装水泵及附件	10	方法不正确，扣 5 分；拧紧力矩不正确，扣 5 分；操作过程中违规，酌情扣分	
安装燃油导轨总成	10	方法不正确，扣 5 分；拧紧力矩不正确，扣 5 分；操作过程中违规，酌情扣分	
正确使用工具	10	使用不当酌情扣分，并指正	
安全文明操作	10	零件、工具落地，一次扣 2 分；不清理、整理工具，每件扣 1 分	
遵守相关安全操作规范		因违规操作发生人身和设备事故，终止考核，成绩按 0 分计 超时每分钟扣 2 分，超时 10 分钟终止考核	
分数合计	100		

课题五 发动机安装及调试

任务 1 安装发动机附件

实训目标

1. 了解发动机拆装安全操作注意事项。
2. 掌握发动机附件安装的相关注意事项。
3. 能正确安装发动机电路、油路、进排气系统等附件以及电控线束。
4. 操作步骤应符合相关工艺要求。

实训准备

1. 设备：发动机试验台、零件桌、工具柜。
2. 材料：常用工具、抹布等。
3. 资料：维修手册、配套学习材料。
4. 场地：汽车发动机拆装（一体化）实训室。

工作任务

一辆轿车行驶了 126 000 km，发动机刚进行过大修，需要对其进行重新组装并调试。作为一名汽车维修工，应该能熟练安装发动机的相关附件及电控线束。本任务要求学生了解发动机电路、油路、进排气系统的组成及作用，并在此基础上能正确安装发动机相关附件。

知识储备

一、拆卸发动机安全操作注意事项

1. 拆卸前的注意事项

（1）发动机拆卸必须在完全冷却的状态下进行，以免机件变形。

（2）发动机拆卸前必须排放冷却液和润滑油，并且释放燃油压力。

（3）发动机起吊时必须连接牢固，确保起吊的安全性。

（4）使用千斤顶等举升机具时，必须确保支撑点正确无误，并使支撑稳固可靠，否则不得进行车下作业。

（5）吊装发动机总成时，必须由专人负责指挥。操作过程中不可将手脚伸入易被挤压的部位，以免发生危险。

（6）发动机总成解体时，应使用专用工具或机具，按照分解顺序进行。对较难拆卸的零件，必须采用合理、有效的方法，不得违反操作规程。

（7）对重要部件的拆卸，要熟悉其结构，并按照合理的工艺规程进行。

2. 管路线路的拆卸安全事项

（1）拆卸燃油管时，因燃油管中有压力，在松开软管接头前，应先将抹布放到分离点处，然后小心地拔下软管以卸压，并用抹布擦净流出的燃油。

（2）拆卸蓄电池接线柱引线时，应拉动插座本体，以免损坏引线。

（3）在拆开真空软管时，必须在其端头做出安装位置标记，以保证安装的准确性；在脱开真空软管时，只能拉动软管的端头，不允许拉软管的中部。

（4）在拆卸线束连接器时，只能用手握住连接器并拉开，不允许拽动线束。

（5）拆卸和安装散热器时，切勿拉伸、扭曲或弯折制冷剂管路和软管，以免损坏管路及冷凝器。

3. 零部件的拆卸安全事项

（1）在任何零件的加工面上锤击时，都必须垫上软金属或垫棒，不可用锤子直接敲打。

（2）所有零件在组装前必须经过彻底清洗并用压缩空气吹干，经检验确认合格后方可装配。

（3）对于螺纹连接件的拆卸，应选用合适的呆扳手、梅花扳手、套筒扳手及专用工具，不可使用活扳手或手钳，以免损伤螺母或螺栓头的棱角。

（4）对于螺栓、双头螺柱，如有变形则不可再用；螺纹断扣、滑牙不可修复时，应更换新件。

二、装配发动机安全操作注意事项

发动机的装配是以气缸体为基础件，由内向外逐步完成的。装配前，必须认真清洗、吹干、清点各零件，密封垫、密封圈均须更换新件；装配中要认真细致，严格按照装配工艺要求进行装配。装配中各零部件要涂上新润滑油，各基础件之间相互位置关系必须得到保证。各配合间隙尤其是活塞与气缸壁、主轴承与主轴颈、连杆轴承与轴颈、活塞与活塞销等均应符合技术要求；螺栓、螺母的拧紧顺序、次数和拧紧力矩均应符合技术要求。

装配完整后应进行冷、热磨合，在磨合过程中发现问题应及时排除，并仔细检查是否漏油、漏气、漏液、漏电。磨合后对重要的配合件还要进行拆检，若有异常应及时排除。发动机装配后的磨合非常必要，尤其是最初 2 ~ 4 h 的运行，对发动机的耐久性影响非常大。磨合完成后，还需进行性能测试，以确定大修后的发动机性能是否达到标准。

1. 装配注意事项

(1) 装配前必须认真清洗零件，保持设备、工具、工作场地的清洁，应注意仔细检查和彻底清洗气缸体、曲轴上各润滑道，并用压缩空气吹净。

(2) 在装配过程中，应采用专用工具，以防损坏零件。

(3) 注意将所有管路（如燃油管、液压管、活性炭罐管、冷却液和制冷剂管、制动液管、真空管等）及所有导线恢复到位；所有运动部件及发热部件之间应留有足够的间隙。

(4) 不可互换的机件，如气缸体与飞轮壳、各活塞连杆组与其对应的气缸等，应按照其原位安装，不得错乱。对于相互位置有标记的零部件，如曲轴与飞轮、配气点火正时等，必须按照标记对准，不得错位。

(5) 对于出厂前已涂有密封紧固胶的零件，在重新安装时必须除净残胶、油污，涂上规定的密封紧固胶加以密封或紧固。

2. 操作安全事项

(1) 各螺栓、螺母所用的锁止件，如开口销、垫圈、锁片等，应按规定装配齐全可靠，不得有遗漏和损伤。更换衬垫时，一定要注意其厚度，因为衬垫的厚度往往决定机件相互之间的装配间隙，从而影响机器的技术性能。在安装时，衬垫两面应涂抹一层润滑脂（发动机气缸除外）。

(2) 在拧紧螺栓、螺母时，尽量不要用活扳手，应使用各种标准的专用扳手或呆扳手，对重要部件的螺栓、螺母应使用扭力扳手，按规定力矩拧紧。

(3) 必须明确零件配合性质和要求，掌握过盈配合及间隙配合的技术标准。

(4) 密封件安装后应无渗漏。安装油封前，应在油封座及油封外表面上涂抹密封胶，并保证其平正地安装到位。安装曲轴前油封时，应检查曲轴带轮的凸缘，若油封颈处有明显的唇口、沟槽，则应予以修复或更换新件。

任务实施

一、操作前的准备工作

<table>
<tr><td></td><td>将工位清理干净，准备好相关的工具、物品等。
提示：
◆ 培养良好的工作习惯，做好事前准备，有利于安全操作和提高工作效率。</td></tr>
</table>

二、连接油路、水路、气路附件

<table>
<tr><td></td><td>1．将发动机固定在台架上。
2．连接排气管，拧紧排气管固定螺栓。
提示：
◆ 排气管有 2 个固定螺栓。
◆ 拧紧力矩为 40 N · m。
◆ 排气管接口垫不可重复使用。</td></tr>
<tr><td></td><td>3．连接发动机上、下水管。
提示：
◆ 安装前应检查水管是否有老化、断裂等情况，如有应更换。</td></tr>
<tr><td></td><td>4．安装上、下水管固定卡箍。
提示：
◆ 卡箍需更换新件。</td></tr>
</table>

	5．安装燃油导轨油管。 提示： ◆ 油管卡箍需更换新件。 ◆ 螺旋卡箍拧紧力矩为 6 N・m。

三、安装起动机、发电机

	1．将起动机安装在变速器壳体上。 2．拧紧起动机 3 个固定螺栓。 提示： ◆ 起动机固定螺栓拧紧力矩为 60 N・m。
	3．安装发电机。 提示： ◆ 发电机固定螺栓拧紧力矩为 55 N・m。 ◆ 发电机调整螺栓拧紧力矩为 50 N・m。 4．安装发电机线路。
	5．安装起动机线束。 提示： ◆ 固定螺母拧紧力矩为 13 N・m。 ◆ 起动机电源桩头上应有 2 根电源线，一根为起动机电源线，一根为发电机电源线。

<table>
<tr><th colspan="2">四、连接电控系统线束</th></tr>
<tr><td></td><td>1．连接燃油泵线束。
提示：
◆ 安装前应检查插头针脚是否有弯曲、折断的情况，如有应修复或更换新件。</td></tr>
<tr><td></td><td>2．连接发电机线束。
提示：
◆ 安装前应检查插头针脚是否有弯曲、折断的情况，如有应修复或更换新件。</td></tr>
<tr><td>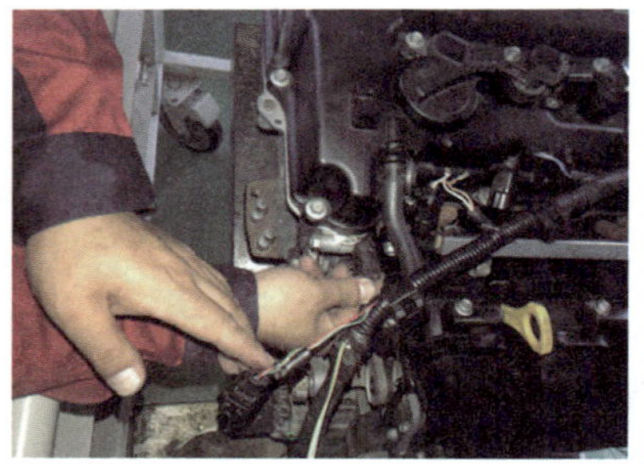</td><td>3．连接 CVVT 机油控制阀线束。
提示：
◆ 左、右各有一个。
◆ 安装前应检查插头针脚是否有弯曲、折断的情况，如有应修复或更换新件。</td></tr>
<tr><td></td><td>4．连接喷油器线束。
提示：
◆ 安装前应检查插头针脚是否有弯曲、折断的情况，如有应修复或更换新件。
◆ 安装插头时应注意方向和顺序。</td></tr>
</table>

	5．连接进气凸轮轴位置传感器线束。 提示： ◆ 安装前应检查插头针脚是否有弯曲、折断的情况，如有应修复或更换新件。
	6．连接排气凸轮轴位置传感器线束。 提示： ◆ 安装前应检查插头针脚是否有弯曲、折断的情况，如有应修复或更换新件。
	7．连接节气门位置传感器线束。 提示： ◆ 安装前应检查插头针脚是否有弯曲、折断的情况，如有应修复或更换新件。
	8．连接进气压力和进气温度传感器线束。 提示： ◆ 安装前应检查插头针脚是否有弯曲、折断的情况，如有应修复或更换新件。

	9．连接点火线圈插头线束。 提示： ◆ 安装前应检查插头针脚是否有弯曲、折断的情况，如有应修复或更换新件。
	10．连接水温传感器线束。 提示： ◆ 安装前应检查插头针脚是否有弯曲、折断的情况，如有应修复或更换新件。
	11．连接曲轴位置传感器线束。 提示： ◆ 安装前应检查插头针脚是否有弯曲、折断的情况，如有应修复或更换新件。
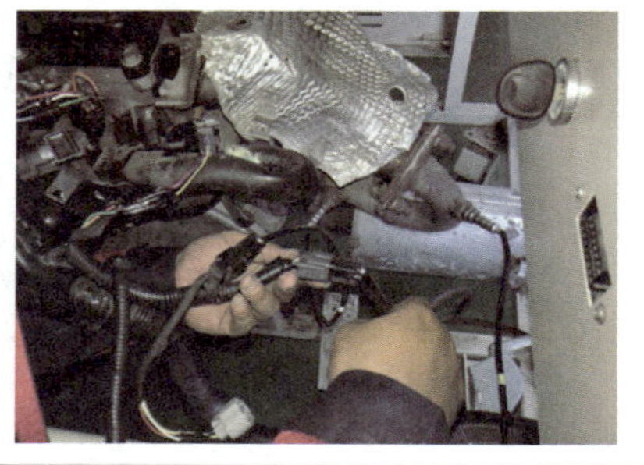	12．连接氧传感器线束。 提示： ◆ 安装前应检查插头针脚是否有弯曲、折断的情况，如有应修复或更换新件。
	13．连接加速踏板位置传感器线束。 提示： ◆ 安装前应检查插头针脚是否有弯曲、折断的情况，如有应修复或更换新件。

五、连接进气软管

提示：
- 螺旋卡箍须更换新件。
- 螺旋卡箍拧紧力矩为 6 N · m。

考评标准表——安装发动机附件

时间：40 min

项目	分值	评分标准与指导	评价结果
工具准备	10	工具准备不齐全、不正确，酌情扣分	
安装排气管	10	方法不正确，扣 5 分；操作过程中违规，酌情扣分	
安装发动机冷却液水管	10	方法不正确，扣 5 分；操作过程中违规，酌情扣分	
安装燃油导轨	10	方法不正确，扣 5 分；操作过程中违规，酌情扣分	
安装起动机、发电机及控制线束	15	方法不正确，扣 5 分；操作过程中违规，酌情扣分	
安装电控系统线束	15	方法不正确，扣 5 分；操作过程中违规，酌情扣分	
连接进气软管	10	方法不正确，扣 5 分；操作过程中违规，酌情扣分	
正确使用工具	10	使用不当酌情扣分，并指正	
安全文明操作	10	零件、工具落地，一次扣 2 分；不清理、整理工具，每件扣 1 分	
遵守相关安全操作规范		因违规操作发生人身和设备事故，终止考核，成绩按 0 分计 超时每分钟扣 2 分，超时 10 分钟终止考核	
分数合计	100		

任务2 调试发动机

实训目标

1. 了解冷却液和机油的型号及作用。
2. 了解蓄电池的定义、分类及使用注意事项。
3. 能正确地选用冷却液和机油，并进行加注与检查。
4. 能对发动机进行运行试验，并判断发动机工作是否正常。
5. 掌握解码器的使用及数据流的分析方法。
6. 掌握发动机调试的相关注意事项。
7. 操作步骤应符合相关工艺要求。

实训准备

1. 设备：发动机试验台、尾气抽排系统、零件桌、工具柜。
2. 材料：常用工具、万用表、解码器、抹布等。
3. 资料：维修手册、配套学习材料。
4. 场地：汽车发动机拆装（一体化）实训室。

工作任务

一辆轿车行驶了126 000 km，发动机刚进行过大修，需要对装配后的零部件、总成试验或对整车进行整体性能试验和运转试验。作为一名汽车维修工，应能调试并检验发动机大修后的性能是否符合标准。本任务要求学生了解发动机大修后调试的意义，并在此基础上能正确调试发动机的综合性能，并确定发动机的工作能力和各项性能指标是否符合要求。

知识储备

一、冷 却 液

1. 冷却液的作用

（1）冬季防冻。为了防止汽车在冬季停车后冷却液结冰而造成散热器、发动机气缸体胀裂，要求冷却液的冰点应低于该地区最低温度10℃左右，以备天气突变。

（2）防腐蚀。冷却系统中散热器、水泵、气缸体及气缸盖、分水管等部件是由钢、铸铁、黄铜、紫铜、铝、焊锡等金属组成的，由于不同金属的电极电位不同，在电解质的作用下容易发生电化学腐蚀；同时冷却液中的二元醇类物质分解后形成的酸性产物、燃料燃烧后形成的酸性废气也可能渗透到冷却系统中，加速冷却系统腐蚀。冷却系统腐蚀会使散热器的下水室、喷油嘴隔套、冷却管道、接头以及散热器管发生故障，同时堵塞管道，引起发动机过热甚至瘫痪；若腐蚀穿孔，冷却液渗入燃烧室或曲轴箱会造成严重的破坏。因为当冷却液与燃油混合时，产生油污和胶质，削弱润滑，使得阀、液压阀推杆和活塞环黏结。所以冷却液中一般都加入一定量的防腐蚀添加剂，防止冷却系统产生腐蚀。

（3）防水垢。冷却液在循环中应尽可能少地减少水垢的产生，以免堵塞循环管道，影响冷却系统的散热功能。

（4）提高沸点。符合国家标准的冷却液，沸点通常都超过 105℃，相比水的沸点（100℃），冷却液能耐受更高的温度而不沸腾（开锅），在一定程度上满足了高负荷发动机的散热需要。

2. 选择冷却液的注意事项

（1）根据机体组的使用环境和温度条件选择其凝固点（即冰点）。冰点是冷却液的重要指标，一般情况下其冰点应选择在比当地冬季最低气温低 10℃左右为宜；冷却液牌号一般为其冰点值，不同地区的选购参考值应有所区别。长江以南地区可全年选用牌号为 −25 号的冷却液，一些地区还可选用牌号为 −15 ℃的冷却液；长江以北地区、东北地区和西北地区应选用 −35 ～ −50 号的冷却液。注意不同厂家、不同牌号的冷却液不能混合使用。

（2）根据发动机的不同要求选择冷却液，如进口发动机选用永久性冷却液，而国产发动机则可采用直接使用型的冷却液，夏季可换成软化水。

（3）尽可能选用具有防锈、防腐及除垢能力的冷却液。发动机及其冷却系统是由金属（铜、铁、铝、钢、焊锡）制造的，这些金属在高温下与水长时间接触，都会受到腐蚀、生锈。而冷却液不仅不会对发动机冷却系统造成腐蚀，还具有防腐和除锈功能。

3. 正确使用冷却液

（1）检查冷却系统有无渗漏现象，然后再注入冷却液。

（2）完全排尽冷却系统中的冷却液，避免残留液体稀释配制好的冷却液，使其冰点发生变化。

（3）冷却液沸点高、热容量大、蒸发损失小、冷却效率高，使用冷却液时发动机冷却温度要比使用软化水冷却时高出 10℃左右，此时不能错误地认为是发动机故障。热机时切不可打开散热器盖，以免热气冲出造成人员烫伤。

（4）因冷却液具有毒性，使用中应注意避免使其与人体接触，尤其防止进入眼内；冷却液多为工业乙二醇－水基型，对人体有一定毒副作用，禁止采用嘴吸操作法。冷却液一旦沾到手上或身上，应及时用清水清洗干净。

（5）更换冷却液必须在冷车时进行，并彻底放尽冷却系统中所有冷却液残余，并用软水清洁后加注至规定的液面。

（6）冷却液在高温状态下长期使用，必然会导致变质，使用性能下降。为此，应定期更换冷却液。一般为一年或每运行 500 h 更换一次。更换冷却液时应放净旧液，将冷却系统清洗干净后，再换新液。

（7）适量加注冷却液。冷却液如加注量不足，会导致冷却效果不够；如加注过量，会导致散热器膨胀，因此必须留出 5% 的膨胀空间。膨胀水箱应按液位标记，加注少量冷却液，使其充分发挥水汽分离、恒压泵水、减少氧化和穴蚀的作用。

（8）清除水垢。当冷却系统有水垢时，在换用新冷却液之前，应使用散热器清洗剂清除水垢。如果未清除，冷却液中的防腐剂、阻垢剂等添加剂会与水垢和锈蚀物发生化学反应，产生大量二氧化碳气体。气体会从散热器盖冒出大量气泡到膨胀水箱，同时使冷却液变色，产生大量絮状物。上述情况会影响发动机的正常工作以及冷却液的正常使用。

二、机油（发动机润滑油）的作用

1．润滑。活塞与气缸之间、主轴与轴瓦之间存在快速的相对滑动，要防止零件磨损过快，则需要在两个滑动表面之间建立油膜。有足够厚度的油膜将相对滑动的零件表面隔开，从而达到减少磨损的目的。

2．辅助冷却降温。机油因比热值较低且在发动机内部，本身并不具有冷却作用。但发动机内由于燃料燃烧产生热能，在发动机工作时，机油能够将热量带回机油箱再散发至空气中帮助散热器冷却发动机。起冷却作用的是发动机壳外部的水（或冷却液）。

3．清洗、清洁。品质好的机油能够将发动机零件上的碳化物、油泥、磨损金属颗粒通过循环带回油底壳，通过机油的流动冲洗零件工作面上产生的脏物。

4．密封、防漏。机油可以在活塞环与活塞之间形成一个密封圈，减少气体的泄漏和防止外界的污染物进入。

5．防锈、防蚀。机油能吸附在零件表面，防止水、空气、酸性物质及有害气体对零件的锈蚀。

6．减振、缓冲。当发动机气缸口压力急剧上升时，突然加剧了活塞、活塞销、连杆和曲轴轴承上的负荷，该负荷经过轴承的减振润滑，使承受的冲击负荷起到缓冲的作用。

7．抗磨。摩擦面加入润滑油，能使摩擦系数降低，从而减少摩擦阻力，节约能源消耗，减少磨损。润滑油在磨擦面间可以减少磨粒磨损、表面疲劳、黏着磨损所造成的磨损。

三、蓄 电 池

1. 定义

蓄电池是将化学能直接转化为电能的一种装置，是按可再充电设计的电池，通过可逆的化学反应实现再充电。机动车用蓄电池通常是指铅酸蓄电池，它是电池中的一种，属于二次电池。其工作原理是：充电时利用外部的电能使内部活性物质再生，将电能储存为化学能，需要放电时再次将化学能转换为电能输出。

2. 分类

常用的车用蓄电池分为三类：普通蓄电池、干荷蓄电池和免维护蓄电池。

（1）普通蓄电池

普通蓄电池的极板由铅和铅的氧化物构成，电解液是硫酸的水溶液。它的主要优点是电压稳定、价格便宜；缺点是比能低（即每千克蓄电池存储的电能）、使用寿命短和日常维护频繁。

（2）干荷蓄电池

它的全称是干式荷电铅酸蓄电池，其主要特点是负极板有较高的储电能力，在完全干燥的状态下，能在 2 年内保存所得到的电量，使用时只需加入电解液，20 ~ 30 min 即可使用。对于传统的干荷蓄电池（如汽车干荷电池、摩托车干荷电池等），在使用一段时间后要补充蒸馏水，使稀硫酸电解液保持 1.28 g/mL 左右的密度。

（3）免维护蓄电池

免维护蓄电池由于自身结构上的优势，电解液的消耗量非常小，在使用寿命期间基本不需要补充蒸馏水。它还具有耐振、耐高温、体积小、自放电小等特点，使用寿命一般为普通蓄电池的 2 倍。目前市场上的免维护蓄电池有两种：一种是在购买时一次性加入电解液，以后使用中不需要维护（添加补充液）；另一种是蓄电池在出厂时就已经加好电解液并密封，用户无须添加补充液。

3. 使用及保养注意事项

(1) 蓄电池长久不用会慢慢自行放电，直至报废。因此，每隔一定时间就应启动一次发动机，给蓄电池充电。另一个办法就是将蓄电池上的两个电极拔下来，需注意的是从电极柱上拔下正、负两根电极线，要先拔下负极线，或卸下负极和汽车底盘的连接，然后再拔带有正极标志（+）的另一端。蓄电池有一定的使用寿命，到一定的期限就要更换。在更换时同样要遵循上述次序，但在连接电极线时，次序相反，应先接正极，再接负极。

(2) 当电流表指针显示蓄电量不足时，要及时充电。蓄电池的蓄电量可以在仪表盘上显示。如在路途中发现电量不足，发动机熄火不能启动，可以向其他车辆求助，用其车辆上的蓄电池来发动车辆，方法是将两个蓄电池的负极和负极相连，正极和正极相连。

(3) 电解液的密度应根据不同的地区、不同的季节，按照标准进行相应的调整。

(4) 当电解液亏损时应补充蒸馏水或专用补液，切忌用纯净水代替。纯净水中含有多种微量元素，会对蓄电池造成不良影响。

(5) 在启动汽车时，若不间断地使用起动机会导致蓄电池因过度放电而损坏。正确的使用方法是每次启动汽车的时间总长不超过 5 s，再次启动的间隔时间应不少于 15 s。在多次启动无效的情况下应从电路、点火线圈或油路等方面查找原因。

(6) 日常行车时应经常检查蓄电池盖上的通气孔是否畅通。若蓄电池盖通气孔被堵，产生的氢气和氧气排不出去，电解液膨胀时，会将蓄电池外壳胀裂，影响蓄电池使用寿命。

(7) 蓄电池组若发生故障，应送交厂家授权单位或有关机构妥善处理。不要随意丢弃以免造成环境污染。

四、发动机大修竣工检验

发动机总装是在各零部件符合使用要求的前提下，按一定程序和技术要求装配成完整的、技术性能良好的发动机总成的过程。装配质量的好坏对大修后的发动机性能影响很大。因此，必须严格按照技术要求进行装配。发动机装配完整后，需进行磨合和试验，用以改善摩擦副，扩大实际接触面积，增强承载能力，改善各系统运行的协调性，防止非正常磨损，延长发动机的使用寿命。发动机磨合后，需进行拆检，可及时发现装配过程中的误差，并及时修正和排除。最后，还要进行竣工验收及性能测试，以确保大修后的发动机性能达到技术标准。

1. 发动机竣工验收的内容

(1) 检查并加足冷却液、机油、燃油。加注的机油量、标号以及润滑脂应符合原厂规定。

(2) 用检视的方法检验发动机装备状况。要求装备齐全、有效，各零部件及附件应符合规定的技术标准。

(3) 启动发动机，检查其启动性能。

1) 冷车启动：要求在环境温度≥ -5℃时应顺利启动，允许连续启动≤ 3 次，每次启动≤ 5 s。

2) 热车启动：要求在发动机正常工作温度下 5 s 内能启动。

(4) 检查燃油压力。燃油压力的标准值为 (250±20) kPa，否则，应检查故障原因。

(5) 检查发动机运转工况。启动发动机运转至正常工作温度 93 ~ 105℃。

1) 检查怠速工况。用转速表进行运转试验或用发动机综合测试仪进行测量，要求发动机怠速运转稳定，转速符合原设计规定，转速波动≤ 50 r/min。

2) 检查转速变化工况。用转速表检查，发动机改变转速时应过渡圆滑，突然加速或减速时，不得有爆燃声、断火、回火、放炮等现象；最高转速不得低于 4 000 r/min。

(6) 检查发动机运转时有无异响。正常工况下运转时，不得有异常响声。

(7) 检视发动机机油压力及冷却液、机油温度。

(8) 检查气缸压力。气缸压力应符合原厂规定，各缸压力差：汽油机应不超过各气缸平均压力的 8%，柴油机应不超过 10%。

(9) 检查发动机进气歧管真空度。四冲程汽油机的转速在 500 ~ 600 r/min 时，以海平面为准，进气歧管真空度应为 57.2 ~ 70.5 kPa。其波动范围：六缸发动机不超过 3.5 kPa，四缸发动机不超过 5 kPa。

(10) 检查发动机功率和转矩。将发动机运转到正常工作温度，用发动机综合测试仪进行测量，要求发动机最大功率、最大转矩≥原设计定值的 90%。

(11) 检查发动机燃料消耗率。用油耗计、测功机按有关规定测量，要求发动机最低燃料消耗≤原设计要求。

(12) 检查发动机尾气排放。汽油机、柴油机的尾气排放均应符合现行国家规定。

(13) 检查机油质量。用检视方法或润滑油质分析仪检查，机油规格、数量、质量应符合原设计规定。

(14) 检视发动机“四漏”情况。发动机应无漏水、漏油、漏气、漏电现象。

（15）检查发动机涂漆或银粉。发动机外表应按规定涂漆或银粉，涂层要均匀，不得有漏涂现象。

2. 发动机总成修理竣工后的主要使用性能

（1）发动机在正常工作温度下，5 s时间内应能启动。柴油机在5℃环境下、汽油机在 -5℃环境下应启动顺利。

（2）配气相位差不大于2° 30″。

（3）加速灵敏，速度过渡圆滑，怠速稳定，各工况工作平稳。

（4）最大功率和最大转矩不低于原厂规定的90%。

（5）最低燃料消耗率不得高于原厂规定。

（6）发动机排放限值符合《机动车运行安全技术条件》(GB 7258—2017）中的规定。

（7）电子控制系统的设置应准确无误。自检警告灯应显示系统正常，或通过系统自诊断功能读取的故障码应为正常。

几种发动机大修后的主要技术性能要求见表5—2—1。

表5—2—1　几种发动机大修后的主要技术性能要求

发动机型号		A61.8 T	B51.8 L	F23A3	AJR	6BTA5.9	依维柯 8140.47	大宇 D1146T1
转速（r/min）		5 700	5 800	5 700	5 200	2 600	3 800	2 200
最大功率（kW）	原厂设计	92	92	110	74	140	85	142.5
	大修出厂	82.8	82.8	99	66.6	126	76.5	128.3
转速（r/min）		3 500	3 500	4 900	4 000	1 600	1 900	1 400
最大转矩（N · m）	原厂设计	168	168	206	155	638	245	695.8
	大修出厂	151	151	185.4	139.5	574	221	626.2
最低燃油消耗率 [g/（kW · h）]		不得高于原厂设计要求		278.5		204		195

任务实施

一、操作前的准备工作

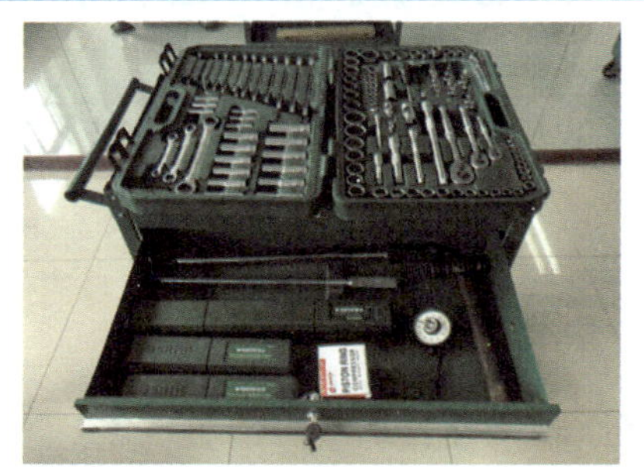

将工位清理干净，准备好相关的工具、物品等。

提示：

◆ 培养良好的工作习惯，做好事前准备，有利于安全操作和提高工作效率。

<table>
<tr><th colspan="2">二、加注、检查发动机机油</th></tr>
<tr><td>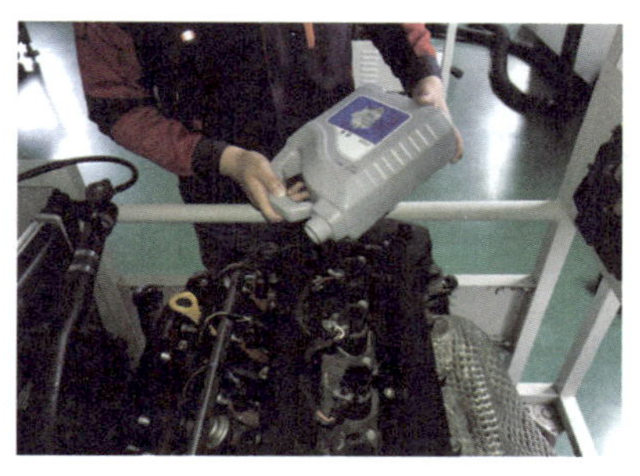</td><td>1. 加注机油。
提示：
◆ 使用 API 标号 SJ 级或 SJ 级以上的机油。</td></tr>
<tr><td></td><td>2. 检查机油液位。
提示：
◆ 将发动机静置 3 min，检查机油液位，机油液位应位于机油标尺刻度线中部偏上，不足时需添补。
◆ 启动发动机运行 5 ~ 10 min，静置 3 min 检查机油液位，机油液位应位于机油标尺刻度线中部，不足时需添补。</td></tr>
<tr><th colspan="2">三、加注、检查冷却液</th></tr>
<tr><td>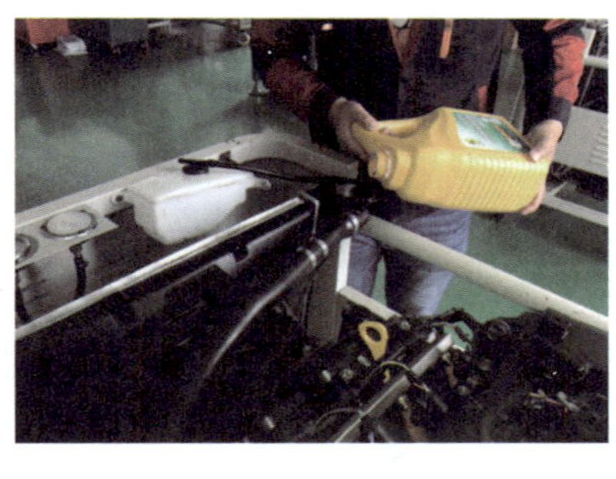</td><td>1. 加注冷却液。
提示：
◆ 冷却液需缓慢添加，反复挤压上、下水管，使发动机及散热器中的空气排净。</td></tr>
<tr><td>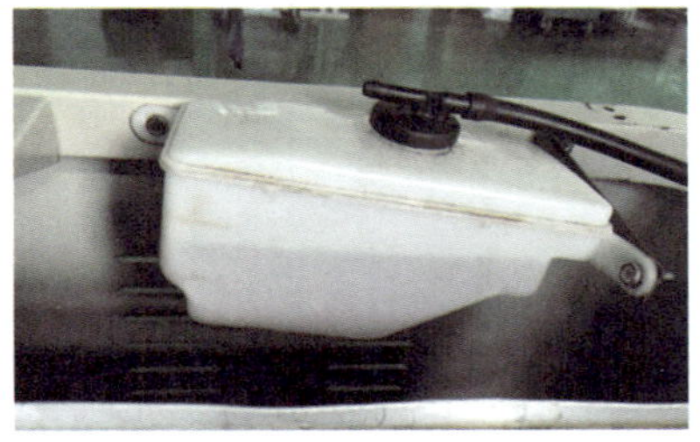</td><td>2. 检查冷却液液位。
提示：
◆ 运转发动机 10 min，待其冷却后检查冷却液液位，应处于上、下刻度线之间。</td></tr>
</table>

四、安装蓄电池	
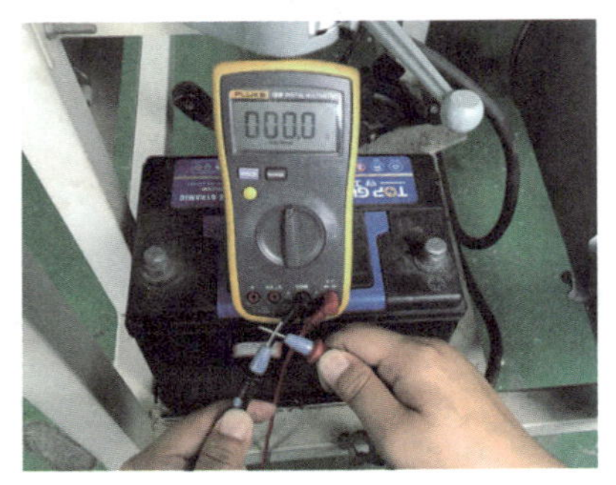	1．将万用表校零。
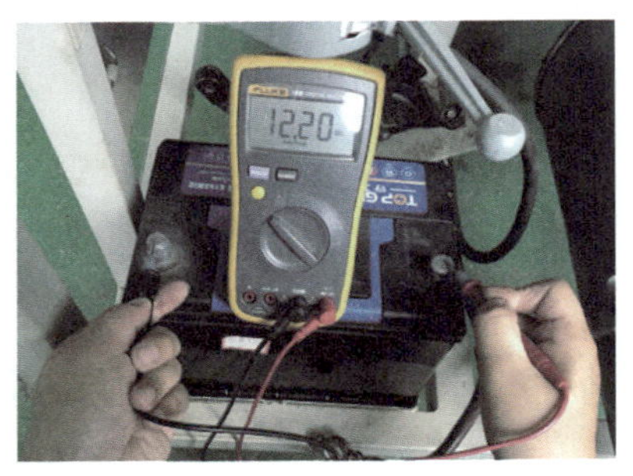	2．测量蓄电池电压。 提示： ◆ 蓄电池空载电压应高于 12 V。
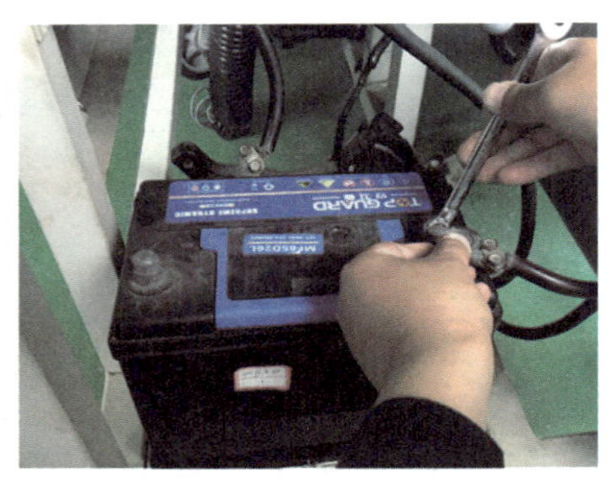	3．连接蓄电池正极柱导线。
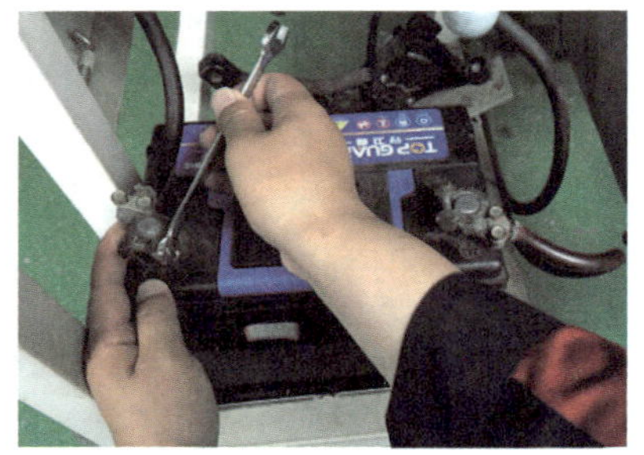	4．连接蓄电池负极柱导线。 提示： ◆ 蓄电池极柱要求牢固、可靠。 ◆ 蓄电池极柱要求无锈蚀和腐蚀。 ◆ 蓄电池正负极不能接错。 注意： ◆ 连接电源前应检查各电路是否连接牢固，有无附件漏接或错接。

五、安装汽车尾气排风管

	提示： ◆ 车辆在室内密闭环境启动时，必须安装尾气排风管，以防发生安全事故。

六、启动发动机并检查仪表

	1．连接解码器，打开点火开关，检查仪表盘各指示灯。 提示： ◆ 发动机防盗指示灯应闪亮 3 s 后熄灭。 ◆ 机油压力指示灯应不停闪亮。 ◆ 蓄电池指示灯应常亮。 ◆ 燃油表应有显示。 注意： ◆ 点火开关打开后应听到燃油泵工作的声音，否则需检查燃油泵电路。
	2．启动发动机，检查仪表。 提示： ◆ 发动机启动后，发动机、蓄电池、机油压力等指示灯应熄灭。如果继续点亮，说明存在故障。 ◆ 检查发动机有无漏水、漏油、漏气、漏电现象。

七、用解码器检测发动机	
	1．打开解码器电源。
	2．选择车系（悦达起亚）。
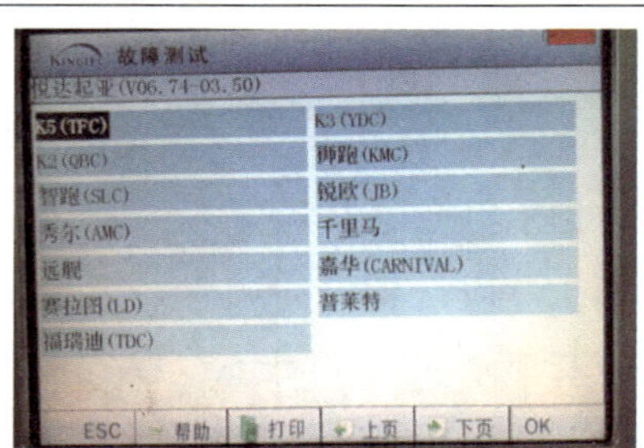	3．选择车型（K5）。
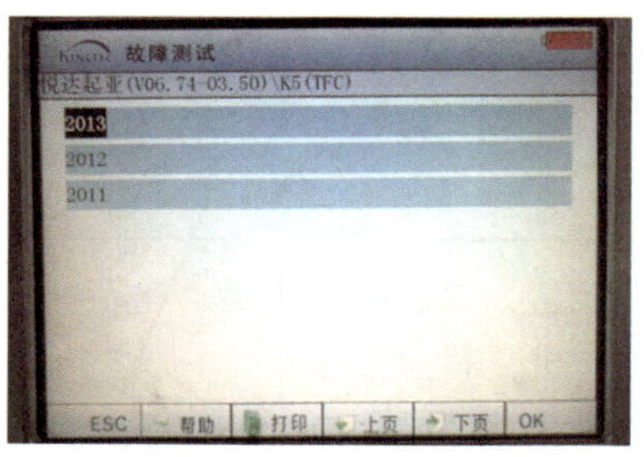	4．选择出厂年份（2013 年）。
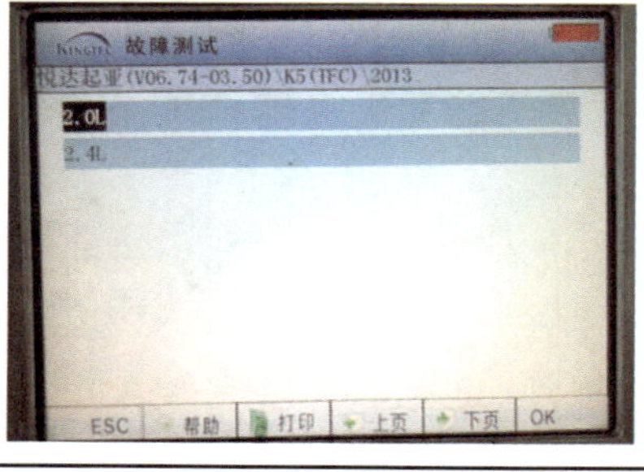	5．选择发动机排量（2.0 L）。

<table>
<tr><td>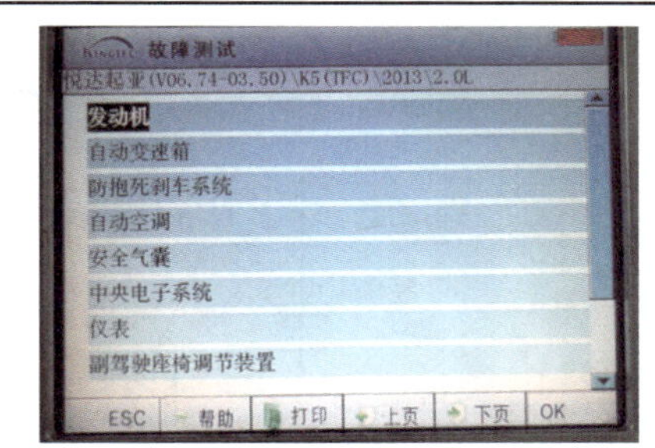
</td><td>6．选择检测系统（发动机）。</td></tr>
<tr><td>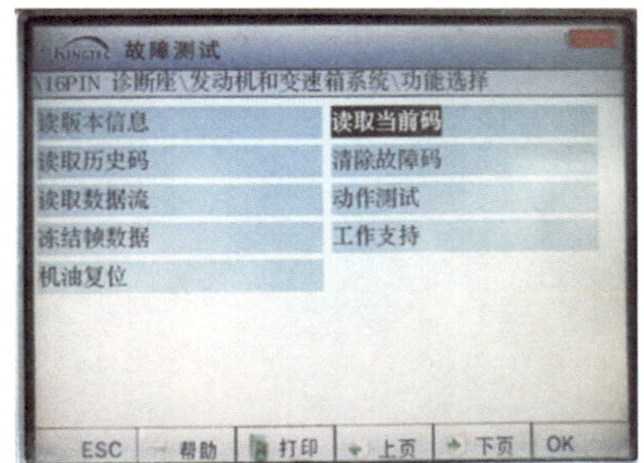
</td><td>7. 读取故障码。</td></tr>
<tr><td>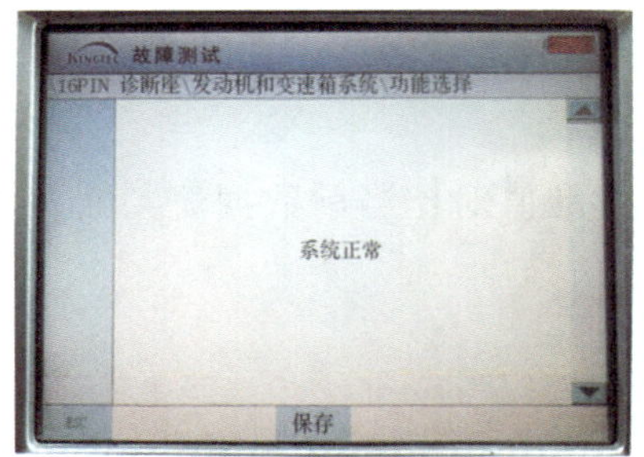
</td><td>提示：
◆ 发动机电脑未检测到故障码，并不代表发动机没有故障。</td></tr>
<tr><td>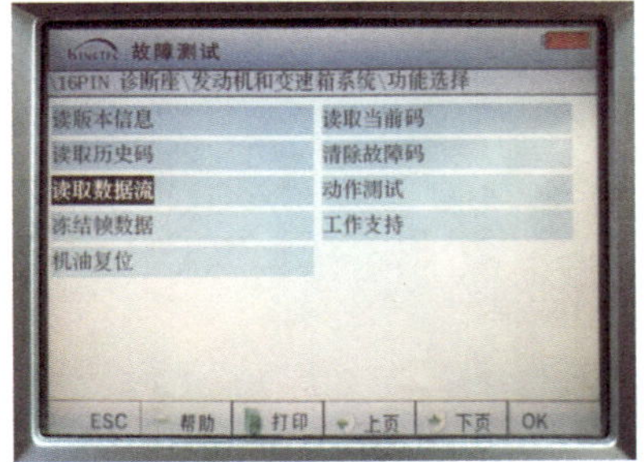
</td><td>8．选择“读取数据流”。</td></tr>
<tr><td>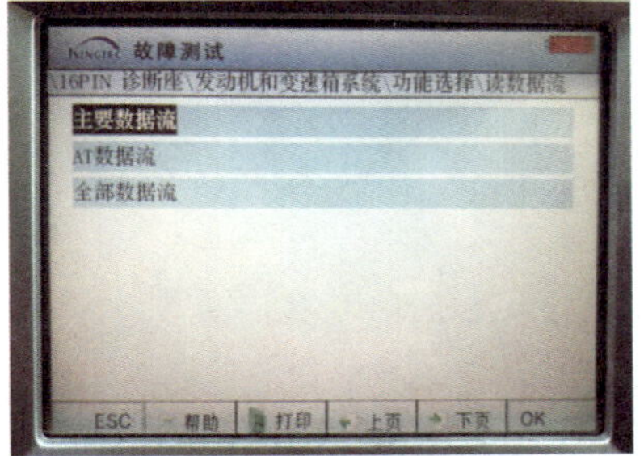
</td><td>9．选择“主要数据流”。</td></tr>
</table>

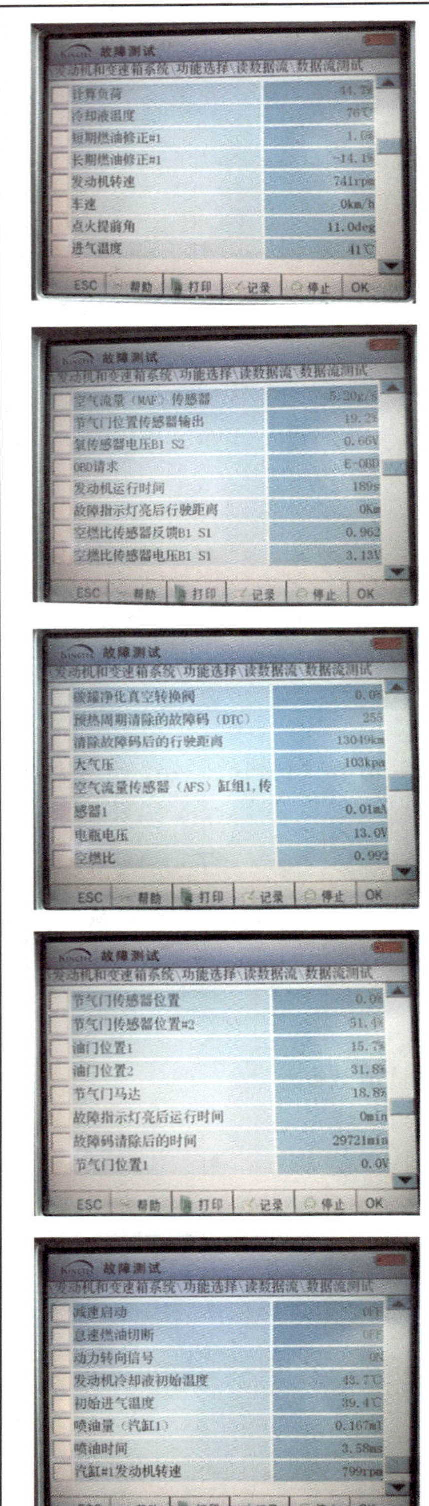	10．参照标准值对比当前数据流判断发动机性能。

考评标准表——调试发动机

时间：　40　min

项目	分值	评分标准与指导	评价结果
工具准备	5	工具准备不齐全、不正确，酌情扣分	
加注发动机机油	10	机油选用不正确，扣 10 分；加注方法不正确，扣 5 分；操作过程中违规，酌情扣分	
加注冷却液	10	冷却液选用不正确，扣 10 分；加注方法不正确，扣 5 分；操作过程中违规，酌情扣分	
安装并检查蓄电池	10	万用表不校零，扣 5 分；线束安装顺序错误，扣 10 分；操作过程中违规，酌情扣分	
安装尾气排风管	5	方法不正确，扣 5 分；操作过程中违规，酌情扣分	
观察仪表并分析发动机状况	10	分析错一处，扣 5 分；操作过程中违规，酌情扣分	
读取故障码	5	方法不正确，扣 5 分；操作过程中违规，酌情扣分	
分析数据流	30	故障分析错一处，扣 5 分；操作过程中违规，酌情扣分	
正确使用工具、仪器	5	使用不当酌情扣分，并指正	
安全文明操作	10	零件、工具落地，一次扣 2 分；不清理、整理工具，每件扣 1 分	
遵守相关安全操作规范		因违规操作发生人身和设备事故，终止考核，成绩按 0 分计 超时每分钟扣 2 分，超时 10 分钟终止考核	
分数合计	100		

课题六 就车修理发动机

任务1 更换传感器、执行器

实训目标

1. 了解发动机相关传感器、执行器的作用、结构原理及故障现象。
2. 能正确选择相关工具对传感器、执行器进行更换。
3. 掌握传感器、执行器更换的注意事项。
4. 操作步骤应符合相关工艺要求。

实训准备

1. 设备：整车、零件桌、工具柜。
2. 材料：常用工具、汽车七件套、抹布等。
3. 资料：维修手册、配套学习材料。
4. 场地：汽车发动机拆装（一体化）实训室。

工作任务

一辆轿车发动机的动力性差、油耗高。经过技术人员初步检测，判断可能是发动机相关传感器或执行器老化。作为一名汽车维修工，应该能够对发动机相关传感器和执行器的作用、结构原理有一定的了解。本任务要求学生能查阅相关维修手册，就车更换相关传感器和执行器。

知识储备

一、进气压力传感器

1. 结构及安装位置（图6—1—1、图6—1—2）

2. 作用

进气压力传感器的作用是检测进气管的真空度，并且将信号输入ECU，ECU根

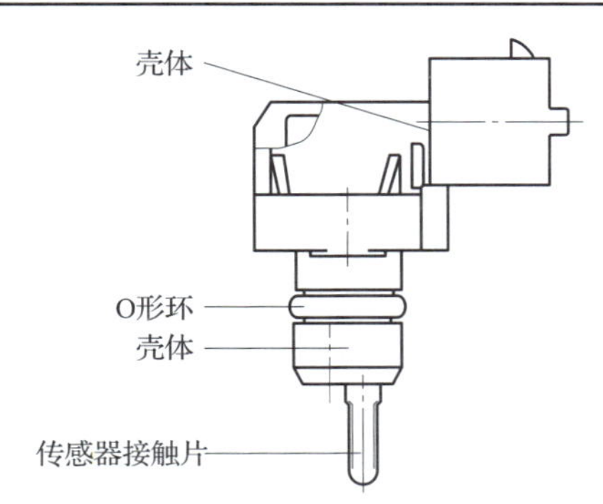

图 6—1—1　进气压力传感器的结构

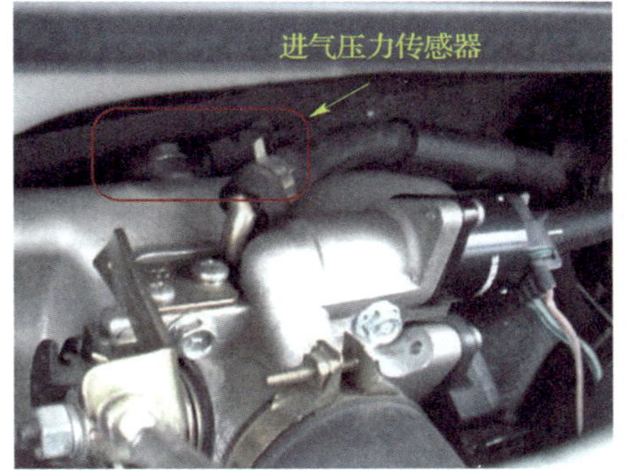

图 6—1—2　进气压力传感器的位置

据此信号确定基本的喷油时间和点火时间并进行修正。因此，ECU 只需要将此电压值通过 A/D 转换器转化为数字信号，即可得到进气压力值。进气管压力值与进气压力传感器输出的电压值成线性变化关系，若此传感器出现故障则会造成发动机不能正常工作、怠速不稳、经常熄火、不能启动、油耗大等故障。

3. 类型和结构

进气压力传感器有压敏电阻式和电容式两种类型。进气压力传感器由于具有响应时间快、检测精度高、尺寸小且安装灵活等优点，被广泛应用于 D 型燃油喷射系统中。

（1）压敏电阻式进气压力传感器的结构

主要由绝对真空室、硅片和 IC 放大电路组成，如图 6—1—3 所示。

（2）电容式进气压力传感器的结构

位于传感器壳体内腔的弹性膜片用金属制成，弹性膜片上、下两个凹玻璃表面均有金属涂层，由此，在弹性膜片与两个金属涂层之间形成两个串联的电容，如图 6—1—4 所示。

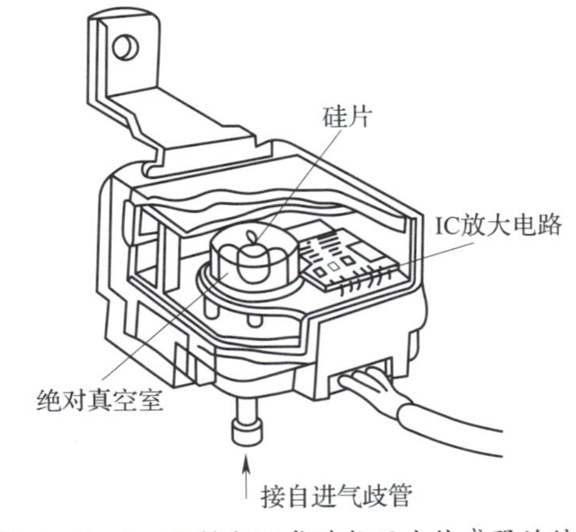

图 6—1—3　压敏电阻式进气压力传感器的结构

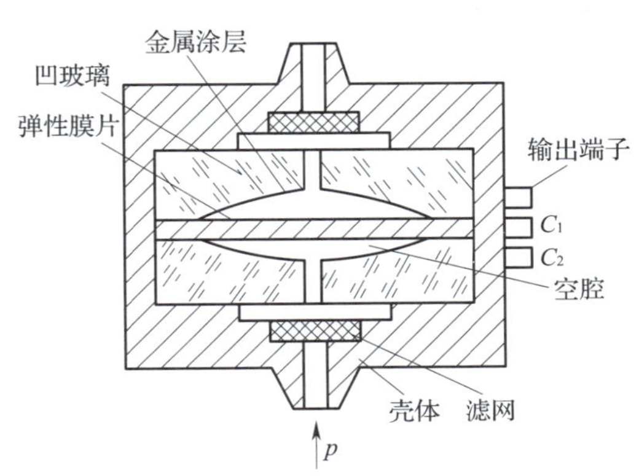

图 6—1—4　电容式进气压力传感器的结构

4. 进气压力传感器的工作原理

汽车上绝对进气压力（MAP）传感器绝大多数是压敏型可变电阻式，它测量节气门后进气歧管中导致发动机负载和速度改变的压力变化，并将这种压力变化转变为电压输出。4个压敏电阻形成桥式电路，用硅胶传递压力，产生“压敏电阻效应”使电阻值变化，破坏了电桥的平衡。当输入端加上5 V的电压时，输出端即产生随压力变化的随动电压0 ~ 5 V给发动机控制模块（ECM），且电压值与绝对压力成正比。MAP传感器也用于测量启动时的大气压力，并且在一定的条件下允许ECU在不同的高度下自动调整。MAP传感器信号输入影响ECM对燃油和点火正时的控制。

5. 进气压力传感器的输出特性

发动机工作时，随着节气门开度的变化，进气管内的真空度、绝对压力以及输出信号特性曲线均在变化。D型燃油喷射系统中检测的是节气门后方进气管内的绝对压力。节气门的后方既反映了真空度又反映了绝对压力，因此有人认为真空度与绝对压力是一个概念，其实这种理解是片面的。在大气压力不变的条件下（标准大气压力为101.3 kPa），进气管内的真空度越高，反映进气管内的绝对压力越低，真空度等于大气压力减去进气管内绝对压力的差值。而进气管内的绝对压力越高，说明进气管内的真空度越低。理解了大气压力、真空度、绝对压力的关系后，进气压力传感器的输出特性就明确了。

在发动机工作中，节气门开度越小，进气歧管内的真空度越大，进气管内的绝对压力就越小，输出信号电压也越小。节气门开度越大，进气歧管的真空度越小，进气管内的绝对压力就越大，输出信号电压也越大。输出信号电压与进气管内真空度的大小成反比（负特性），与进气管内绝对压力的大小成正比（正特性）。

6. 常见故障

进气压力传感器故障主要有以下几种：

（1）传感器内部线路断路或短路。

（2）传感器输出信号不能随进气管真空度的变化而变化。

（3）传感器输出信号的电压过大或过小，其值偏离正常范围。

此外，进气压力传感器与ECU的连接线路断路或短路、传感器与进气管之间的真空软管堵塞或漏气、进气管真空孔堵塞等，也会使传感器的输出信号不正常。

进气压力传感器出现上述故障后，会使发动机控制模块的燃油喷射功能失常，出现混合气太浓或太稀、发动机怠速运转不正常或加速不良、发动机运转中进气管回火或排气管冒黑烟等现象。

进气压力传感器本身或线路不良时产生的故障主要有：发动机无法启动、发动机加速不良、发动机怠速不稳及发动机间歇性熄火等。

二、进气温度传感器

1. 外形（图 6—1—5）

图 6—1—5　进气温度传感器的外形

2. 作用

进气温度传感器的作用是检测进气时进入发动机的大气温度，并将此信号转换为电信号输入给 ECU，以便根据进气温度的变化修正喷油量，获得最佳空燃比。进气温度传感器为双线传感器，安装在进气管上或空气流量计内。它是负温度系数热敏电阻，根据电阻变化而产生不同的信号电压。在冷车时，进气温度传感器的信号与发动机冷却液温度传感器信号基本相同；在热车时，其信号电压是冷却液温度传感器的 2 ~ 3 倍。

3. 类型

目前，进气温度传感器有绕阻电阻式、热敏电阻式和热电偶式三种。热敏电阻式是汽车上广泛使用的温度传感器，如起亚车型的进气温度传感器就是热敏电阻式。

4. 基本结构

进气温度传感器由壳体、传热材料、热敏电阻 NTC 等组成。

5. 工作原理

图 6—1—6 所示为进气温度传感器的温度特性曲线。输入端电压为 5 V，通过热敏电阻 NTC 后，由于气温不同阻值改变，输入端的电位在 0 ~ 5 V 内变化，使 ECU 感受到不同的电压信号。温度升高，电阻值明显降低，喷油量下降；温度降低，电阻值明显升高，喷油量上升。

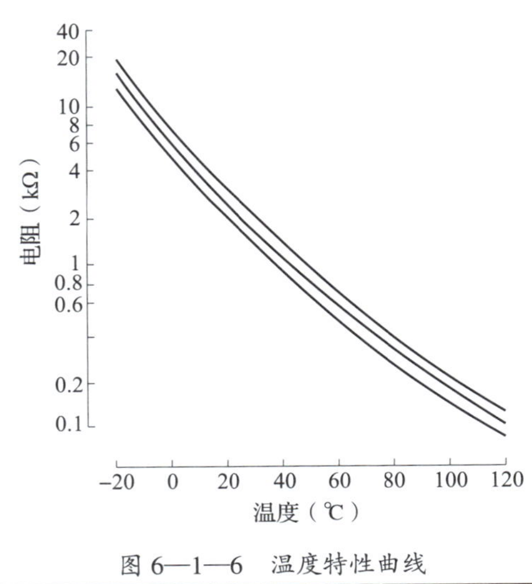

图 6—1—6　温度特性曲线

6. 常见故障

进气温度传感器故障有发动机启动困难、怠速不稳、尾气排放超标，无法准确地将信号传递给 ECU，无法准确地控制喷油，汽车油耗增加等。

三、凸轮轴位置传感器

1. 安装位置及作用

凸轮轴位置传感器安装在发动机进气凸轮轴后端，如图 6—1—7 所示，主要用于判别凸轮轴位置，以便确定各缸是否处于压缩上止点位置，从而进行顺序喷油控制、点火时刻控制和爆燃控制，因采用的是霍尔原理，故又称为霍尔传感器。

图 6—1—7　凸轮轴位置传感器的安装位置

凸轮轴位置传感器和曲轴位置传感器均是测定发动机工作位置的传感器，发动机的喷油和点火时刻是根据发动机的工作行程决定的。曲轴位置传感器只能向 ECU 提供发动机活塞上止点的位置，而不能提供活塞压缩行程上止点的具体位置，因此该任务由凸轮轴位置传感器完成。它采集的是配气机构凸轮轴位置信号，即压缩上止点位置信号并输送给 ECU，从而进行顺序喷油控制、点火时刻控制和爆燃控制。此外，凸轮轴位置信号还用于发动机启动时识别第一次点火时刻。因为凸轮轴位置传感器能够识别哪个气缸活塞即将到达上止点位置，所以又称为气缸识别传感器。

2. 类型

凸轮轴位置传感器分为电磁式、光电式、霍尔式等类型，其中，霍尔式凸轮轴位置传感器又分为触发叶轮式和触发齿轮式两种类型。

3. 基本结构

霍尔传感器由信号轮的触发叶片、霍尔元件、永久磁铁、底板、导磁片和控制电路等组成，如图 6—1—8 所示。

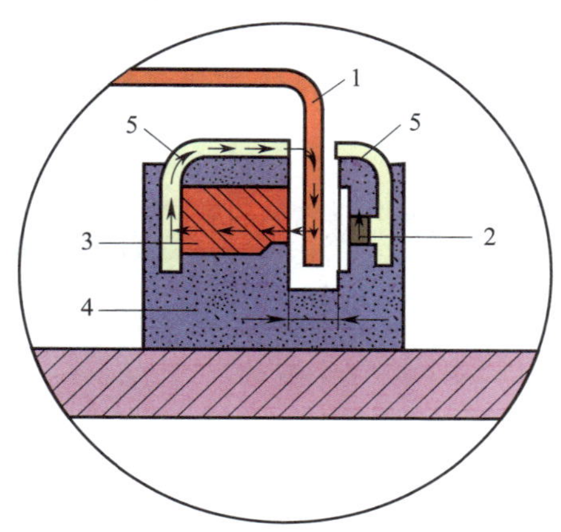

图 6—1—8 霍尔传感器的结构

1—信号轮的触发叶片 2—霍尔元件 3—永久磁铁 4—底板 5—导磁片

4. 工作原理

霍尔传感器是根据霍尔效应原理设计的。信号转子又称为触发叶轮，安装在进气凸轮上，用螺栓和座圈固定。信号转子的隔板又称为叶片，在隔板上有一个窗口，窗口对应产生的信号为低电平信号，隔板对应产生的信号为高电平信号。霍尔传感器主要部件为集成电路、永久磁铁和导磁片，霍尔元件与永磁铁之间有 1 mm 的间隙，当信号转子随进气凸轮轴一同转动时，隔板和窗口从集成电路与永磁铁之间的间隙中转过。当信号转子的隔板进入间隙时，霍尔集成电路中的磁场被旁路，霍尔元件上没有磁力线穿过，霍尔电压 U_H 为零，集成电路输出端三极管截止，传感器输出的信号电压为高电位，约为 4.0 V；当信号转子的隔板离开间隙时，永磁铁的磁通经导磁片和霍尔元件集成电路构成回路，这时产生的霍尔电压约为 2.0 V，集成电路输出端三极管导通，传感器输出的信号电压为低电位。

5. 常见故障

(1) 汽车有高压火，但是启动时间长，汽车最终能够运转。

(2) 在启动过程中会出现曲轴逆转现象，进气岐管内会有回火现象。

(3) 汽车怠速不稳，抖动严重，类似发动机缺缸故障。

(4) 汽车加速无力，发动机转速超过 2 500 r/min 后会好一点。

(5) 汽车会出现油耗高、尾气排放超标、排气管有黑烟排出等故障现象。

四、CVVT 机油控制阀

1. 组成与结构

CVVT 机油控制阀如图 6—1—9 所示。

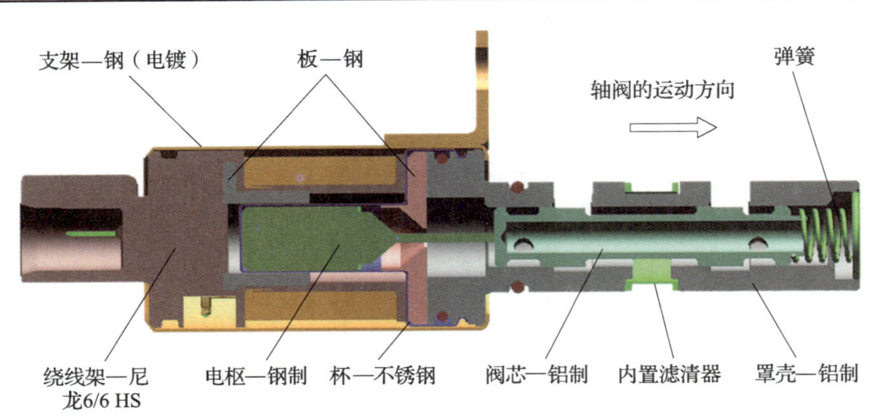

图 6—1—9　CVVT 机油控制阀的结构

2. 工作原理

发动机在不同工况时，ECU 会通过控制 OCV 阀动作，OCV 阀内部的阀芯前后动作实现油道改变，油道不同就会将一定量的机油导入 CVVT 控制阀内。CVVT 阀内有阀片，将一个腔室隔成两个空间，当机油从一侧进入后会促使正时提前，当机油从另一侧进入后会促使正时滞后。同时进入 CVVT 阀内的机油量的多少决定气门正时的变化量，极限变化量为 −25° ~ +25°。

发动机系统通过控制 OCV 阀油道的变化，实现控制 CVVT 提前或滞后来实现正时变化和进气量的控制，从而达到发动机的最佳工况状态。发动机在低转速时，要想获得大扭矩需要比较浓的混合气；发动机高转速时，输出大功率需要较稀的混合气。所以 CVVT 控制阀的变化是通过改变气门打开的时间来改变进气量，以此来适应不同发动机的工作工况。

3. 常见故障

（1）CVVT 机油控制阀故障导致启动困难和怠速不稳的原因

1）发动机启动和停止运转时，CVVT 机油控制阀位置应该在最大延迟处（为了防止排出的气体回流到进气歧管，应当缩短气门开度的重叠部分，提高启动能力）。

2）发动机怠速工作时，CVVT 机油控制阀位置也应该在最大延迟处。

3）如果油路中异物（金属颗粒、油泥等杂质）进入 CVVT 机油控制阀，引起移动滑阀卡在提前位置。在该种情况下启动车辆，因排气逆流，进气量不足，就会产生启动困难或怠速不稳的现象。

（2）CVVT 机油控制阀故障导致启动困难和怠速不稳的处置方式

1）不能启动时可以踩点加速踏板，基本能启动车辆（不踩加速踏板一般较难启动，启动后怠速抖动非常大）。

2）可以就车敲打、振动机油控制阀（轻微卡滞时能解决）。

3）拆卸 CVVT 机油控制阀，检查、清洗、维护。

4）更换 CVVT 机油控制阀。

五、火花塞

1. 结构与组成（图 6—1—10）

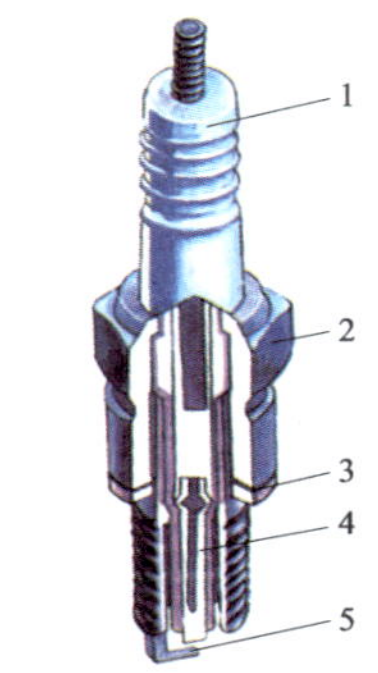

图 6—1—10　火花塞的结构

1—瓷绝缘体　2—火花塞壳体

3—火花塞密封垫圈

4—中心电极　5—侧电极

2. 火花塞的作用

将点火线圈产生的脉冲高压电引入燃烧室，并在其两个电极之间产生电火花。

3. 火花塞的类型

火花塞有标准型、绝缘体突出型、细电极型、锥座型、多极型、沿面跳火型等类型。

4. 工作原理

火花塞的电板经由反复持续的发电点火，点燃气缸内的混合气，此时，点火系统的其他部分则产生正时的高压电脉冲，形成火花并产生爆炸提供发动机动力输出所需的能源。

火花塞是以一根细长的金属电板穿过一个具有绝缘功能的陶瓷材质而制成，绝缘体的下部周围有一个金属材质的壳，以螺牙方式旋紧在气缸盖上，在这个金属壳的底部再加焊一个电极与汽车车体形成接地作用。另外，在此电极中央的末端，必须再以一个微小的放电间隙分隔开来。

点火线圈的高压电流会经过这个中央电极导电，然后在底端的放电间隙放电，这时火花塞产生电火花点燃混合气，发动机就得到能源并输出功率。

由此可见，火花塞是将进入发动机燃烧的汽油和空气混合气体加以点燃的装置，工作在高温、高压的恶劣条件下，是汽油发动机的易损件之一。它在发动机的运转中扮演着相当重要的角色，与汽车节油与否、运转是否平稳都有很大关系。

5. 常见故障

火花塞点火不好，常会导致如下故障：

(1) 启动困难。

(2) 油耗增加。混合气燃烧不充分，造成燃油浪费。

(3) 积炭。混合气燃烧不充分，没有燃烧的混合气会黏在燃烧室、气门等部位，形成积炭。

（4）功率低。混合气燃烧不充分，不能够提供充足的动力。

（5）排放不合格。混合气燃烧不充分，有害物质不能充分燃烧，会排入大气中造成污染。

六、喷油器

1. 作用

喷油器是一种加工精度非常高的精密器件，要求其动态流量范围大，抗堵塞和抗污染能力强、雾化性能好。喷油器接受 ECU 发出的喷油脉冲信号，精确地控制燃油喷射量。

2. 结构类型（图 6—1—11）

（1）按喷油口结构可分为轴针式、孔式喷油器。

（2）按线圈电阻值可分为高阻（13 ~ 16 Ω）喷油器、低阻（2 ~ 3 Ω）喷油器。

（3）按燃料位置可分为上端供油式、侧面供油式喷油器。

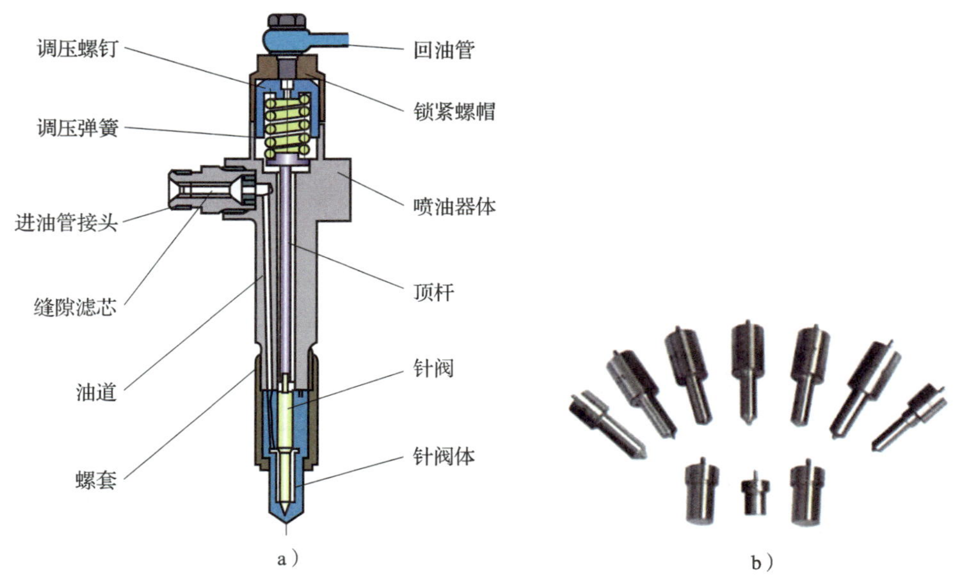

图 6—1—11　喷油器的结构及喷油嘴形状

a）喷油器结构　b）喷油嘴外形

3. 工作原理

喷油器相当于电磁阀。通电时电磁线圈产生电磁力，衔铁及针阀吸起，喷油器开启，汽油经喷孔喷入进气道或进气管。断电时电磁力消失，衔铁及针阀在复位弹簧的作用下将喷孔封闭，喷油器停止喷油。喷油器的通电、断电由电控单元以电脉冲控制，喷油量由电脉冲宽度决定。一般针阀升程约为 0.1 mm，而喷油持续时间在 2 ～ 10 ms 范围内。

4. 常见故障

喷油器常见故障包括机械故障和电路故障。机械故障包括喷油器阀芯卡滞和喷油器阻塞及泄漏等。当喷油器出现上述故障后，会引起机械动作失效，从而影响发动机的正常运转，有时甚至会使发动机出现严重故障。

（1）喷油器针阀卡滞

喷油器的工作是由发动机控制单元发出信号，喷油器的电磁线圈通电后产生吸力从而驱动喷油器针阀动作。由于针阀与阀座的间隙被残存的黏胶物阻塞，致使针阀动作发涩不能正常打开，从而影响正常的喷油量。喷油器发生针阀卡滞故障后，发动机会出现启动困难、怠速不稳、加速不良等症状。产生喷油器卡滞的主要原因是使用了劣质汽油，因为劣质汽油中含有较多的石蜡和胶质，从而导致喷油器针阀卡滞。

（2）喷油器阻塞

喷油器阻塞故障可分为喷油器内部阻塞和喷油器头部外部阻塞。喷油器内部阻塞产生的原因多是汽油中混入杂质和污物，阻塞喷油器内部针阀的运动间隙，使喷油器机械动作异常。当喷油器发生堵塞故障后，发动机会出现启动困难、怠速不稳、加速不良等症状，情况严重时甚至会造成发动机严重抖动，并引发相关机械零件异常磨损情况的发生。

（3）喷油器泄漏

喷油器泄漏故障一般分为内部泄漏和外部泄漏两种情况。喷油器内部泄漏的原因多是因其在使用中早期磨损，造成其在系统压力的作用下，不断向进气歧管内泄漏燃油。喷油器外部泄漏多发生在喷油器和燃油导轨连接处，多是密封面密封不严造成的。若汽油泄漏在进气歧管外部，油滴在气缸体上，遇热后会在发动机舱内蒸发，一旦出现电火花，随时都会引起火灾，后果严重。当喷油器发生内部泄漏后，会造成喷油器喷射出的燃油雾化不良，引起发动机运转不平稳，混合气燃烧不完全，排气管冒黑烟等现象，并会导致车辆的燃油消耗量明显增加。当喷油器发生外部泄漏故障后，会导致发动机启动困难、怠速熄火、动力性下降、耗油量增加、运转喘振和加速不良等故障的发生。另外，当喷油器与进气管连接处的密封面破损后，还会导致进气系统泄漏，致使额外的空气进入发动机燃烧室，造成混合气偏稀，导致发动机运转异常。

任务实施

一、操作前的准备工作

	1．将工位清理干净，准备好相关的工具、物品等。 2．将汽车停放在安全位置，并固定车轮。 3．安装车外三件套和车内四件套。 提示： ◆ 培养良好的工作习惯，做好事前准备，有利于安全操作和提高工作效率。

二、更换进气压力传感器和进气温度传感器

	1．断开传感器插头。 提示： ◆ 确定点火开关处于关闭状态。
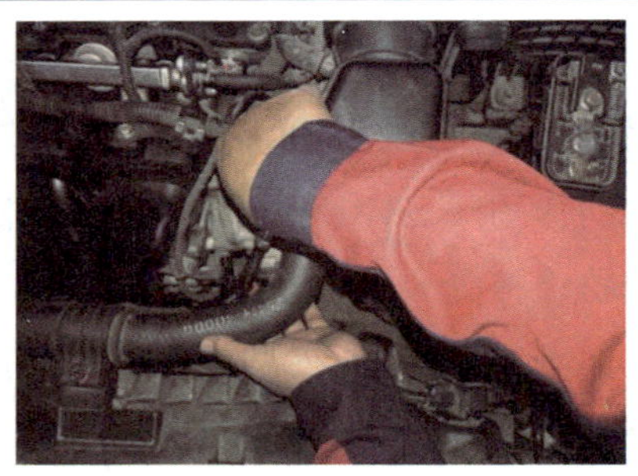	2．拆卸传感器固定螺栓。
	3．取下进气压力传感器和进气温度传感器。

<table>
<tr><td>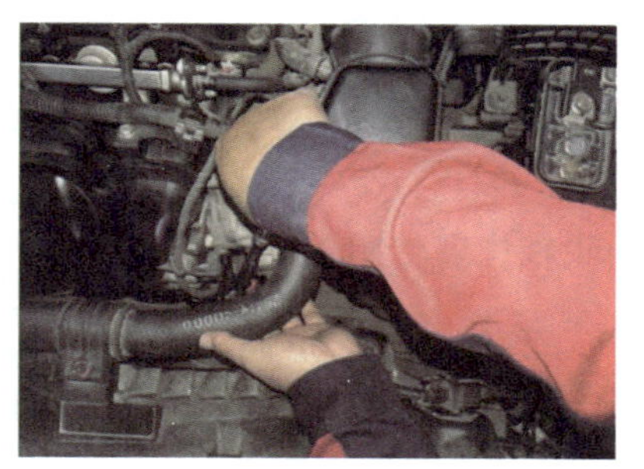</td><td>4．安装进气压力和进气温度传感器，按规定力矩拧紧固定螺栓。
提示：
◆ 规定力矩为 10 N · m。</td></tr>
<tr><td></td><td>5．连接传感器插头。
提示：
◆ 应检查传感器插头连接是否紧固。</td></tr>
<tr><td colspan="2">三、更换凸轮轴位置传感器</td></tr>
<tr><td></td><td>1．拆卸发动机罩盖。
提示：
◆ 确定点火开关处于关闭状态。</td></tr>
<tr><td></td><td>2．断开凸轮轴位置传感器插头。</td></tr>
</table>

	3．拆卸凸轮轴位置传感器固定螺栓。
	4．取下凸轮轴位置传感器。
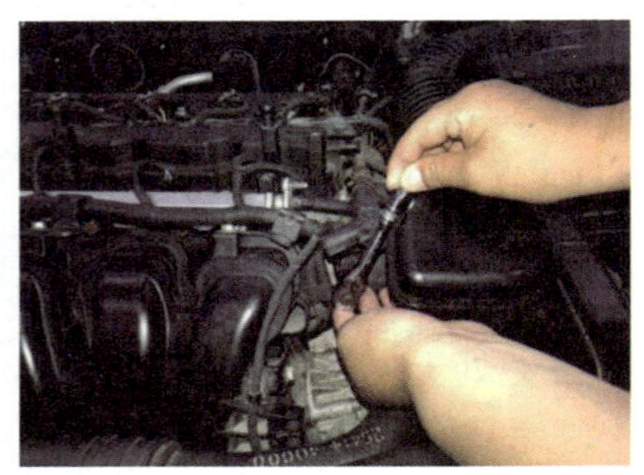	5．安装凸轮轴位置传感器，按规定力矩拧紧固定螺栓。 提示： ◆ 安装前应在凸轮轴位置传感器密封圈上涂抹润滑脂。 ◆ 规定力矩为 10 N · m。
	6．连接凸轮轴位置传感器插头。 提示： ◆ 应检查传感器插头连接是否紧固。

<table>
<tr><td></td><td>7．安装发动机罩盖。</td></tr>
<tr><td colspan="2">四、更换 CVVT 机油控制阀</td></tr>
<tr><td></td><td>1．拆卸发动机罩盖。
提示：
◆ 确定点火开关处于关闭状态。</td></tr>
<tr><td></td><td>2．断开 CVVT 机油控制阀插头。</td></tr>
<tr><td></td><td>3．拆卸 CVVT 机油控制阀固定螺栓。</td></tr>
</table>

	4．拔出 CVVT 机油控制阀。
	5．安装 CVVT 机油控制阀，按规定力矩拧紧固定螺栓。 提示： ◆ 安装前应在 CVVT 机油控制阀密封圈上涂抹润滑脂。 ◆ 规定力矩为 10 N · m。
	6．连接 CVVT 机油控制阀插头。
	7．安装发动机罩盖。 提示： ◆ 应检查传感器插头连接是否紧固。 ◆ 更换结束后，将工具清洁复位。

五、更换火花塞

	1．拆卸发动机罩盖。 提示： ◆ 确定点火开关处于关闭状态。
	2．使用压缩空气清洁发动机顶部。 提示： ◆ 防止拆卸火花塞后灰尘进入气缸内。
	3．拔出点火线圈插头卡销。
	4．依次断开点火线圈插头。

	5. 拆卸点火线圈固定螺栓。
	6. 拔出点火线圈。
	7. 拆卸火花塞。 提示： ◆ 使用火花塞套筒拆卸。
	8. 取出火花塞。 提示： ◆ 不可用手直接触摸火花塞，以免烫伤。

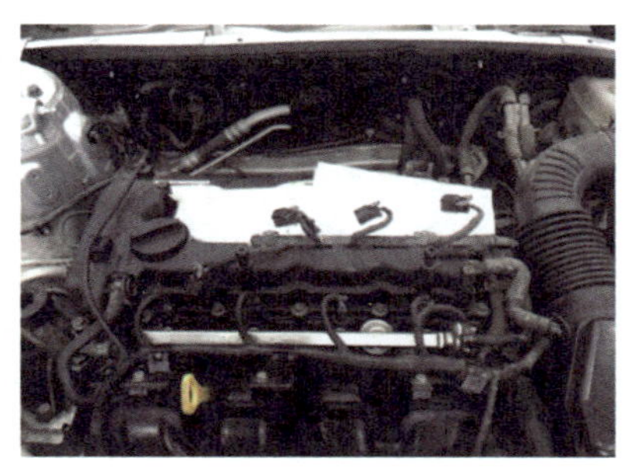	9．使用抹布挡在发动机顶部，防止杂物掉入气缸。
	10．更换新的火花塞。 提示： ◆ 将火花塞固定在火花塞套筒上，轻轻放入，以免撞击电极。 ◆ 先用手预紧火花塞，以防安装不到位，损坏螺纹。 ◆ 火花塞拧紧力矩为 24 N · m。 注意： ◆ 火花塞必须成组更换。
	11．安装点火线圈。
	12．拧紧点火线圈固定螺栓。 提示： ◆ 拧紧力矩为 8 N · m。

	13．连接点火线圈插头。 提示： ◆ 应检查插头连接是否紧固。
	14．安装发动机罩盖。
六、更换喷油器	
	1．打开熔断器盒。 提示： ◆ 确定点火开关处于关闭状态。
	2．拔出燃油泵熔丝。 提示： ◆ 此步骤是为了将燃油泵断电。 3．燃油系统泄压。 提示： ◆ 启动发动机运转，待熄火后再次启动发动机，直至无法启动后，关闭点火开关。

	4．拆卸发动机罩盖。
	5．拆卸喷油器线束固定卡销。
	6．断开喷油器插头。
	7．使用抹布垫在油管接头处。 提示： ◆ 防止拆卸时汽油流出。

	8．拆卸油管与燃油导轨之间的连接螺栓。
	9．将油管拔出燃油导轨。 提示： ◆ 确定周围没有火种后取下油管。
	10．拆卸燃油导轨固定螺栓。
	11．拆卸燃油导轨。 提示： ◆ 在燃油导轨的两端同时、均匀地用力，将燃油导轨连同喷油器一起拔出。

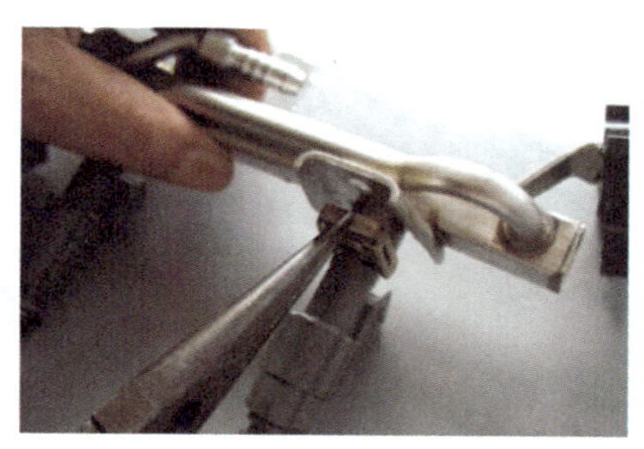	12．用尖嘴钳拔下喷油器卡簧，取下喷油器。 提示： ◆ 取下喷油器后，应及时遮挡进气歧管上孔，以防杂物掉入。
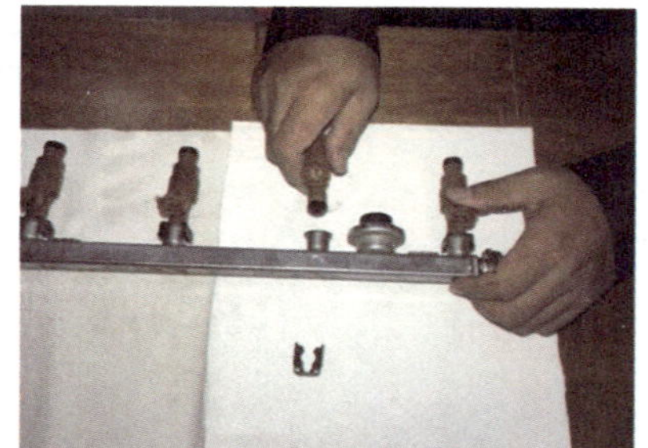	13．安装喷油器。 提示： ◆ 用卡销将喷油器固定。 注意： ◆ 喷油器需成组更换。因为不同磨损率的喷油器组合使用，会影响各气缸供油均匀度。 ◆ 安装前应用新机油润滑喷油器 O 形密封圈。
	14．安装燃油导轨。 提示： ◆ 安装前应用新机油润滑喷油器 O 形密封圈。 ◆ 在燃油导轨两端同时、均匀地用力，将 4 个喷油器压到位。
	15．安装燃油导轨螺栓，按规定力矩拧紧固定螺栓。 提示： ◆ 拧紧力矩为 12 N · m。

	16．将油管连接到燃油导轨上。 提示： ◆ 燃油导轨密封圈不可重复使用，需更换新件。
	17．拧紧连接螺栓。 提示： ◆ 拧紧力矩为 12 N·m。
	18．连接喷油器插头。 提示： ◆ 应检查喷油器插头连接是否紧固。
	19．安装喷油器线束固定卡销。 提示： ◆ 安装结束后，使用解码器动作测试燃油泵，检查燃油管连接处有无漏油、渗油情况，确保正常启动发动机。

	20．安装发动机罩盖。

考评标准表——更换传感器、执行器

时间：40 min

项目	分值	评分标准与指导	评价结果
工具准备	10	工具准备齐全、正确，得 5 分；若不齐全、不正确，酌情扣分	
更换进气压力传感器和进气温度传感器	10	方法不正确，扣 5 分；操作过程中违规，酌情扣分	
更换凸轮轴位置传感器	10	方法不正确，扣 5 分；操作过程中违规，酌情扣分	
更换 CVVT 机油控制阀	10	方法不正确，扣 5 分；操作过程中违规，酌情扣分	
更换火花塞	20	方法不正确，扣 5 分；操作过程中违规，酌情扣分	
更换喷油器	20	方法不正确，扣 5 分；操作过程中违规，酌情扣分	
正确使用工、量具	10	使用不当酌情扣分，并指正	
安全文明操作	10	不清理、整理工具，每件扣 1 分	
遵守相关安全操作规范		因违规操作发生人身和设备事故，终止考核，成绩按 0 分计 超时每分钟扣 2 分，超时 10 分钟终止考核	
分数合计	100		

任务2　清洗节气门

实训目标

1. 了解节气门的作用、分类及工作原理。
2. 能正确清洗、匹配节气门。
3. 掌握节气门匹配的相关注意事项。
4. 操作步骤应符合相关工艺要求。

实训准备

1. 设备：整车、零件桌、工具柜、空气压缩机、举升机。
2. 材料：常用工具、汽车七件套、清洗剂、水盆、抹布等。
3. 资料：维修手册、配套学习材料。
4. 场地：汽车发动机拆装（一体化）实训室。

工作任务

一辆轿车行车中出现发动机怠速不稳。经过技术人员初步检测，判断可能是节气门脏污导致的故障。作为一名汽车维修工，应该熟悉节气门的作用、结构原理，能够对发动机节气门进行清洗、安装。本任务要求学生了解节气门脏污对发动机动力性的影响，并能根据实际情况对节气门进行解体、清洗并正确安装。

知识储备

一、节气门的作用

节气门是控制空气进入发动机的一道可控阀门，气体进入进气管后会与汽油混合变为可燃混合气，从而燃烧做功。节气门上接空气滤清器，下接发动机气缸体，被称为汽车发动机的咽喉，如图6—2—1所示。

图6—2—1　节气门

二、节气门的分类

节气门有传统拉线式和电子节气门两种，传统拉线式节气门操纵机构通过拉索（软钢丝）或者拉杆，一端连接加速踏板，另一端连接节气门连动板而工作。电子节气门主要通过节气门位置传感器，根据发动机所需能量控制节气门的开启角度，从而调节进气量的大小。

三、电子节气门系统的工作原理

驾驶员操纵加速踏板，加速踏板位置传感器产生相应的电压信号输入节气门控制单元，控制单元先对输入的信号进行滤波，以消除环境噪声的影响，然后根据当前的工作模式、踏板移动量和变化率解析驾驶员意图，计算出对发动机扭矩的基本需求，得到相应节气门转角的基本期望值。再经过 CAN 总线和整车控制单元进行通信，获取其他工况信息以及各种传感器信号，如发动机转速、挡位、节气门位置、空调能耗等，由此计算出整车所需的全部扭矩，通过对节气门转角期望值进行补偿，得到节气门的最佳开度，并把相应的电压信号发送到驱动电路模块，驱动控制电动机使节气门达到最佳的开度位置。节气门位置传感器则把节气门的开度信号反馈给节气门控制单元，形成闭环的位置控制。

节气门驱动电动机一般为步进电动机或直流电动机，两者的控制方式有所不同。驱动步进电动机常采用 H 桥电路结构，控制单元通过发出的脉冲次数、频率和方向控制电平对步进电动机进行控制。电平的高低控制步进电动机转动的方向，脉冲次数控制电动机转动的角度，即发出一个脉冲信号，步进电动机就转动一个步进角，脉冲频率控制电动机转速，转速与脉冲频率成正比。因此，通过对上述三个参数的调节可以实现驱动电动机精确定位与调速。

驱动直流电动机采用脉冲宽度调制（PWM）技术，其特点是频率高、效率高、功率密度高、可靠性高。控制单元通过调节脉宽调制信号的占空比来控制直流电动机转角的大小，电动机方向则是由与节气门相连的回位弹簧控制的。电动机输出转矩与脉宽调制信号的占空比成正比。当占空比一定，电动机输出转矩与回位弹簧阻力矩保持平衡时，节气门开度不变；当占空比增大时，电动机驱动力矩克服回位弹簧阻力矩，节气门开度增大；当占空比减小时，电动机输出转矩和节气门开度也随之减小。

ECU 对系统的功能进行监控，如果发现故障，将点亮系统故障指示灯，提示驾驶员系统有故障。同时，电磁离合器被分离，节气门不再受电动机控制。节气门在回位弹簧的作用下返回到一个小开度的位置，使车辆慢速行驶到维修地点。

四、故障现象

1．发动机怠速不稳或无怠速。

2．高怠速持续不降。

3．发动机启动困难，尤其是冷启动困难。

4．发动机动力不足、加速性能差、运转不稳定。

五、故障排除方法

1．使用故障诊断仪对节气门进行检查，观察数据流。节气门开度较大时必须进行清洗，在无永久性故障码时一般无须更换。

2．如果检测确定节气门故障是永久性的，必须更换节气门。节气门一般不可拆卸维修，应更换总成。

任务实施

一、操作前的准备工作

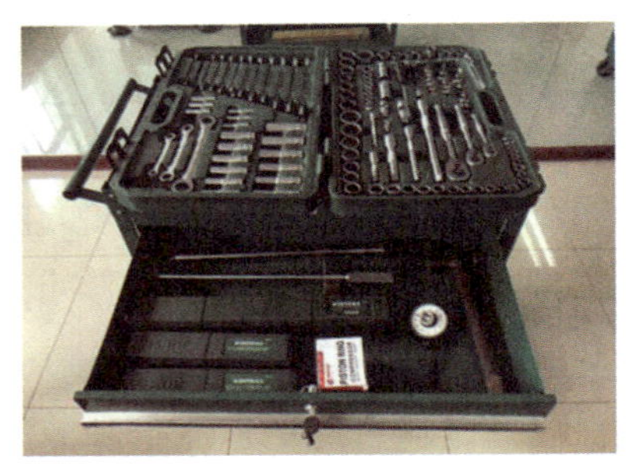

1．将工位清理干净，准备好相关的工具、物品等。

2．将汽车停放在安全位置，并固定车轮。

3．安装车外三件套和车内四件套。

提示：

◆ 培养良好的工作习惯，做好事前准备，有利于安全操作和提高工作效率。

二、排放冷却液

1．检查冷却液温度。

提示：

◆ 确保冷却液温度低于40℃后再操作，避免烫伤。

◆ 若冷却液温度过高，可以将空调暖风开关拨至“暖风”位置，将暖气阀全开，加速降温。

<table>
<tr><td></td><td>2. 拧下散热器盖。</td></tr>
<tr><td></td><td>3. 使用举升机举起维修车辆。
4. 拧开位于散热器右下角的放水螺栓。</td></tr>
<tr><td></td><td>5. 用干净的水盆收集冷却液。
提示：
◆ 收集冷却液以备继续使用。</td></tr>
<tr><td colspan="2">三、拆卸空气管道</td></tr>
<tr><td></td><td>1. 拆卸空气管道两个穿心膨胀卡扣。
提示：
◆ 确定点火开关处于关闭状态。</td></tr>
</table>

	2．取下空气管道。
四、拆卸空气滤清器总成	
	1．拆卸空气滤清器壳。 提示： ◆ 有 4 个固定弹簧卡销。
	2．松开制动助力器真空软管固定卡箍。
	3．分离制动助力器真空软管。 提示： ◆ 握住软管头部将软管拔出。

<table>
<tr><td></td><td>4．松开曲轴箱通风管固定卡箍，并拆卸通风管。
提示：
◆ 握住软管头部将软管拔出。</td></tr>
<tr><td></td><td>5．松开节气门进气软管卡箍螺栓。</td></tr>
<tr><td></td><td>6．分离节气门进气软管。
7．取出空气滤清器总成。</td></tr>
<tr><td colspan="2">五、拆卸节气门冷却水管</td></tr>
<tr><td></td><td>1．断开节气门插头。</td></tr>
</table>

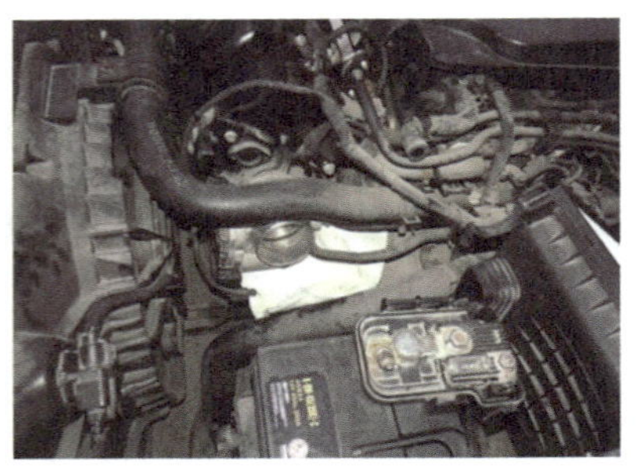	2．将抹布垫在节气门下方。 提示： ◆ 防止冷却液污染发动机和地面。
	3．松开节气门冷却水管卡箍。 4．拔出节气门冷却水管。 提示： ◆ 握住软管头部将软管拔出。
六、拆卸节气门	
	1．拆卸节气门固定螺栓。 提示： ◆ 按对角顺序，分 2 ～ 3 次将螺栓旋松。
	2．取下节气门体和密封垫。

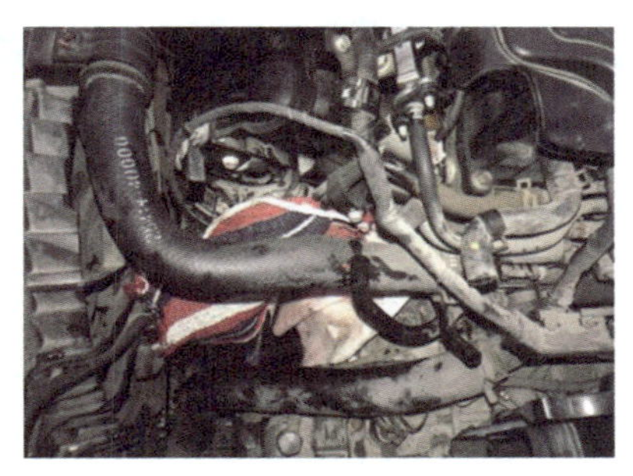	3．使用抹布挡住进气口。 提示： ◆ 防止杂物进入进气歧管。
七、清洗节气门	
	1．使用抹布清洁节气门体表面。
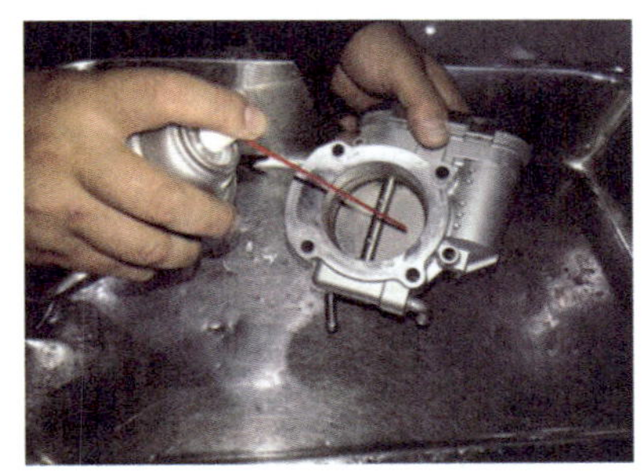	2．使用化油器清洗剂清洗节气门。
	3．使用压缩空气吹干节气门。

<table>
<tr><th colspan="2">八、安装节气门</th></tr>
<tr><td></td><td>1．安装节气门密封垫。
提示：
◆ 节气门密封垫不可重复使用，需更换新件。</td></tr>
<tr><td></td><td>2．安装节气门体。</td></tr>
<tr><td></td><td>3．拧紧节气门固定螺栓。
提示：
◆ 按对角顺序，分 2 ~ 3 次将螺栓拧紧。
◆ 拧紧力矩为 11 N · m。</td></tr>
<tr><th colspan="2">九、安装空气滤清器</th></tr>
<tr><td></td><td>1．连接节气门冷却水管。
2．固定冷却水管卡箍。</td></tr>
</table>

	3．连接节气门线束插头。
	4．连接节气门进气软管。
	5．连接曲轴箱通风管，并安装通风管固定卡箍。
	6．拧紧节气门进气软管卡箍螺栓。 提示： ◆ 拧紧力矩为 6 N·m。
	7．连接制动助力器真空软管。

<table>
<tr><td></td><td>8．安装真空软管固定卡箍。</td></tr>
<tr><td></td><td>9．安装空气滤清器壳。
提示：
◆ 有 4 个固定弹簧卡销。</td></tr>
<tr><td colspan="2">十、安装空气管道及膨胀卡扣</td></tr>
<tr><td></td><td>1．安装空气管道。</td></tr>
<tr><td></td><td>2．安装空气管道 2 个穿心膨胀卡扣。</td></tr>
</table>

十一、加注及检查冷却液

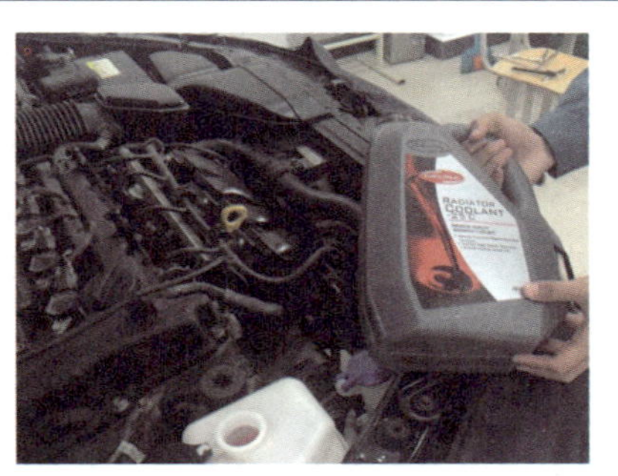

1．加注冷却液。

提示：

◆ 在散热器加注口添加冷却液。

◆ 用与原车相同品牌的冷却液，不同品牌的冷却液不要混用，避免发生化学反应。

2．检查冷却液液面高度。

提示：

◆ 检查膨胀水箱的液面高度是否在标准刻度内。

十二、匹配节气门

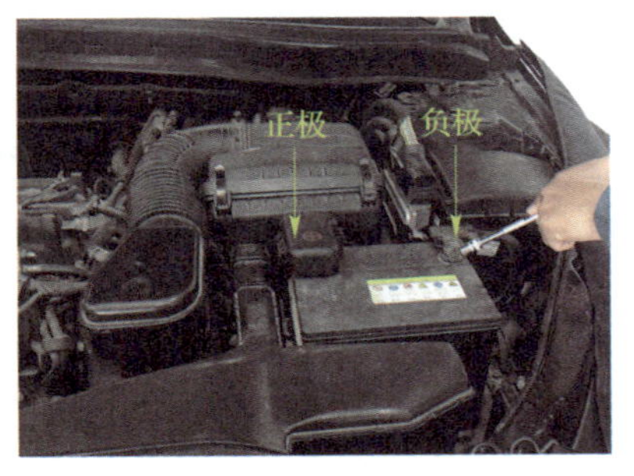

1．断开蓄电池负极。

提示：

◆ 起亚车系的节气门匹配不需要电控模块，只需要将电瓶负极断开 1 min 即可。

注意：

◆ 节气门清洗后若不进行匹配，可能会出现怠速过高、怠速不稳或发动机无法启动等故障现象。

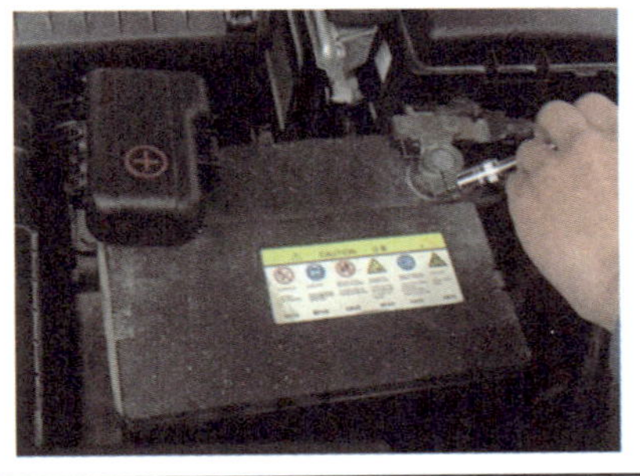

2．连接蓄电池负极。

提示：

◆ 拧紧力矩为 8 N · m。

十三、检查冷却系统的密封状况	
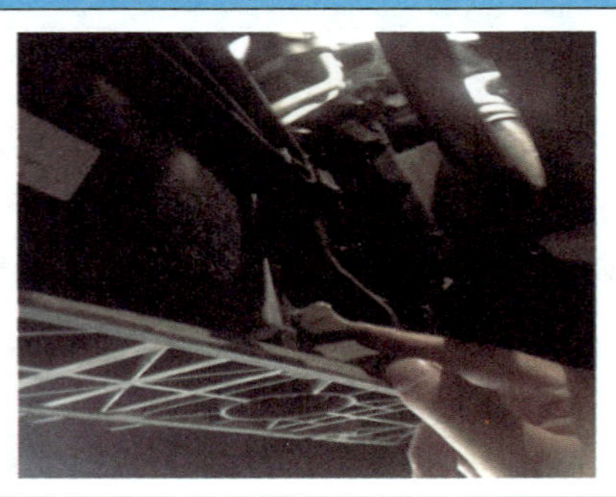	1．运转发动机至正常工作温度。 2．举升起维修车辆。 3．检查放水螺栓、节温器盖、各处水管接头等位置是否漏水。

考评标准表——清洗节气门

时间：40 min

项目	分值	评分标准与指导	评价结果
工具准备	5	工具准备齐全、正确，得5分；若不齐全、不正确，酌情扣分	
排放冷却液	5	方法不正确，扣5分；操作过程中违规，酌情扣分	
拆卸进气系统及附件	10	方法不正确，扣5分；操作过程中违规，酌情扣分	
拆卸节气门总成及附件	15	方法不正确，扣5分；操作过程中违规，酌情扣分	
清洗节气门总成	10	方法不正确，扣5分；操作过程中违规，酌情扣分	
安装节气门总成及附件	15	方法不正确，扣5分；操作过程中违规，酌情扣分	
安装进气系统及附件	10	方法不正确，扣5分；操作过程中违规，酌情扣分	
加注冷却液	5	方法不正确，扣5分；操作过程中违规，酌情扣分	
匹配节气门	5	方法不正确，扣5分；操作过程中违规，酌情扣分	
检查冷却系统的密封状况	5	漏查、错查扣5分	
正确使用工、量具	5	使用不当酌情扣分，并指正	
安全文明操作	10	不清理、整理工具，每件扣1分	
遵守相关安全操作规范		因违规操作发生人身和设备事故，终止考核，成绩按0分计 超时每分钟扣2分，超时10分钟终止考核	
分数合计	100		

任务3　更换气门室罩盖密封垫

实训目标

1. 了解发动机漏油的危害及原因。
2. 了解曲轴箱强制通风系统的作用。
3. 能正确选择相关工具更换气门室罩盖密封垫。
4. 掌握更换气门室罩盖密封垫的相关注意事项。
5. 操作步骤应符合相关工艺要求。

实训准备

1. 设备：整车、零件桌、工具柜。
2. 材料：常用工具、专用工具、汽车七件套、抹布等。
3. 资料：维修手册、配套学习材料。
4. 场地：汽车发动机拆装（一体化）实训室。

工作任务

一辆轿车行驶95 000 km后加速乏力，检查火花塞时发现润滑油渗漏严重，导致发动机缺缸故障。经过技术人员初步检测，判断可能是气门室罩盖密封垫损坏。作为一名汽车维修工，应能对发动机缺缸故障进行诊断。本任务要求学生了解发动机漏油的危害及原因、曲轴箱强制通风系统的作用，并在此基础上能够正确更换气门室罩盖密封垫。

知识储备

一、发动机漏油的危害及原因

1. 发动机漏油的危害

发动机漏油的主要危害是损失润滑油，造成浪费，严重的可能导致发动机内部受损。此外，发动机温度非常高，润滑油渗漏到发动机上或者其他高温附件上易引起车辆自燃。虽然润滑油的燃点高达200℃，但当它遇到工作温度高达几百摄氏度的涡轮增压器、排气管等部件时，起火风险会进一步增大。

2. 发动机漏油的原因

（1）油底壳衬垫损坏或螺栓松动漏油。

(2) 油底壳放油螺塞衬垫损坏、漏装或松动漏油。

(3) 正时齿轮盖衬垫装配不当、损坏或螺栓松动漏油。

(4) 发动机支架板变形或衬垫密封不严漏油。

(5) 气门室罩盖衬垫密封不严漏油。

(6) 曲轴前油封损坏漏油。

(7) 曲轴后油封损坏漏油。

(8) 曲轴后端回油螺栓被污垢堵塞造成漏油。回油螺栓加工不当或螺栓轴颈与油封座孔同轴度超差等造成漏油。

(9) 凸轮轴承后封盖不严漏油。

(10) 摇臂室盖或扒杆室盖不严漏油。

(11) 机油散热器密封不严漏油。

(12) 机油滤清器密封不严漏油。

(13) 机油泵衬垫损坏或螺栓松动漏油。

(14) 产品(配件)质量、材质或工艺不佳。

(15) 装配不当，配合表面不清洁，衬垫破损、位移或未按操作规程规范进行安装。

(16) 紧固螺母拧紧力不均、滑丝断扣或松旷脱落等导致漏油。

(17) 密封材料长期使用后磨损过限，老化变质、变形失效。

(18) 润滑油添加过多、油面过高或加错油品。

(19) 零部件(边盖类、薄壁件)接合表面挠曲变形、壳体破损，使润滑油渗出。

(20) 通气塞、止回阀堵塞后，由于箱壳内外气压差的作用，往往会引起密封薄弱处漏油。

二、曲轴箱强制通风系统的作用

1．防止润滑油变质，减少摩擦机件的腐蚀。发动机工作时有一部分可燃混合气和废气漏到曲轴箱内，漏到箱内的汽油蒸气凝结而使润滑油变稀、性能变差，降低润滑效果。如果废气中含有水蒸气和硫的气体，则会生成硫酸，对机件产生腐蚀。

2．降压、降温、防热。例如，曲轴箱内的气体使箱内压力与温度升高，润滑油从油封衬垫处渗漏和变质。通风后对润滑油有一定的冷却、降压、防漏的作用。

3．减少对大气的污染。回收可燃气体有利于提高燃油的经济性，减少排放污染。

在发动机工作时，会有部分可燃混合气和燃烧产物经活塞环由气缸窜入曲轴箱内。当发动机在低温下运行时，还可能有液态燃油漏入曲轴箱。这些物质如不及时清除，将加速润滑油变质并使机件受到腐蚀或锈蚀。又因为窜入曲轴箱内的气体中含有碳氢化合物（HC）及其他污染物，所以不允许将这种气体排放到大气中。当代汽车发动机所采用的强制式曲轴箱通风系统即是防止曲轴箱气体排放到大气中的净化装置。

三、PCV 阀的组成和作用

PCV 是英文 Positive Crankcase Ventilation 的缩写，中文为曲轴箱（或油底壳）主动通风控制系统。PCV 阀由阀体、阀门、阀盖、弹簧组成，不可分解。其主要作用是将曲轴箱内的气体通过 PCV 阀导入进气歧管，并有少量的空气由空气滤清器经 PCV 阀直接进入进气歧管，从而避免节气门处结冰、燃烧不充分、排放恶化等问题；防止窜气进入大气，同时防止润滑油变质。

发动机工作时，进气管的真空度作用在 PCV 阀上，吸引新鲜空气从滤清器经空气软管进入气门室罩盖，再经过气门盖孔进入曲轴箱，并在曲轴箱中与从燃烧室泄漏的气体混合。最终在进气歧管的吸引下，向上经气缸盖孔流经气门室罩盖及 PCV 阀进入进气歧管，然后再经进气门进入燃烧室燃烧。

PCV 阀是一个计量控制阀，安装在发动机曲轴箱通风系统与进气系统之间。PCV 阀由真空度来控制，调节曲轴箱通风系统产生的油烟进入进气系统的流量，发动机高速运转时的流量要比低速时高；当发动机发生回火时，PCV 阀应能切断通风，防止曲轴箱爆炸。

任务实施

一、操作前的准备工作

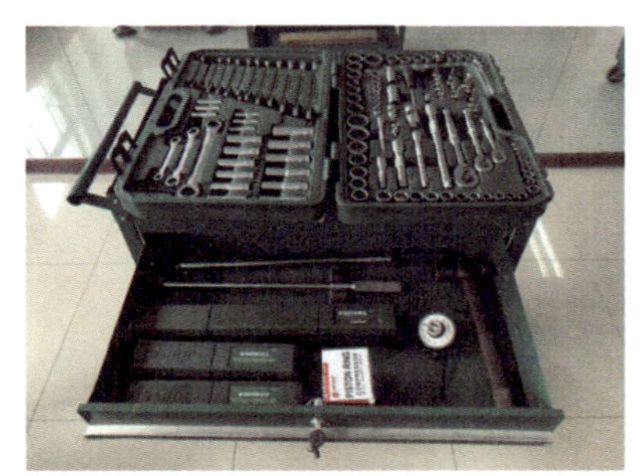

1．将工位清理干净，准备好相关的工具、物品等。

2．将汽车停放在安全位置，并固定车轮。

3．安装车外三件套和车内四件套。

提示：

◆ 培养良好的工作习惯，做好事前准备，有利于安全操作和提高工作效率。

<table>
<tr><th colspan="2">二、移开 CVVT 机油控制阀线束固定卡销</th></tr>
<tr><td></td><td>1. 拆卸 CVVT 机油控制阀线束固定卡销。
提示：
◆ 挑开线束固定卡销。</td></tr>
<tr><td></td><td>2. 依次拆卸 CVVT 机油控制阀线束固定卡销。
3. 移开 CVVT 机油控制阀线束。
提示：
◆ 共有 2 个线束固定卡销。</td></tr>
<tr><th colspan="2">三、拆卸曲轴箱通风管</th></tr>
<tr><td></td><td>1. 拆卸曲轴箱通风管固定卡箍。</td></tr>
<tr><td></td><td>2. 取下曲轴箱通风管。</td></tr>
</table>

四、移开点火线圈线束	
	1．依次断开点火线圈插头。
	2．拆卸点火线圈线束固定螺栓。
	3．移开点火线圈线束。

五、拆卸点火线圈	
	1．拆卸点火线圈固定螺栓。

	2．拔出 4 个点火线圈。
六、断开 CVVT 机油控制阀插头、拆除发动机吊架	
	1．断开 CVVT 机油控制阀插头。
	2．拆卸发动机吊架固定螺栓。
	3．取出发动机吊架。

<table>
<tr><th colspan="2">七、拆卸气门室罩盖</th></tr>
<tr><td></td><td>1. 拆卸气门室罩盖固定螺栓。
提示：
◆ 按对角顺序，分 2 ~ 3 次将螺栓旋松。</td></tr>
<tr><td></td><td>2. 取下气门室罩盖。</td></tr>
<tr><td>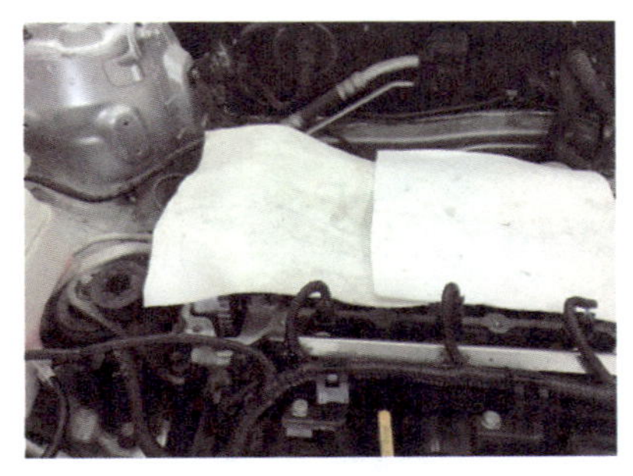</td><td>3. 将抹布盖在气门室上。
提示：
◆ 防止杂物进入气门室内。</td></tr>
<tr><th colspan="2">八、更换气门室罩盖密封垫</th></tr>
<tr><td></td><td>提示：
◆ 将气门室罩盖密封垫压入密封垫槽。</td></tr>
</table>

九、安装气门室罩盖	
	1．安装气门室罩盖。
	2．按规定顺序分 2 次拧紧气门室罩盖固定螺栓。 提示： ◆ 第一次拧紧力矩为 4 N · m。 ◆ 第二次拧紧力矩为 8 N · m。
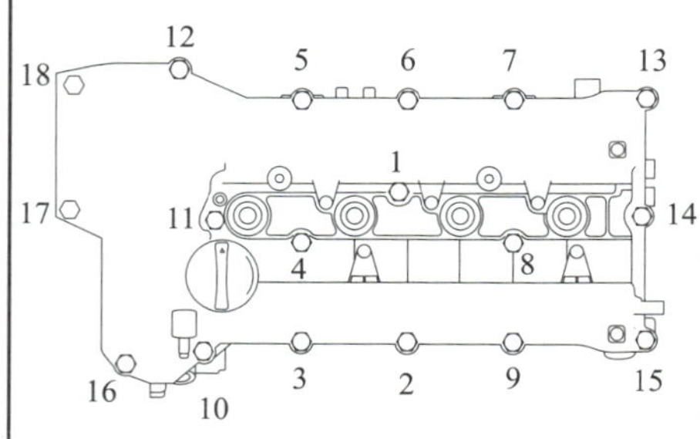	提示： ◆ 气门室罩盖螺栓拧紧顺序见左图。

十、安装发动机吊架、CVVT 机油控制阀插头	
	1．安装发动机吊架。

	2. 拧紧发动机吊架固定螺栓。 提示： ◆ 拧紧力矩为 12 N · m。
	3. 连接 CVVT 机油控制阀插头。
十一、安装点火线圈	
	1. 安装点火线圈。
	2. 拧紧点火线圈固定螺栓。 提示： ◆ 拧紧力矩为 8 N · m。

十二、安装后曲轴箱通风管及固定卡销

	1．安装后曲轴箱通风管。
	2．安装后曲轴箱通风管固定卡销。

十三、安装点火线圈线束

	1．安装点火线圈线束。
	2．拧紧点火线圈线束固定螺栓。 提示： ◆ 拧紧力矩为 8 N · m。

	3．依次连接点火线圈插头。
十四、安装前曲轴箱通风管及固定卡销	
	1．安装前曲轴箱通风管。
	2．安装前曲轴箱通风管固定卡销。
十五、安装 CVVT 机油控制阀线束固定卡销、发动机罩盖	
	1．依次安装 CVVT 机油控制阀线束固定卡销。

	2. 连接 CVVT 机油控制阀插头。
	3. 安装发动机罩盖。

考评标准表——更换气门室罩盖密封垫

时间：30 min

项目	分值	评分标准与指导	评价结果
工具准备	5	工具准备不齐全、不正确，酌情扣分	
拆卸气门室罩盖外围线束及管路	10	漏一处，扣 3 分；操作过程中违规，酌情扣分	
拆卸点火线圈	5	方法不正确，扣 5 分；操作过程中违规，酌情扣分	
拆卸发动机吊架	5	方法不正确，扣 5 分；操作过程中违规，酌情扣分	
拆卸气门室罩盖	15	未按顺序分次交替对角旋松螺栓，扣 10 分；未用抹布遮盖扣 10 分；操作过程中违规，酌情扣分	
更换气门室罩盖密封垫	5	安装不到位扣 5 分；操作过程中违规，酌情扣分	
安装气门室罩盖	15	未按顺序分次交替对角拧紧螺栓，扣 10 分；拧紧力矩错误，扣 10 分；操作过程中违规，酌情扣分	
安装发动机吊架	5	拧紧力矩不正确，扣 5 分；操作过程中违规，酌情扣分	
安装点火线圈	10	拧紧力矩不正确，扣 5 分；操作过程中违规，酌情扣分	

续表

项目	分值	评分标准与指导	评价结果
安装气门室罩盖外围线束及管路	10	漏一处，扣 3 分；操作过程中违规，酌情扣分	
正确使用工、量具	5	使用不当酌情扣分，并指正	
安全文明操作	10	不清理、整理工具，每件扣 1 分	
遵守相关安全操作规范		因违规操作发生人身和设备事故，终止考核，成绩按 0 分计 超时每分钟扣 2 分，超时 10 分钟终止考核	
分数合计	100		

任务 4　拆装节温器

实训目标

1. 了解节温器的作用及工作原理。
2. 了解节温器的故障现象，并能判断故障。
3. 能正确选择相关工具对节温器进行拆装。
4. 掌握节温器拆装的相关注意事项。
5. 操作步骤应符合相关工艺要求。

实训准备

1. 设备：整车、零件桌、工具柜、举升机。
2. 材料：常用工具、汽车七件套、水盆、抹布等。
3. 资料：维修手册、配套学习材料。
4. 场地：汽车发动机拆装（一体化）实训室。

工作任务

一辆汽车冷车启动 5 min 左右，冷却液温度直线上升超过 110℃。经过技术人员初步检测，判断是由于节温器卡死导致的故障，必须更换节温器。作为一名汽车维修工，应该熟悉节温器的作用、原理及故障现象，并能熟练更换节温器。本任务要求学生了解节温器的作用、工作原理和故障诊断方法，并在此基础上能够就车对节温器进行拆装。

知识储备

一、节温器的作用

发动机在低温状态下工作时容易产生积炭并带来一系列问题，并且对车的损害较大，油耗也高。

节温器根据冷却液温度自动调节进入散热器的冷却液量，以保证发动机在合适的温度范围内工作，可起到节约能耗等作用。

二、节温器的工作原理

节温器是一种自动调温装置，通常含有感温组件。目前使用的节温器主要是蜡式节温器，由其内部的石蜡通过热胀冷缩原理来控制冷却液的循环方式，如图 6—4—1 所示。

图 6—4—1　蜡式节温器

当冷却液温度低于规定值时，节温器感温体内的精制石蜡呈固态，节温器阀在弹簧的作用下关闭发动机与散热器之间的通道，冷却液经水泵返回发动机，在发动机内进行小循环，起到使发动机快速升温的作用。当冷却液温度达到规定值后，石蜡开始融化并逐渐变为液体，体积随之增大并压迫橡胶管使其收缩，在橡胶管收缩的同时对推杆有向上的推力作用，推杆对阀门有向下的反推力使阀门开启。这时冷却液经散热器和节温器阀，再经水泵流回发动机进行大循环，从而快速散热。

三、蜡式节温器的特点

蜡式节温器大多数布置在气缸盖出水管路中，优点是结构简单，容易排出冷却系统中的气泡；缺点是节温器在工作时经常开闭，容易产生振荡现象。

四、节温器的故障

正常情况下，当发动机冷车启动时，工作温度较低，为了使温度能快速上升，这时通过节温器控制（节温器的主阀门关闭），使冷却液由水泵进入分水管，冷却液不流经散热器，此时为小循环；当冷却液达到 82℃时节温控制器阀门开始开启，达到 95℃时完全打开，冷却液开始流经散热器，冷却系统进入大循环。一般来说，汽车冷车启动后 5 min 左右冷却液温度可以达到 85 ～ 105℃的正常温度。如果长时间没有达到正常工作温度，或温度直线上升超过 110℃，就应该怀疑节温器是否出现了故障。

五、节温器的故障诊断

1. 冷却液温度超过 110℃：停车关闭发动机，打开发动机舱盖，用手触摸散热器中的上水（液）管，该管应该很“烫手”。再触摸散热器下水（液）管，也应该很“烫手”。如果上、下两根水管有较大温差，则确定是节温器故障。

2. 冷却液长时间未达到正常工作温度：停车让发动机温度下降到与环境温度一致，再启动发动机行车，当仪表盘温度升高到 70℃左右（不要到 80℃以上）时，停车关闭发动机，打开发动机舱盖，用手触摸散热器上、下两根水（液）管，如果没有温差，则确定是节温器故障。

任务实施

一、操作前的准备工作

1. 将工位清理干净，准备好相关的工具、物品等。

2. 将汽车停放在安全位置，并固定车轮。

3. 安装车外三件套和车内四件套。

提示：

◆ 培养良好的工作习惯，做好事前准备，有利于安全操作和提高工作效率。

二、排放冷却液

（同课题六任务 2）

三、拆卸蓄电池、空气管道

1. 拆下蓄电池正极和负极。

提示：

◆ 先拆蓄电池负极，后拆蓄电池正极。

	2．拆卸空气管道 2 个穿心膨胀卡扣。
	3．取下空气管道。
	4．拆卸蓄电池固定支架螺栓。
	5．取下蓄电池固定支架。
	6．拆卸蓄电池。 注意： ◆ 避免蓄电池倒置、撞击，禁止在蓄电池上放置金属工具，防止蓄电池短路。

四、拆卸空气滤清器总成	
	1．拆卸空气滤清器。 提示： ◆ 有 4 个固定弹簧卡销。
	2．松开曲轴箱通风管固定卡箍。
	3．分离曲轴箱通风管。 提示： ◆ 握住软管头部将软管拔出。
	4．松开制动助力器真空软管固定卡箍。

	5. 分离制动助力器真空软管。 提示： ◆ 握住软管头部将软管拔出。
	6. 松开节气门进气软管卡箍螺栓。
	7. 分离节气门进气软管。
	8. 拆卸空气滤清器总成螺栓。 提示： ◆ 有 2 个固定螺栓。
	9. 取下空气滤清器壳体。

<table>
<tr><td></td><td>10．取下空气滤清器总成。</td></tr>
<tr><td colspan="2">五、拆卸节温器</td></tr>
<tr><td></td><td>1．检查节温器盖周围是否漏水。</td></tr>
<tr><td></td><td>2．拆卸节温器盖固定螺栓。
提示：
◆ 在节温器盖下方垫上抹布，防止冷却液污染地面。
◆ 有 3 个固定螺栓，分 2 ～ 3 次旋松，再拆卸螺栓。</td></tr>
<tr><td></td><td>3．取下节温器盖。</td></tr>
</table>

<table>
<tr><td>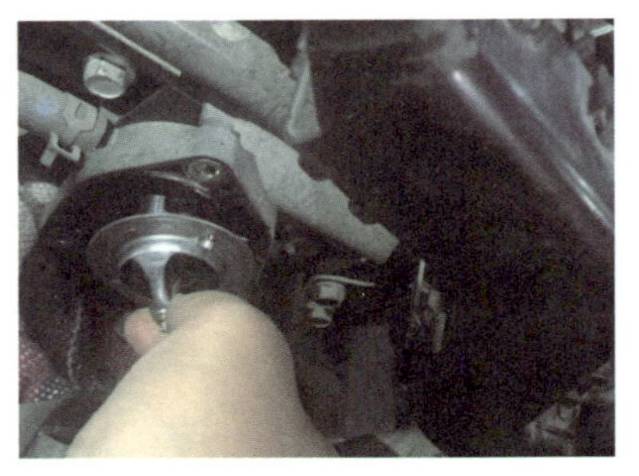</td><td>4．取出节温器。</td></tr>
<tr><td colspan="2">六、检测节温器</td></tr>
<tr><td></td><td>1．将节温器浸入水中，逐渐加热。</td></tr>
<tr><td></td><td>2．检查阀门打开时的温度。
提示：
◆ 阀门打开时的温度：(82±1.5) ℃。
◆ 阀门全开时的温度：95℃。
◆ 若达不到以上要求，说明节温器损坏。</td></tr>
<tr><td colspan="2">七、安装节温器</td></tr>
<tr><td></td><td>1．安装节温器。
提示：
◆ 对齐定位槽，安装节温器。</td></tr>
</table>

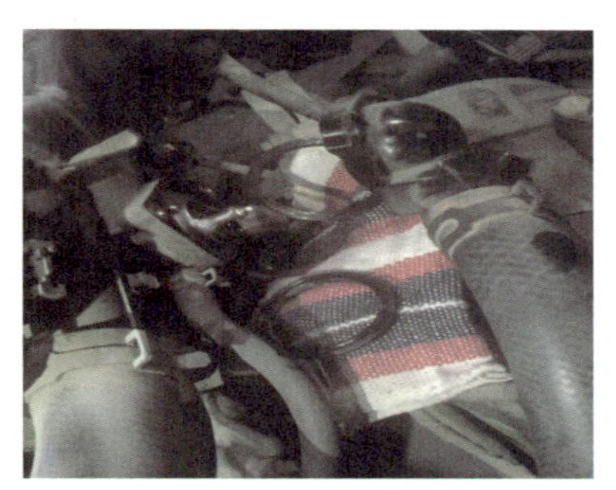	2．安装节温器盖密封圈。 提示： ◆ 密封圈不可重复使用，需更换新品。 注意： ◆ 密封圈有正反方向，不可装错。
	3．安装节温器盖。
	4．拧紧节温器螺栓。 提示： ◆ 分 2 次将 3 个螺栓轮流拧紧。 ◆ 拧紧力矩为 10 N · m。
	5．清洁节温器壳体及周边。 提示： ◆ 以便检查节温器是否漏水。

八、安装空气滤清器总成	
	1．安装空气滤清器总成。
	2．拧紧空气滤清器总成固定螺栓。 提示： ◆ 拧紧力矩为 8 N · m。
	3．安装空气滤清器壳体。
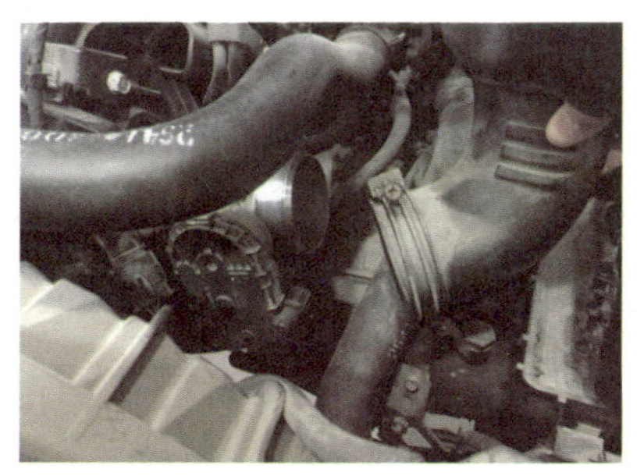	4．连接节气门进气软管。

	5．拧紧进气软管卡箍螺栓。 提示： ◆ 拧紧力矩为 6 N·m。
	6．连接制动助力器真空软管。 7．固定真空软管固定卡箍。
	8．连接曲轴箱通风软管。 9．固定曲轴箱通风软管卡箍。

九、安装蓄电池、空气管道

	1．安装蓄电池。 提示： ◆ 轻拿轻放蓄电池，以防损坏。 ◆ 不要倾斜蓄电池，以免电解液漏出。

	2．安装蓄电池固定支架。 提示： ◆ 注意支架的安装位置和方向。
	3．拧紧蓄电池固定支架螺栓。 提示： ◆ 拧紧力矩为 9 N · m。
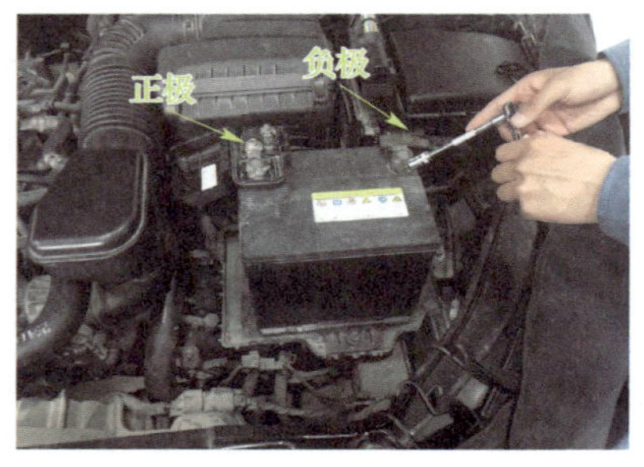	4．连接蓄电池正负极。 提示： ◆ 先连接蓄电池正极，再连接蓄电池负极。 ◆ 拧紧力矩为 8 N · m。
	5．安装空气管道。
	6．安装空气管道 2 个穿心膨胀卡扣。

十、加注冷却液

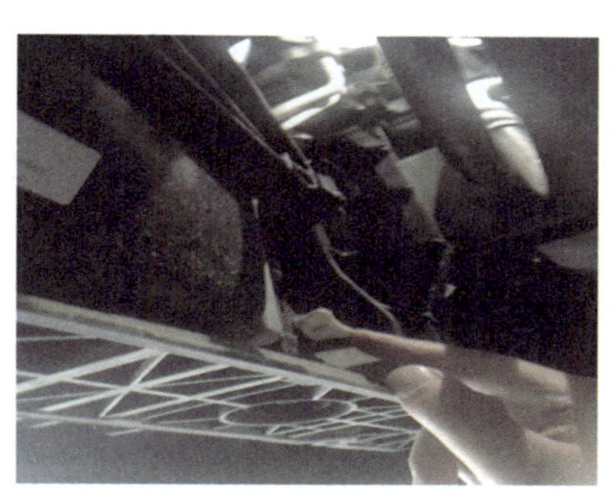	1．拧紧放水螺栓。
	2．加注冷却液。 提示： ◆ 用与原车相同品牌的冷却液，不同品牌的冷却液不要混用，避免发生化学反应。
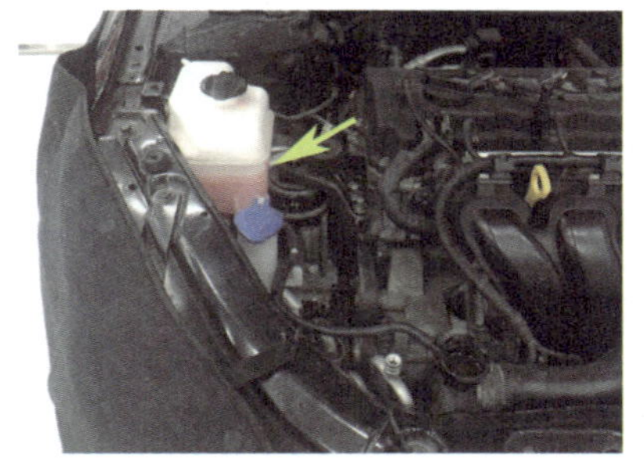	3．检查冷却液液面高度。 提示： ◆ 检查膨胀水箱的液面高度是否在标准刻度内。

十一、检查冷却系统的密封状况

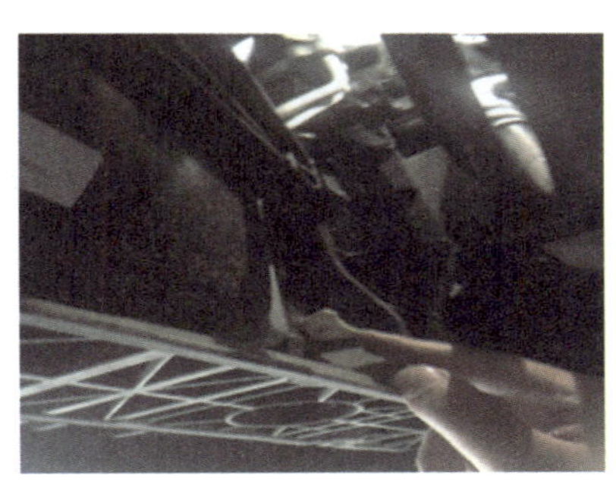	1．运转发动机至正常工作温度。 2．举升起维修车辆。 3．检查放水螺栓、节温器盖、各处水管接头等位置是否漏水。

考评标准表——拆装节温器

时间：40 min

项目	分值	评分标准与指导	评价结果
工、量具准备	5	工、量具准备不齐全、不正确，酌情扣分	
排放冷却液	5	方法不正确，扣5分；操作过程中违规，酌情扣分	
拆卸蓄电池	5	方法不正确，扣5分；操作过程中违规，酌情扣分	
拆卸各软管	10	方法不正确，扣5分；操作过程中违规，酌情扣分	
拆卸空气滤清器总成	10	方法不正确，扣5分；操作过程中违规，酌情扣分	
拆卸节温器	5	方法不正确，扣5分；操作过程中违规，酌情扣分	
检测节温器	10	检测结果错误，扣5分；操作过程中违规，酌情扣分	
安装节温器	10	方法不正确，扣5分；操作过程中违规，酌情扣分	
安装空气滤清器总成	10	方法不正确，扣5分；操作过程中违规，酌情扣分	
安装各软管	10	方法不正确，扣5分；操作过程中违规，酌情扣分	
安装蓄电池	5	方法不正确，扣5分；操作过程中违规，酌情扣分	
加注冷却液	5	方法不正确，扣5分；操作过程中违规，酌情扣分	
检查冷却系统的密封状况	5	错查、漏查，扣5分	
安全文明操作	5	不清理、整理工具，每件扣1分	
遵守相关安全操作规范		因违规操作发生人身和设备事故，终止考核，成绩按0分计 超时每分钟扣2分，超时5分钟终止考核	
分数合计	100